北京市教育数字化转型优秀案例

上

方中雄 刘占军 ◎ 主 编
唐 亮 田 鹏 ◎ 副主编

知识产权出版社
全国百佳图书出版单位
—北京—

图书在版编目（CIP）数据

北京市教育数字化转型优秀案例. 上 / 方中雄，刘占军主编. —北京：知识产权出版社，2025.1. —ISBN 978-7-5130-9539-6

Ⅰ.G43

中国国家版本馆 CIP 数据核字第 2024N59J69 号

责任编辑：王颖超　　　　　　　　　　责任校对：王　岩
封面设计：北京麦莫瑞文化传播有限公司　责任印制：刘译文

北京市教育数字化转型优秀案例（上）

方中雄　刘占军　主　编
唐　亮　田　鹏　副主编

出版发行：知识产权出版社有限责任公司	网　址：http://www.ipph.cn
社　址：北京市海淀区气象路 50 号院	邮　编：100081
责编电话：010-82000860 转 8655	责编邮箱：wangyingchao@cnipr.com
发行电话：010-82000860 转 8101/8102	发行传真：010-82000893/82005070/82000270
印　刷：三河市国英印务有限公司	经　销：新华书店、各大网上书店及相关专业书店
开　本：720mm×1000mm　1/16	印　张：19
版　次：2025 年 1 月第 1 版	印　次：2025 年 1 月第 1 次印刷
字　数：340 千字	定　价：88.00 元
ISBN 978-7-5130-9539-6	

出版权专有　侵权必究
如有印装质量问题，本社负责调换。

《北京市教育数字化转型优秀案例》
编委会

主　　　编：方中雄　刘占军
副 主 编：唐　亮　田　鹏
编　　　委：(以姓氏笔画为序)
　　　　　　王珠珠　王常青　方海光　史陈新
　　　　　　李　青　李玉顺　李兰巧　杨　青
　　　　　　宋　洁　张　林　陈景燕　尚俊杰
　　　　　　祝新宇　贾积有　雷鸣宇　詹伟华
编制秘书组：北京市数字教育资源共享与创新应用研究基地
　　　　　　高保琴　陈必值　李艳霞　于志涛
　　　　　　王　虹　刘　寅

前　言

"十四五"时期，我国教育进入高质量发展阶段，首都教育顺应科技发展变化，大力发展数字教育，加速推进教育理念、内容、技术、模式的创新，主动引领教育发展模式变革，先后制定《北京市"十四五"时期教育改革和发展规划》《北京教育信息化"十四五"规划》《关于推进"互联网＋基础教育"的工作方案》等一系列政策文件，为全面推进北京教育信息化，形成新时代面向每个人、适合每个人、更加开放灵活的首都教育新格局奠定了坚实基础。

近年来，北京市教育系统各单位都在推进数字化转型，推动人工智能、大数据、云计算、5G等新一代信息技术与课堂教学、综合评价、教育资源开发、家校社共同体构建、教育优质均衡发展、教育治理、新型基础设施建设等方面深度融合，形成直播教学、双师课堂、智能辅学等教学学习新模式，促进教育综合评价的多元化、个性化改革和大量特色、优质数字教育资源的开发建设，探索家校社协同育人新机制和师生信息素养培育新形式，在智慧校园建设、全量数据采集分析等教育治理方面取得显著成效。

为充分发掘教育数字化转型的好经验、好做法，发挥优秀成果示范作用，2022—2023年北京市教委在全市范围内组织开展"教育数字化转型优秀案例"征集工作。本次征集得到市属高校、中等职业学校、直属单位、各区教委及所属各级各类学校的广泛关注和积极参与，共有17个区、29所高校、4家直属单位提交了近400个案例，由北京教育科学研究院组织来自高校、科研机构等单位的多位资深教育数字化领域专家经过初审、复审、核验等多个环节，对案例进行了专业评审和遴选。为共享发展经验、发挥示范效应，最终决定从优秀案例中选择106个，分为上、下两册进行出版（上册包含50个案例，下册包含56个案例）。这些优秀案例覆盖了北京市各区、各学段教育教学和教育治理主要应用场景，具有典型性和代表性，期望可以给读者带来理论研究和实践应用参考价值。

  当前，科技革命、产业变革浪潮迭起，教育数字化已经成为支撑引领教育改革和创新的重要力量。未来，我们将深刻认识教育强国对教育数字化的战略要求，围绕统筹推进教育、科技、人才一体化部署和北京"四个中心"城市战略定位，以建设智慧城市和数字经济标杆城市为契机，持续提升教育数字化理论和实践研究水平，努力推进首都教育数字化转型赋能教育高质量发展，不断满足人民群众对首都高质量教育的期盼。

  鉴于时间和能力有限，书中可能存在不妥之处，恳请读者不吝指正。

目 录

深化教育综合评价改革案例

教育数字化背景下教师专业素养提升案例
  ——基于人工智能和大数据的精准评价应用实践 …………………… 1
史家胡同小学加强学生过程性评价的研究 ………………………………… 7
构建立体化的学生成长数字"画像"
  ——北京市第二十中学"成长树"应用平台 ……………………… 14
构建多元化评价系统　促进学生素养提升 ………………………………… 21
以评促教，基于大数据的命题评价研究 …………………………………… 26
依托"互联网＋"智能评价平台深化学生评价案例 ……………………… 31
基于学生发展的诊断途径研究 ……………………………………………… 38

开发应用优质数字资源案例

基于信息技术创新美术特色学校教学方式的实践与研究 ………………… 43
基于 AR 实验环境的探究式学习模式的研究 ……………………………… 49
对标财经职业升级需求，推动高职课堂教学的数字化转型
  ——以"财务建模与可视化"课程为例 …………………………… 56
"新时代中国故事"虚拟仿真实验课程建设案例 ………………………… 63
新课标理念下初中地理 360 度球面投影教学案例 ………………………… 69
"引趣乐学"多元数字资源应用的实践初探
  ——幼儿园大班运用数字资源实践案例 …………………………… 74
基于桌面式 TUI 系统的数字化教学实践探索 ……………………………… 79

全息互动教学资源的开发和应用
　　——以高中地理"地表形态的塑造"为例……………………… 85
VR 技术科学教学应用
　　——食物在人体里的旅行（1）…………………………………… 90
VR 技术科学教学应用
　　——食物在人体里的旅行（2）…………………………………… 96
校企合作优质数字资源共建轨道交通精品课程 ………………………… 102
乐高式的数字化转型
　　——以博物馆教育信息资源库的构建为例 …………………… 107
智能交互方式下中学体能训练课程体系模式研究 ……………………… 112
在 VR 虚拟实验室开展学科实验课程探究 ……………………………… 118
聚焦新课标
　　——VR 技术引领劳动教育的数字化转型 …………………… 126

促进家校社共同体建设案例

构建信息共享新模式推进协同育人共同体建设 ………………………… 132
线上同构一堂班会课　开创家校共育新场域 …………………………… 137
家校社连接通路建设促学生素养提升的探索 …………………………… 143
"互联网＋新家校"家校共育体系建设案例 …………………………… 148
"数字化"护航助力农村家校社共育 …………………………………… 154

培育提升师生信息素养案例

"人工智能＋大数据"赋能教师数字素养和技能提升的策略 ………… 159
以教师队伍建设为本　推动教育全面数字化转型 ……………………… 166
基于混合式教学的教师信息素养提升研究与实践 ……………………… 171
"互联网＋"背景下教师信息素养提升研究 …………………………… 177
教科研引领大数据驱动促进教师信息素养提升 ………………………… 183
人工智能助力科技课程创新 ……………………………………………… 188
基于智能小车进行人脸识别的应用探究 ………………………………… 194
信息技术支撑下的历史线上教学探究 …………………………………… 199

推动教育优质均衡发展案例

- 基于教师能力提升的东西部协作实践 ………………………………… 204
- 跨校云课程创新大中小协同育人实践路径 …………………………… 210
- 双师课堂教学实践研究推动区域教育质量优质均衡发展 …………… 216
- 利用信息技术加强作业个性化推送的典型案例 ……………………… 222
- 依托双师课堂探寻普校师生共成长有效路径 ………………………… 228

推进教育治理能力建设案例

- 构建基于数据服务生态化网络教育场的创新与实践 ………………… 234
- 校园信息化建设创新实践 ……………………………………………… 240
- 技术助力学校形态变革 ………………………………………………… 246
- 数据治理赋能高校教师管理服务体系建设 …………………………… 252
- 创建数字未来中心，培养新商科高水平人才 ………………………… 259
- 数据流程驱动高校教育治理能力建设 ………………………………… 265

教育新型基础设施建设案例

- 文化育人科技赋能
  ——殡葬专业沉浸体验平台建设 …………………………………… 271
- 5G+VR 技术赋能未来，双师助力教育数字化转型 ………………… 277
- 北京教育考试院 AI 咨询平台建设应用案例 ………………………… 283
- 紧密围绕师生课堂体验，进行新校区智慧教学环境建设 …………… 289

深化教育综合评价改革案例

教育数字化背景下教师专业素养提升案例

——基于人工智能和大数据的精准评价应用实践

郭玲艳[1]，张晓丽[1]，杨志奇[2]，王孟楠[1]，张利媛[1]

[1] 首都师范大学附属中学昌平学校
[2] 北京师范大学第二附属中学未来科学城学校

摘　要：教育数字化背景下，首都师范大学附属中学昌平学校作为城乡一体化学校，利用人工智能、大数据精准进行教师评价，识别教师专业素养提升能力点，形成教师专业素养提升个性图谱和成长记录，促进多元混杂的教师队伍提升专业素养。学校依据图谱针对性地为教师匹配培训资源，分类设计确定教师研修方法、内容和形式，建立教师研修大数据平台，为教师提供相互学习交流和自我研修空间，跟踪教师专业素养发展，有效促进教师专业素养的提升。

关键词：教育数字化；教师专业素养提升；人工智能和大数据；教师评价

一、案例背景

（一）教育数字化是领悟、学习、贯彻习总书记关于建设数字中国重要指示的重要举措

党的十八大以来，以习近平同志为核心的党中央作出了建设数字中国的战略决策。以数字化创新和变革催生新的发展动能，资源汇聚，搭平台，让

资源活起来。资源成为老师的基本工具，成为学生的基本工具，也成为评价教育的基本工具。

（二）基于人工智能和大数据精准评价成为助力教师专业素养提升的有效手段

教师专业素养提升是指教师作为专业人员，在专业思想、专业知识、专业能力等方面不断发展和完善的过程。以往由于缺少精准数据支持，教师专业素养提升很多时候是在凭感觉进行，由于对教师专业能力等问题诊断不准确，提升措施不精准，导致教师专业素养提升速度慢、效果滞后等问题，从而影响学生素养提升的质量和效果。

（三）城乡一体化学校教师队伍复杂及教师专业素养亟须提升成为数字化转型的主要动因

案例学校：首都师范大学附属中学昌平学校是首都师范大学附属中学集团校，是一所坐落于城乡接合部的城乡一体化建设学校。学校教师队伍现状复杂，目前教师队伍中主要存在三类教师群体。

一是原北七家中学教师，即"经验型教师"。该群体学历层次整体偏低，多为大专学历，知识文化基础不高，部分教师存在"所学非所教"的专业不对口现象；教师教龄长，但缺乏系统的专业教学技能培训，教学理念和教学方法相对保守陈旧、传统落后，教师组织教学和反思能力不足，教学能力难以胜任新课程的需要。

二是新建校之后，大量应届本科、硕士毕业生组成的"知识型教师"群体。该群体多为师范专业，接受过系统的本学科和教育理论知识培训，年轻充满理想，精力旺盛。但由于教龄短，半数没有教育实习经验，对于课堂教学仍然是"新手"。

三是从其他学校跨学段、跨年级或跨区调入的学科教师，即"混合型教师"。该群体有一定教学经验，年龄层次跨度大，处于教师职业的适应期或发展期，面对新的学生群体和工作环境需要继续教育。

自建校以来，学校开展了一系列校内的教学研讨交流活动来促进教师专业素养提升，如教学经验分享论坛、教学科研专题培训、学科教学专题研讨、首都师范大学附属中学本部的课程培训、研究方法培训、名师课堂观摩等，虽然在一定程度上促进了教师的专业素养提升，但由于缺乏专业素养提升科学评价工具，学校针对教师专业素养提升而开展的校本研修顶层设计不完善、研修方法缺乏、研修内容比较笼统、活动形式缺乏深度、延续性差，教师对自身专业素养及其提升路径认识不清晰、不完整、不系统，教师专业素养提升缓慢。学校教师队伍复杂现状及专业素养亟须提升的需求成为学校教育数字化转型创新探索的主要动因。

二、实践过程

学校教育数字化转型探索了基于人工智能和大数据的精准评价的教师专业素养提升实践路径。

第一步：教师专业素养提升需求调研。为了全面了解学校教师专业素养提升需求，调研问卷涉及教师专业素养的14个方面。通过大数据分析，形成了直观、可靠、全面的教师专业素养提升需求信息，充分了解、掌握了教师专业素养提升个性化需求，为后续的培训提升工作提供了至关重要的依据（见图1）。

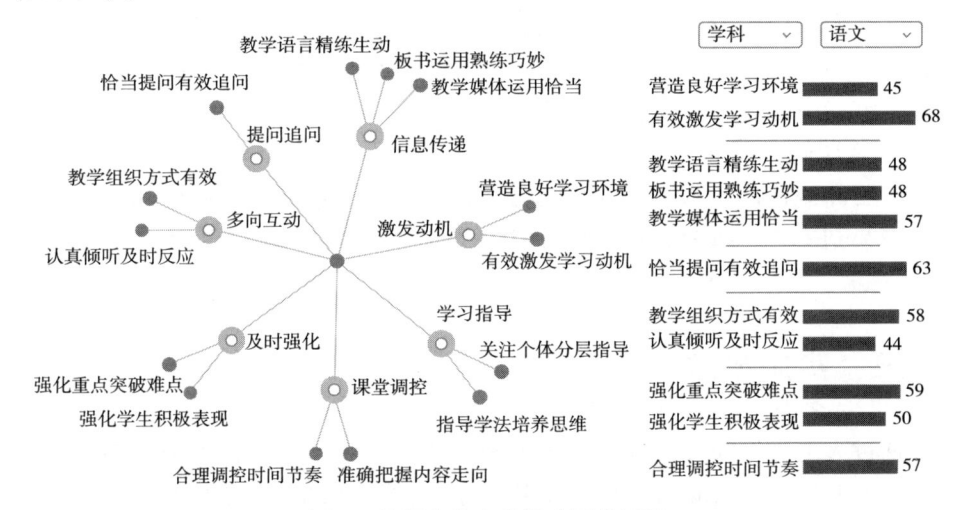

图1　教师专业素养提升需求图谱

第二步：学校依据调研结果制订教师专业素养提升计划。

第三步：学校基于教师专业素养提升需求图谱，为教师量身匹配相应研修资源，分类设计确定教师研修方法、内容和形式，建立教师研修大数据平台，为教师提供相互学习交流和自我研修空间，跟踪教师专业素养发展。

第四步：立足需求图谱数据，依据教师专业素养提升目标及重点进行资源配置设计，组织专业素养提升实践活动。

1. 教师专业素养提升培训活动

邀请北京教育学院夏秋荣教授等进行"教师职业生涯规划主题讲座""教

学基本能力标准解读主题讲座"等。讲座结束之后为教师设置专门的学习任务，以问卷、个人实践作业、教学总结与反思等不同形式，对教师参与活动过程中生成的需求和问题通过研修平台进行了跟踪调研与互动反馈，全面记录学校教师的素养提升过程，及时关注和解决教师素养提升过程中遇到的真实、具体的挑战问题。人工智能和大数据在活动中的跟踪评价使活动达到了很好的效果。

2. 教学观摩与交流活动

学校组织教师参加校际交流，结合"慧课活动听评导课"（包含物理、化学、生物、历史、地理、政治6个学科各2节课），通过专家指导，帮助教师提升课堂教学水平和教学设计能力。

3. 大单元整体设计与平台展示交流活动

学校以学科教研组为单位开展了关于"双力课堂"单元主题教学设计线上研讨活动。各个教研组通过协同设计一个知识单元的教学内容，形成教案初稿，在专家的指导下开展线上研讨交流。教研组长进行教学设计说课，专家针对主题的内容和教学设计的各个细节进行评价指导，在交流中碰撞观点，在评价反馈中促进教师专业能力提升。

4. 主题研讨评估交流会活动

开展高规格的阶段性成果展示交流研讨会，邀请专家和校外成员对阶段性成果进行展示评价和交流研讨，为学校和教师搭建更大的分享展示平台。

三、实施成效

通过人工智能和大数据精准诊断教师专业素养提升需求，有针对性地设计教师专业素养提升培训内容，采用线上、线下相结合的实践提升方式，取得了很好的效果。经过不到一年的努力，学校各层面教师的专业素养有了大幅度提升。

四、反思总结

（一）教育数字化背景下，基于人工智能和大数据的精准评价有助于教师专业素养提升

案例校作为城乡一体化学校，面对如何促进多元混杂的教师队伍专业素

养提升问题，利用人工智能和大数据精准评价，识别教师专业素养提升能力点，形成教师专业素养提升个性图谱和成长记录，学校依据图谱针对性地为教师匹配培训资源，分类设计确定教师研修方法、内容和形式，建立教师研修大数据平台，为教师提供相互学习交流和自我研修空间，跟踪教师专业素养发展，有效促进教师专业素养的提升。

（二）教育数字化背景下，建立信息化合作共同体是提升教师专业素养的重要途径

像案例校一样的城乡一体化学校，面对教师队伍专业素养提升问题，教师在专业学习和研修上存在诸多客观困难，如工作负担重、进修点分散、信息资源少、硬件设施差等。在教育数字化背景下，学校应积极组织教师建立"信息化合作共同体"，教师通过各种线上的教学研究活动进行观摩听课、交流经验、集体研究，共享他人成功或失败的心得与教训，通过观察同行教师的具体行为，倾听彼此的实践体会，助力自身专业素养的提升。

（三）教育数字化背景下，教师专业素养提升须充分与信息化技术融合，并进一步明确校本研修的形式和内容

校本研修是教师专业素养提升的主阵地，包含线上专家互动式主题讲座、学科名师公开观摩课、校内教师听评导课、教研组专题研讨、教师个人反思等形式。教师能够结合自身所负责的教学实践，结合提升设计的实施、评价阶段进展，积极进行实践并主动撰写培训总结和培训成果。对教师专业素养提升培训资料进行汇编，形成方便持续应用的教师校本培训资源库（如课例展示视频、活动照片、教师活动成长记录、参观观摩研讨交流总结、专题讲座PPT等）。教师的发展动力更强，发展目标更明确，更能够立足课程、课堂，优化教学和教研，提升教学实践能力。

教育数字化背景下，案例校在提升教师专业素养时充分与信息化技术融合，与校外机构合作，推出线上研修平台，将平台与教师专业素养培训、提升相结合。案例校在提升教师专业素养的过程中，以问卷、作业、反思等不同形式开展跟踪式、互动式的数据采集和综合分析，精准识别教师需要提升的教学实践微能力，根据教师在线回答问卷、作业互动、研讨交流等形成的数据内容，形成在教师个人成长上提升的纵向轨迹；在不同学科、不同教龄、不同职称等层面，对教师的需求及其变化过程形成横向对比；通过匹配相应的专题文章，引进优秀教研资源、切片视频乃至专家资源等，尽可能满足教师个性化需求。

（四）教育数字化背景下，教师专业素养提升仍需要学校精心设计、组织和安排

数字资源作为评价教育的基本工具，随时随地都可以发生，但并不意味着自然而然地就会发生，需要在学校统一、有步骤地精心设计、组织和安排下发生。有资源、平台、数据不等于能"提升"，如何开发、如何使用、如何使用好是问题的关键。如何利用现有资源、整合相应资源、创建新的资源、利用资源提升等一系列问题，不仅需要也值得每一所学校相关部门去思考、去研究、去探索、去实践。

参考文献

[1] 姚念章. 教师职业素质结构与高师课程改革 [J]. 河北师范大学学报（教育科学版），2000（3）：63-66.

[2] 叶澜. 新世纪教师专业素养初探 [J]. 教育研究与实验，1998（1）：41-46.

[3] 陈修梅. 地方师范学院教师职前教育课程设置个案研究：基于教育变革背景下初任教师专业素养的视角 [D]. 上海：华东师范大学，2008.

[4] 叶澜. 教师角色与教师发展新探 [M]. 北京：教育科学出版社，2001.

[5] 赵昌木. 教师成长论 [M]. 兰州：甘肃教育出版社，2004.

[6] 曾红凤，刘健智. 中学教师专业成长的有效途径分析：以参与发展或改进过程为参照 [J]. 集美大学学报（教育科学版），2015，16（4）：12-16.

[7] 胡谊. 专家教师的教学专长的知识观、技能观与成长观 [J]. 华东师范大学学报（教育科学版），2002（6）：58-65.

[8] 刘慧芳. 国外中小学教师在职教育和培训的比较与启示 [J]. 教育探索，2001（11）：59-61.

[9] 卢真金. 教师专业发展的阶段、模式、策略再探 [J]. 课程·教材·教法，2007（12）：68-74.

[10] 王曦. 农村教师发展的内源性动力：基于承认理论的视角 [J]. 教育科学论坛，2018（34）：60-64.

史家胡同小学加强学生过程性评价的研究

洪　伟[1]，崔　旸[1]，韩巧玲[1]

[1]北京市东城区史家胡同小学

摘　要：对学生的综合素质评价进行摸索和改进，是新时代课程改革的基本任务。新课程背景下学生综合素质评价是一种在课程实施的过程中关注学生的学习动机、过程和效果三位一体的评价方式。对学生的综合素质评价应该是一个开放的、不断发展的系统工程，需要学校、家庭和社会的共同参与。对学生的综合素质评价必须坚持全面、客观、可持续和激励性原则，坚持以学生为中心。综合素质评价要以促进学生全面健康发展为核心，为学生的终生幸福奠基。

关键词：过程性评价；教育数字化；评价体系；数据分析

一、案例背景

2020年10月，中共中央、国务院发布《深化新时代教育评价改革总体方案》，要求针对不同对象、各个学段教育特点，改进结果评价，强化过程评价，探索增值评价，健全综合评价，着力破除唯分数、唯升学、唯文凭、唯论文、唯帽子的顽瘴痼疾，建立科学的、符合时代要求的教育评价制度和机制。

史家教育集团着重培养学生生命、责任、创造、尊重、规则五大基础意识以及自主、交往、表达、实践、自律五大基础能力，设置了优质的课程体系，包括书本课程、行动课程、数字化课程、个性化课程和特色活动课程，还建立了相应的保障机制（见图1）。

围绕史家战略，集团全体教师一直致力于对学生综合能力的评价，构建了史家教育集团综合素质评价体系，包括基础性评价、过程性评价以及展示性评价。基础性评价即学业评价，侧重于对学生学习成就的评估，主要内容包括常规作业检查、单元练习、长作业总结等，其目的主要在于夯实学生必备知识，培养对学习的责任感。过程性评价包括以"AB评价量表"为标准的

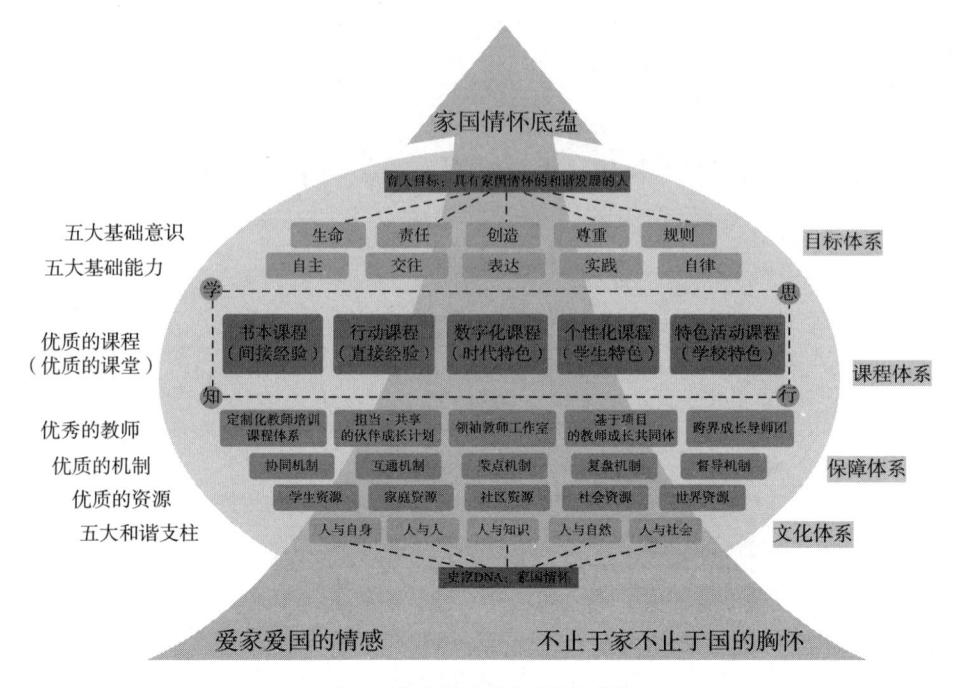

图 1 史家教育集团种子计划

课堂评价,以及构建学生成长档案的"24 点过程性评价"。"AB 评价量表"分别从教和学的角度帮助教师和学生记录整节课的课堂情况和每个学生的课堂表现,彰显在"成长之中"和"关系之中"的课堂评价的价值追求。"24 点过程性评价"体现对学生综合素质的评价,由各学科任课教师每学年选取学生的一个成长记录点,毕业时会收到全部记录,形成成长档案,记录小学生在校的学习生活。展示性评价由两部分组成,一、二年级结合学期末的乐考和三至六年级各学科的课前创意表达,让每一位学生都可以个性化地展示自己的学习成果。

在该评价体系近六年的实践过程当中,虽受到了教师、学生及家长的一致认可,也暴露出一些问题,如注重信息采集工作,但对采集到的信息缺乏有效的分析手段,并未形成相应的报告。

二、实践过程

(一)完善评价体系

1. 明确评价指标及其内涵

完善评价体系需要首先明确综合素质评价的指标及其内涵。通过前期的沟通，确定了"以史家集团的教育目标——培养学生五大意识和五大能力"作为学生综合素质评价的指标。

采用文献资料研究法，讨论整理史家五大基础意识和五大基础能力的定义和内涵。运用访谈法对相关领导、各年级组长和各学科备课组组长（具体访谈人数和安排根据实际情况确定）进行"一对一"或焦点小组访谈。通过访谈重点了解集团对五大基础意识及五大基础能力的定义和内涵，了解这些目标是如何在实际教育教学过程中落实的，同时，还将了解现阶段如何评估这些目标的达成情况等。

2. 确定各指标行为表现及评价标准

综合素质评价给出每个评价维度的具体行为表现，而没有给出学生具体的等级评定标准，因为其重点不是给学生评出一个等级和优劣，更多的是让学生了解自己在哪些方面做到了，哪些方面还有待提升，给学生进步的方向。每个评价维度行为表现由教师通过信息化手段完成。

此环节的访谈聚焦一线教师，探讨各评价指标在不同年级的学生身上是如何表现的、好学生和待进步学生表现的差异、在各个学科上如何通过课堂体现等。编码汇总后，通过问卷调查进一步收集信息、采集数据，用专业的统计软件对问卷调研的数据进行统计分析，最终形成各指标行为表现及评价标准。

3. 将评价指标与课程教学及学校、班级活动相结合

学校的教育目标需要在课程教学及学校、班级活动有具体落实和体现，因此需要将评价指标与学校课程教学及学校、班级活动相结合，以真正做到"综合"评价。在原有的 24 点评价基础上与综合素质评价进一步衔接，比如，如何平衡各学科的培养目标、如何平衡不同年级或学段的培养目标等。

4. 论证评价体系

确定指标体系、明确各指标行为表现和评价标准后，对评价体系进行验证。组织专家研讨会，包括具有一线教学实践经验的教研专家、教育学专家、教育评价专家等，对前期文献研究、访谈及问卷调查结果进行探讨，最终确定综合素质评价体系。

（二）优化评价工具

优化评价工具遵循以下基本原则：一是科学性，即多方面的测量学指标分析，保证测量工具的测量学指标达到要求；二是适用性，即测量工具的选择应考虑到不同年龄学生的心理特点；三是可操作性，即为了便于进行大样本的测查，测量工具要简单易操作、简洁不费时。

1. 选取恰当评价方法

确定评价指标后,根据评价指标的评价标准,选取恰当评价方法。每个评价指标根据实际情况可能采用不同的评价方法,如教师观察、学生量表、问卷等。

2. 开发评价工具

评价工具的开发将严格按照标准化流程进行。根据测查指标和指标的构想效度初步编制、选定测量工具,通过多次预试对工具的题目表述、反应方式等进行修改。对工具的信度、效度等技术指标进行分析,在此基础上对测试工具进行多次修订,最后形成标准化评价工具(见表1)。

表1 评价工具开发流程

序号	阶段	内容
1	前期调研	研究概览
		理论梳理
		结构建构
2	确定测验目的	明确测量对象
		明确测量目标
		明确测量目的
3	制订编题计划	制订编题细目
		收集有关资料
4	编辑测验项目	选择项目形式
		编写测验项目
		专家讨论
		形成初稿
5	试测与项目分析	第一次试测
		第一次修订
		第二次试测
		第二次修订
6	合成测验	选择测验项目
		编排测验项目

续表

序号	阶段	内容
7	测验标准化	测验题目标准化
		测验实施标准化
		测验计分标准化
		测验结果解释标准化
8	鉴定测验	正式施测
		获取指标 （信度、效度和常模）
9	编写测验说明书	编写测验说明书

3. 验证评价工具

在实际环境中进行试测，收集数据，检验评价工具的评价效果，在实际应用中查看教师或者学生使用的便捷性，从而更好地优化工具。

(三) 关注课堂学习评价

开展"以学生发展为中心"的课堂学习评价，教师在课堂中要充分关注学生的状态，观察了解学生并利用信息化手段及时评价，使学生学会学习，具备良好的学习品质，建立积极向上的学习情感。

1. 注意状态的评价

课堂上通过观察学生的目光是否追随教师或发言者的一举一动、学生的回答是否针对所问、倾听是否全神贯注等对学生的注意状态进行评价，引导学生集中注意力。

2. 参与状态的评价

评价学生是否全程参与课堂、是否积极投入思考或踊跃发言、是否兴致勃勃地阅读讨论、是否自觉地进行练习等。

3. 交往状态的评价

评价学生之间在学习过程中是否友好地合作，整个课堂教学气氛是否民主、和谐、愉悦、主动，师生之间、生生之间互动交流是否建立在互相尊重的基础上等。

4. 思维状态的评价

评价学生的语言是否流畅，是否有条理，是否善于用自己的语言解释说明所学知识；在观察学生思维的批判性时，学生是否善于质疑，提出有价值的问题；学生的回答或见解是否标新立异，是否具有自己的思想或创意等。

5. 情绪状态的评价

捕捉学生细微的表情变化以及个别学生回答问题时其他学生的反应，如摇头否定，则表明他有异议；如情绪激昂、跃跃欲试，则表明他还有独到见解。

6. 生成状态的评价

评价学生在全身心投入学习时，是否在自主、合作、探索中不断提升自己的认识；是否伴有满足、成功、喜悦等情感体验，并对后续学习更有信心；学生在课堂教学中有无独特的表现，学生的个性是否得以凸显。对不同层次的学生在自主学习、讨论问题、发表看法、解决问题等方面进行分层次训练，根据训练的难易程度提问不同的学生，用肯定、激励、赞赏的语言对学生进行评价，促进其有效生成新知识。

（四）学科作业评价

教师批改作业时，不光注重作业的对错，要有针对性地给学生的作业写上批语，发挥作业的促进、调控及导向功能。家长配合教师，督促检查孩子的家庭作业并签字，写上孩子在家里的主要表现和学习情况，以此架起校内外沟通的桥梁。教师定期组织学生对作业开展自评、小组互评，取长补短，养成认真做作业的良好习惯，把全班同学的作业装订成册，在每期的家长会上传阅，请家长和孩子共同参与评价，评出优秀作业。

（五）学科笔试评价

通过适当降低试题难度、采取多次测试法、勤与学生"书面谈话"等方法，在分数上做"文章"，使分数成为激励学生发展的一种手段，从"选择适合教育的儿童"转变为"创造适合儿童的教育"，让分数带着慈爱之心、仁爱之怀、关爱之情。

（六）学科面试评价

动手实践、创意思维、交流、表达和沟通是各个学科都需要的一种共通能力。学校深入课堂教学，重视观察学生在课堂内外的行为表现；深入学生，把口头调查和书面调查结合起来。部分班级使用信息技术手段，教师可根据自己班级的特点，自定义点评内容，以多元的评价机制，激励和规范学生行为，从而增强综合素质评价的有效性和实用性。

三、实施成效

通过学生综合素质评价工作的开展，学校构建了更加合理的学生评价体系，优化了 AB 评价量表、24 点信息采集标准及评价量表，完善学生评价方案的顶层设计，有效地实施了学生评价，促进学生全面发展。

四、反思总结

（一）完善学生评价工具

研究学生综合素质评价的路径，构建更为科学完整的史家教育集团评价体系，研发评价量表，探索不同评价模块和维度的表现水平标准，搭建评价框架。由专家指导，完善史家教育集团综合素质评价体系中过程性评价的部分，形成研究报告。由专家指导，将现有的 AB 评价量表再次细化，形成更加有效的课堂观察评价量表。

（二）搭建学生评价数据平台

依托数字校园建设，搭建信息化评价框架，设计基于信息技术的校本特色评价平台，聚焦学生的综合素质，对学生在学校生活中的综合方面进行动态评估和跟进。

（三）学生评价数据采集与数据分析

借助不同年级、不同学科学生的课堂表现与作业作品，通过大数据跟踪分析学生的发展过程，并进行一定的诊断，得到具有数据支撑的结论与报告，并以数据分析为依据完善综合素质评价体系，促进学生自身素养的全面成长及可持续发展。

本案例加强学生综合素质评价，深入学生的发展进程，及时了解学生发展中遇到的问题、付出的努力以及取得的进步，有助于提高学生的自主学习动力和持续发展，帮助学生形成积极的学习态度、科学的探究精神，从而实现全面发展。

构建立体化的学生成长数字"画像"

——北京市第二十中学"成长树"应用平台

程 磊[1]，胡廷锋[1]

[1]北京市第二十中学

摘 要：随着数字技术的迅猛发展，教育全过程数字化成为可能，基于大数据的多维度评价成为促进学生全面发展的有力支撑。北京市第二十中学的"成长树"是聚焦学生全面健康成长的一个综合性数字平台，在记录学生的身心成长过程中，构建了一个多维度、立体化的成长记录空间，突破了"唯分数"的评价体系，涵盖学生的学业水平评价、表现性评价，成为促进学生主动发展的重要动力和加强教师、学生、家长之间沟通的桥梁。本文介绍了"成长树"平台记录的六类数据，并阐明这些数据如何整合从而促进学生的全面成长。

关键词：教育数字化；评价；数据；成长

一、案例背景

人类社会从工业时代进入数字时代，教育数字化转型势在必行。在智慧教育大力推广的背景下，仍然有很多工作还停留在教育信息化阶段，需要对教育内容的呈现、传播、存储、检索、统计等方式进行优化，教育数字化要向更新教育理念、变革教育模式的深层次方向改变。随着数字技术的迅猛发展和日益普及，教育全过程均可数字化，数据驱动的数字化成长评价将成为可能。北京市第二十中学的"成长树"应用平台是聚焦学生全面健康成长的一个综合性平台，在记录学生的身心成长过程中，努力构建一个多维度、立体化的成长记录空间，突破了"唯分数"的评价体系，涵盖学生的学业水平评价、表现性评价，成为教师、学生、家长之间沟通的数据桥梁。下面介绍"成长树"平台的实践背景和成效。

（一）"破五唯"背景下教育评价改革的要求

2020年10月，中共中央、国务院印发《深化新时代教育评价改革总体方案》。该方案指出："为深入贯彻落实习近平总书记关于教育的重要论述和全国教育大会精神，完善立德树人体制机制，扭转不科学的教育评价导向，坚决克服唯分数、唯升学、唯文凭、唯论文、唯帽子的顽瘴痼疾，提高教育治理能力和水平，加快推进教育现代化、建设教育强国、办好人民满意的教育。""以习近平新时代中国特色社会主义思想为指导……全面贯彻党的教育方针，坚持社会主义办学方向，落实立德树人根本任务，遵循教育规律，系统推进教育评价改革，发展素质教育。""坚持改进结果评价，强化过程评价，探索增值评价，健全综合评价，充分利用信息技术，提高教育评价的科学性、专业性、客观性。""改革学生评价，促进德智体美劳全面发展：树立科学成才观念。……坚持面向人人、因材施教、知行合一，坚决改变用分数给学生贴标签的做法，创新德智体美劳过程性评价办法，完善综合素质评价体系。""完善德育评价。……通过信息化等手段，探索学生、家长、教师及社区等参与评价的有效方式，客观记录学生品行日常表现和突出表现。"

（二）时代发展的紧迫性

在新时代背景下，教育数字化转型要更加强调以人为本，围绕"立德树人"，注重应用，构建教育新生态，服务差异化教学、个性化学习和精细化管理；要更加凸显技术赋能，促进新兴技术与教育深度融合。北京市第二十中学是北京市示范性普通高中校、北京市中小学信息化工作先进学校，拥有3个校区、师生近6000人，在这样一个较大规模的校园中亟须有能够支撑校园发展的智慧教育平台，利用大数据赋能提高教育的针对性、有效性。学校在这方面较早地进行了规划，从早期的学校信息化到数字校园建设，再到智慧校园的构建，学校始终在探索教育数字化转型的道路上砥砺实践。

二、实践过程

"成长树"平台应用于2013年，早期的构想是搭建学生自我反思、成长的记录平台（见图1）。随着数字化教育转型大环境的持续推进，学校不断对"成长树"平台进行升级整合，围绕学生在学校的学习表现、学习态度、学习效果、健康生活、心理成长等方面建立了一套全方位、立体式的成长评价记录综合体系，包括教师基于学业标准的阶段性量化评价、学生发展指导中心老师基于学生在校的行为表现评价、后勤服务中心对学生的营养健康评价、学生自我成长经历中的反思和评价，以及班主任对学生的综合性评价。我们希望，"成长树"能记录学生在中学阶段成长中的关键事件。准确的数据对学生的成长轨迹的描述是极其客观的，它引导学生进行自我总结，当学生翻到每一个阶段的成长记录时，不仅有回忆，更有反思和进一步提升自己的规划。

图1 "成长树"数据模型

（一）群策群划，规划成长评价体系

"成长树"的提出，最早是在2012年，学校开始筹划数字校园，最初的想法是为班主任和学生搭建一个记录、沟通的平台，即班主任对学生进行评价，学生进行心情日志的书写。随着应用的开展，我们发现，把记录局限在班主任和学生之间，数据单一，师生的参与度都不高。在陈恒华校长带领教育、教学、信息中心各部门代表的讨论下，大家一致认为，成长树平台可以本身不产生数据，但要整合学生成长的数据。那么，哪些数据是学生成长的关键数据呢？除了班主任和学生，还需要哪些角色参与呢？这不仅是我们需要思考和解决的问题，更是评价体系要解决的问题。学生的成长不能只关注学习成绩，对学生的评价要跳出"唯分数"圈，除了成绩，学生的在校表现、过程表现、健康表现都是关键数据；除了班主任、学科教师，还需要其他部门积极参与，共同打造一个立体化的评价体系——一切围绕孩子的成长。

(二) 整合关键数据，构建丰富的成长记录

学生在学校的成长涵盖方方面面，因此，需要参与"成长树"记录的数据也是多维度的，只有多元立体化的数据，才能让学生的成长记录丰满。

1. 考勤数据

学生是否迟到、早退、缺课，这些信息记录了学生最基本的学习状态。数据不需要专人记录，学校的考勤系统自动与"成长树"对接，按照时光轴的方式呈现，如果学生考勤状态正常，则不会产生记录，只有非正常数据才会有记录，这样做的好处是不会产生冗余无效的数据。

2. 学习过程数据

学生的在校表现很大程度体现在课堂表现上。学生上课是否认真？是否积极参与？教师如何记录？传统的记录或是经验式的、感觉式的记忆，有心的教师可能会做一些纸质化的表格进行书面记录，大部分教师也许只对表现特别突出或者参与度差的学生有较深的印象，教师如何把这些信息传递给家长和学生呢？"成长树"纳入的第二大类数据便是学习过程的表现性数据。

学习过程数据可记录课堂表现，教师可以随时记录给予表扬或者批评，记录的结果也会按照时间轴的方式同步到"成长树"中；这个结果不仅仅是每一节课的记录，它还可以记录阶段性的综合评价，在学生每学期的成绩报告单上，会有专门的区域体现学生的课堂表现；课堂上的练习、作业，也是学习过程评价的一部分，以前使用纸质版的作业记分册，记完了只能给任课教师自己看，督促效果有限，而同步到"成长树"中的数据，学生、家长、班主任都可以随时浏览。课堂表现、课堂作业，这些表现学生学习过程的痕迹被客观地记录，成为家长、学校沟通的重要交流数据，为学生的成长提供客观性的引导支持。

3. "双减"下的作业管理数据

面临"双减"，我们思考：既要减轻作业负担，又不能降低学习效率，那就要从"作业管理"上来做文章。作业是学校教学部门、任课教师、学生、家长都共同关注的关键环节，从规划到布置、评讲都要统一协调，不仅某个学科要有规划，每一科的作业都要协调统一，要科学留作业、记录作业效果，发挥作业的诊断作用，巩固知识点，不让学生做无效作业，因此，"作业管理"平台诞生了。我们将"作业管理"平台的数据也整合到"成长树"平台中，家长能从整体上全面了解每个学科的作业安排，督促孩子高效完成，也

能及时看到孩子真实完成的数量和质量，避免了无效监督。至此，"成长树"平台既整合了课堂作业的记录数据，也整合了课下作业的质量、数量数据（见图2）。

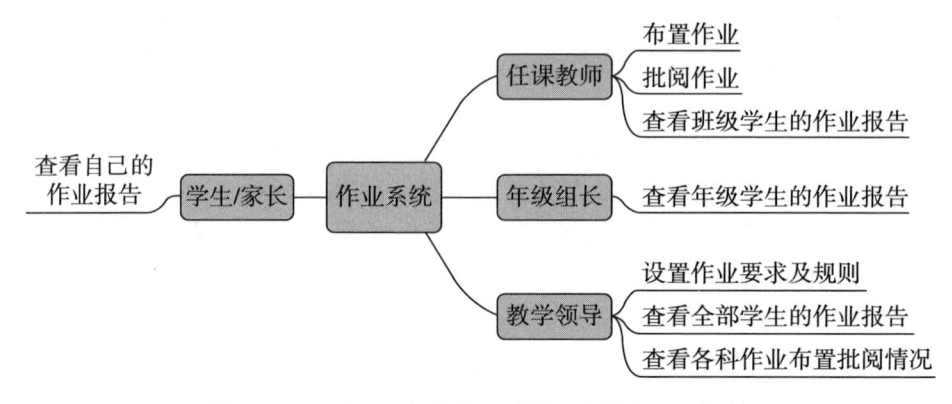

图2 "双减"下作业管理系统：可量化、可视化

作业系统结构：
- 学生/家长 → 查看自己的作业报告
- 任课教师 → 布置作业 / 批阅作业 / 查看班级学生的作业报告
- 年级组长 → 查看年级学生的作业报告
- 教学领导 → 设置作业要求及规则 / 查看全部学生的作业报告 / 查看各科作业布置批阅情况

4. 阶段性的学业水平评价数据

评价无论如何改革，都避免不了考试，每次考试的成绩也是"成长树"的关键数据。如何呈现考试结果？如何发挥考试的作用，帮助学生在后续的学习中更好地规划和补足欠缺的知识呢？学校的成绩报告单不仅呈现每一科目的成绩，还有详细的知识点掌握程度评价分析。通过成长树，学生不只看到一次考试成绩，而且可以将多次考试的趋势变化进行可视化比较，比较的对象不是他人，而是自己，借助比较，对照自己在每个阶段的表现，审视自省，不断强化内驱力，学习才会更加有效。

5. 学生在学校的行为习惯表现数据

学校将学生在学校的行为习惯表现统称为"德育评价"，由学生发展指导中心的老师负责记录完成。值日是否认真、自习课有没有做无关的事情、是否积极参与学校开展的活动、对班集体有哪些贡献、获得了哪些荣誉……这些记录不仅关乎学生个体，同时也关乎班级参加学校的红旗评比，与学生的集体荣誉感教育、爱国主义教育、社交成长等方面都是相关联的。日常行为的记录，恰恰是学生最真实的成长，"成长树"中同步每一次的德育评价记录，它是碎片式的，在学期末也有一个综合性的"合集"，我们把它叫作第二成绩报告单，每学期发放一次。通过"成长树"发布，记录了学生在学校的行为习惯表现以及取得的个人和集体的荣誉，是学生不可或缺的成长记录，家长也可登录平台查看。此外，还推出了学生发展素养的自评与互评，更进一步丰富了学生的行为习惯的养成途径。

6. 学生在学校的生活数据

除了学习，家长还关心孩子每天在学校过得是否开心、吃得是否健康。"成长树"最初的功能就有心情日志的书写。随着智慧食堂的应用，学生在学校的消费和用餐情况也会同步到"成长树"，家长可查看消费记录，及时了解学生的消费情况，还提供阶段性的《膳食营养报告单》，如果发现学生在学校的就餐中某一类物质营养摄取过高了，在家里安排饮食的时候就可以减少这部分的物质。例如，这个同学的脂肪类食物摄入过多，那在家就要减少脂肪的摄入，增加蔬菜和水果的比重。

大数据平台和基础数据平台互动、联通，只要需要，可以将学生在校产生的一切数据纳入成长树的记录范畴，但是我们是有选择性的，被纳入的数据应该是学生成长记录的关键数据。同时，我们也提供了与北京市综合素质平台相连接的接口，方便班主任完成市级平台的记录体系。

(三) 建立家校沟通机制，家校联合，实践应用

为了让家长最大限度地参与学生的成长和发展，我们在学生一入学就建立了家校沟通机制，为每位家长发放独立的智慧校园平台身份 ID，家长登录平台，不用烦琐地切换到各个子模块，只需要在成长树中就可以了解到学生的方方面面。我们还建立了消息推送机制，可灵活实现将重要消息提醒及时推送到短信和 App 平台，如各种阶段性报告单的查看提醒等。我们也通过家长会等方式，提倡家长从数据上客观地了解自己的孩子，陪着孩子耐心成长，做好陪伴者和监督者的角色，多关注孩子的成长数据，不要拿自己的孩子和别的孩子进行比较，要更多地比较孩子自身的变化趋势。

三、实施成效

"成长树"本身并不产生数据，与其说是"成长树"平台的实施成效，不如说是通过智慧校园平台构建的立体化评价体系的实施成效。智慧校园平台记录了学生的方方面面，而"成长树"筛选出重要的几个方面，表现整合在一起，成为学生立体生动的数字"画像"。据学生反馈，通过查看"成长树"，可以更清晰地认识自己，61% 的学生认为，阶段性地查看自己的"成长树"可以帮助自己反思和提高。"成长树"也成为家校沟通的数据桥梁，家长们反映，如果单独去点击数字校园平台的某个模块，不仅烦琐也不知道如何使用，而"成长树"直接方便，一目了然。"成长树"是一本真实全面的回忆录，帮助学生养成记录自己的好习惯，是以人为本的人性化的教育的补充，

对培养学生的感恩之心也有一定的启发,学生看到老师为自己记录的这些点点滴滴,也会感恩于老师的细心付出。学校在智慧教育的应用实践也获得如下荣誉:

2013 年 9 月,承办"全国数字校园建设成果展示会"。

2018 年 12 月,在"第五届校园好方案"评选活动中,依据"智慧云建设方案"获评 2018 智慧校园优秀示范校。

2019 年 12 月,被推选为 2018—2019 年度全国基础教育信息化应用典型案例。

2020 年 1 月,获评北京市教育信息化融合应用示范基地。

2020 年 12 月,获评教育部基础教育司"基于教学改革、融合信息技术的新型教与学模式试验区"海淀区实验学校。

2021 年 5 月,被评为 2020 年度教育部"智慧教育示范区"海淀区域"智慧教育示范创建学校"。

2022 年 10 月,获评教育部 2021 年度网络学习空间应用普及活动优秀学校。

四、反思总结

"成长树"平台的主体是学生,它的"树枝"是学生成长的各个方面,而"树叶"就是学生在各个方面的具体数据记录。随着技术的深入,大数据可以整合更为全面的数据;我们还将进一步拓宽同学之间发展性的素养评价,利用人工智能分析学生的课堂行为表现,将更多有价值的数据纳入成长树,助力学生成长、成才。

参考文献

[1] 李永智. 教育数字化转型的构想与实践探索 [J]. 人民教育, 2022 (7): 13 – 20.

[2] 中共中央、国务院印发《深化新时代教育评价改革总体方案》[EB/OL]. (2020 – 10 – 13) [2023 – 05 – 16]. http://www.moe.gov.cn/jyb_xxgk/moe_1777/moe_1778/202010/t20201013_494381.html.

[3] 徐向梅. 深入推进教育数字化转型 [N]. 经济日报, 2022 – 09 – 09 (011).

构建多元化评价系统　促进学生素养提升

霍雪飞[1]，李晓静[1]

[1]北京市密云区西田各庄镇中心小学

摘　要：西田各庄镇中心小学以实施"智·爱"教育、培育"志·爱"少年为办学理念，做有温度的教育，培养学生拥有健康的身、智慧的脑、温暖的心。学校将综合素质评价作为促进学生发展的重要手段，着眼学生核心素养培养和道德发展，构建多元化的校本评价系统，即《"志·爱"少年评价手册》和"互联网+"评价。

关键词：校本评价；争"红领巾奖章"；"互联网+"评价

一、案例背景

西田各庄镇中心小学以立德树人为中心，以全面提高教育教学质量为根本任务，坚持以实施"智·爱"教育、培育"志·爱"少年为办学理念，以"规范管理，有效评价"为保证，以"创新研学，提高质量"为抓手，以"树立学生远大理想，关注学生实际获得，培养其关键能力和必备品格"为核心，力求让学生拥有健康的身、智慧的脑、温暖的心，着力构建有利于促进学生德智体美劳全面发展的特色评价体系。

2019年11月，共青团中央、教育部、全国少工委联合印发《"红领巾奖章"实施办法》。根据《北京市"红领巾奖章"实施方案（试行）》和《密云区"红领巾奖章"实施方案（试行）》，以及《中小学德育工作指南》要求，在办学理念基础上，经过精心规划和梳理，将"红领巾奖章"纳入学校少先队常态化评价激励体系，并重新编订《"志·爱"少年评价手册》，按照规范开展争章活动的工作指引要求定制了一星章和二星章实体章，于2021年9月开始正式实施"志·爱"少年争章活动，对少先队员的全方面表现，按月（学期）进行评价和奖励。每月末4个校区进行一星章评比，每学期末总校进行二星章评比，为每学年末区级三星章评比和新时代好少年（暨美丽少年）评比做好准备。

按照国家少先队员评价标准，构建"志·爱"校本评价系统，促进学生素养提升。

二、实践过程

西田各庄镇中心小学由总校和4个校区组成：卸甲山校区、疃里校区、西田各庄校区、太子务校区，共有4个大队，42个中队；总校设德育主任1人，下设4位执行大队辅导员、42名中队辅导员，少先队员1078人。4个校区同步开展综合评价工作。

（一）精心梳理，构建评价体系

学校德育工作以学生发展中心为统领，推进实施"向日葵"学生培养计划，切实增强少先队员的光荣感，培育新时代"志·爱"少年。开学初，在学校班子带领下，依据《中小学德育工作指南》的要求，确定了西田各庄镇中心小学"志·爱"德育实施办法，从"六育人途径"梳理出16项德育教育内容，形成了德智体美劳全面发展的育人体系。

（二）认真规划，确定评价内容

西田各庄镇中心小学校本评价系统与市（区）新时代好少年红领巾争章活动相结合，评价内容涉及习惯、爱国、感恩、法治、传统文化、志愿服务、安全教育、劳动实践、生态环保、礼仪教育、阅读诵诗等11项实践活动领域。

依据"红领巾奖章"基础章评价内容，制定学校每月奖章内容及评价实施标准，包括国家评价和校本评价两个层面；自主设计校级特色章"志·爱少年章"，基础章全部由中队辅导员使用，特色章由学科教师使用。

通过红领巾奖章结构图，让全体辅导员和少先队员一目了然知晓争章内容。教师们结合队员们在每月活动中的表现，进行盖章奖励。

红领巾奖章评价机制更加注重队员思想道德培养、优秀品格塑造、自我能力提升，让他们有规划、有目标地健康成长，从而拥有健康的身、智慧的脑、温暖的心。

（三）有序推进，开启争章模式

每个月初，由学生成长中心牵头，详细制订德育主题月活动方案；利用升国旗仪式、校园广播等进行主题月启动仪式，让全体师生知晓每个活动实施阶段的内容。

活动月中，各校区将主题月大思政课程与班（队）会、社团活动、道德与法治等学科课程有机融合，利用校内校外、课内课外、线上线下相结合方式，开展形式多样、内容丰富的教育活动。每月组织一次大队活动，每个中队都要根据学校的品牌活动开展班级主题月争章活动，全体少先队员全程参与，引导他们在实践活动中"树理想、塑品格、强本领"，从而落实"年年有主线、月月有主题、周周有活动、天天有进步"的大思政课程目标。

活动月末，由各少先大队针对学生活动和校区实际及时进行总结，按照比例评选出红领巾奖章一星章少年。一个个品牌活动、一场场深入人心的主题教育，把思政教育搬出教室，让思政教育内容更加丰富，让学生在实践中加深了对思政理论的感悟和认识，真正实现立德树人润物无声，全面育人、育心、育身，提高教育教学质量。

（四）"互联网+"，评价多元化

如果说《"志·爱"少年评价手册》是学校实施智爱教育的过程性评价，那么"互联网+"评价系统就是对智爱教育的阶段性评价。它是探索"互联网+"多元化、多角度教育评价的新方法和新模式，协助全面培养学生综合素质。互联网评价系统与评价手册一脉相承，按照《小学生综合素质评价手册》中的内容设定评价标准，以六大素养为评价维度，涉及14个科目。

1. 评价方便快捷

本系统评价主体多元化，以老师、家长、学生三方打分，三方一齐参与，从而获得总积分。家长可利用微信端进行评价，与孩子共同种植、美化"果园"，成为学生养成教育的内驱力。

2. 评价以游戏方式呈现

学生可以用积分去兑换素养币，到积分商城购买"养料""杀虫剂"等，培养自己的"成长树"；针对表现优秀的学生，教师投放"蜜蜂"进行奖励，表现不好的，投放"小虫"，如果学生想消灭"小虫"让"果树"茁壮成长，就需要以优异的表现挣得积分，并用积分换取"杀虫剂"，消灭"小虫"。这样的评价对学生激励性强，真正使"要我成长"转变为"我要成长"。

3. 评价可进行大数据分析

互联网评价具有强大的数据分析功能，按照《小学生综合素质评价手册》内容设定了8个科目、6个维度。系统自动对每名学生的优势和劣势进行大数据分析，生成每周之星、校园之星、"志·爱"少年，以数据方式呈现，学生对自己的发展情况能一目了然，科学的数据分析也为学校评选优秀学生提供了有效的依据。

4. 评价实现立体化

《"志·爱"少年评价手册》因为其本身体现出灵活性、及时性、激励性以及督促性，适用于对学生在校期间思想道德、日常学习和行为习惯的过程性评价；而"互联网+"评价适用于放学之后、周评、月评、学期评，成为学校教师和家长对学生的综合素养进行管理评价的另一种有效评价手段，是对学生校内外日常学习和行为习惯的阶段性评价。学校将评价系统完美对接，实现班级、校级、区级评价立体化，帮助学生建立不断发展的奋斗目标，促使其努力进步。

三、实施成效

无论是教师还是学生都能够积极主动地参与评价过程，真正实现综合素质评价主体多元化。《"志·爱"少年评价手册》作为日常评价，学科教师利用"种子课堂"评价标准，结合学生课堂学习表现进行打星奖励，每5颗星可以兑换一枚特色"志·爱"校级章。"互联网+"评价作为阶段性评价，充分发挥教师系统评价、学生自评、同学互评、家长评价多元评价功能，对学生的课堂学习和思想发展起到极强的激励作用。

本评价与校区市级"红领巾奖章"争章活动相对接，资格章数量决定学生是否成为班级和学校一星章和二星章的获得者，更是推选区级三星章和市级四星章的依据。少先队员们积极争章，彰显了评价制度的合理性和有效性。

四、反思总结

（一）《"志·爱"少年评价手册》便于操作

基于学校理念，结合新时代好少年红领巾奖章争章制度和体系，学校精心规划和修订了新的《"志·爱"少年评价手册》。

手册中有校训和校长寄语，对所有学生提出希望；后面两页是《中小学生守则》《中小学生日常行为规范》；自我介绍专栏通过自我评价和爱好特长等模块，使学生的特点得到充分发扬，让老师们也能够充分了解学生，尤其是荣誉栏，更加突出学生的优势；主题月则结合每个月节日、纪念日主题和学校德育工作重点精心制定，涵盖《中小学德育工作指南》中"六育人途径，五大项教育内容"，除 2 月、8 月以外，一个月对应一个主题，学校根据主题月的安排，有序开展德育教育活动。

新评价手册让评价变得更加便捷，更具实效性和激励性，更加注重学生思想道德培养，有利于激发学生自我内在提升。

（二）争"红领巾奖章"优势显著

《"志·爱"少年评价手册》以"红领巾争章"活动为评价标准，与区级三星章（新时代好少年评选）、市级四星章、国家级五星章相对接，制定了与国家评价统一、具有本校特色的两层面评价标准，有利于引领队员们树立远大理想，形成良好品格，在规范自身行为的同时，努力成为拥有健康的身、智慧的脑、温暖的心的新时代好少年。

（三）全面落实有效评价还需要继续努力

全体教师作为评价实施主体，掌握评价标准的程度不尽相同，还需要继续理解评价内涵，通过培训、督导、测评等方式，提升教师们对学校评价机制的深入理解与有效实施，充分发挥教师们的创新思维，让评价真正为学生健康发展服务。

手册中的评价标准来自共青团中央、教育部、全国少工委联合印发的《"红领巾奖章"实施办法》，具有权威性和指导性，而"互联网+"评价六大素养的标准，还需要与手册标准相匹配，以保持校本评价的一致性和有效性延伸，这也将是今后需要进一步解决的问题。

以评促教，基于大数据的命题评价研究

邱红梅[1]，徐素霞[1]，胡海波[1]，张文超[1]，陈　忠[1]

[1]北京市育英中学

摘　要： 北京市育英中学着力推动以学生为中心的校本教研转型，走研教一体化、科研兴校之路。学校以基于大数据的命题评价研究为突破口，将命题评价和试卷分析由教师主观化的"经验重复"，转向人工智能辅助的"数据实证"；由零散的"问题研究"转向系统的"项目式研究"。同时，以命题评价研究促使教师研究新课标，用好新教材，能以评促教，改进课堂教与学，提升学校教学质量。

关键词： 校本教研；命题评价；精准教学；校企合作

一、案例背景

北京市育英中学始建于1948年，1949年随党中央机关迁入北京。办学70多年来，学校始终坚定地传承和发扬西柏坡精神，秉承"去华就实，进德修业，和谐聚力，臻于至善"的核心价值理念和"让每一个生命绽放光彩"的教育理想，是海淀区示范高中校、海淀区新品牌学校，在海淀南部有着很好的社会声誉。

学校从2010年开始由于校舍改扩建进行减招，师资队伍虽然保持了稳定，但是缺乏年轻教师加入，导致教师年龄结构不合理，平均年龄偏大。虽然教师教育教学经验丰富，但是信息化应用水平不高。2019年新建成的智慧校园投入使用，学校迅速扩大招生，班额和学生差异都变大，仅凭教师团队兢兢业业的无私奉献、相对传统的教育教学方法，在教学管理、教学效率和教学质量有效提升上都遇到了瓶颈。校内呈现出新校园信息化硬件水平高与教师信息化应用水平相对滞后的矛盾以及学生学习能力差异性变大与教师工作负担增加的矛盾。

从教育发展和改革来看，传统的教学模式已经无法很好地满足当前育人要求。当前无论是"双减"还是"双新",都要求教师深入理解和把握学科的本质和育人功能,同时能够明确学生学习的真起点,解决学生的真困惑,在有效帮助学生解惑的过程中,提升学生的综合素养。这也正好体现出教学中的两个难点:一是通过怎样的教研活动,让教师准确地知道教学起点(学情)和终点(学科阶梯教学目标);二是在已知起点和终点的情况下,怎样通过课堂教学,实现学生能力发展和素养提升的目标。

二、实践过程

(一)举措

作为海淀区新品牌学校,近三年来,北京市育英中学在抓紧硬件建设的同时,努力提升软实力,大胆改革,在磨砺中求发展。针对学校师生面临的核心问题,学校着力推动以学生为中心的校本教研转型,走"研教一体化"、科研兴校之路。

在北京市教育数字转型和智能升级的背景下,学校明确了"研教一体化"战略,树立大资源观,通过校企合作,借助大数据和智慧课堂助推学校教学和教研能力提升。学校以基于大数据的命题评价体系研究为突破口,将教学教研由教师主观化的"经验重复",转向人工智能辅助的"数据实证";由零散的"问题研究"转向系统的"项目式研究";探索融合信息技术的新型教与学模式,通过技术赋能,真正实现提质增效。

(二)保障措施

技术赋能教学的根本,是在帮助教师解决重复性劳动的同时,启发和激发教师应用新技术的愿望和信心,即技术和教学相互促进,共同发展。因此,为教师选择的信息化工具必须要简单、易用,学习成本小,而且能够持续动态满足教师的创新需求。在学校寻找合适方案之时,正赶上学校新校园建设遴选承建企业,在众多企业中,科大讯飞提供的"人工智能和大数据支持下的智慧校园规划建设",重视在教、学、研方面基于技术提升效率和质量,与学校教育教学的未来发展方向不谋而合。借此契机,引入大数据精准教学系统,基于其海量题库、灵活组卷、多维分析学情,提升教师在命题组卷、精准教学、分层作业、个性化辅导方面的能力。

在引入大数据精准教学和畅言智慧课堂等系统后,为保障师生能常态用、用得好,学校与科大讯飞成立了校企联合工作组,明确智慧教育建设目标,规划建设内容与进度，建立了训、学、评、研、管"五位一体"的全面精准的推进机制。

学校以校长为组长、教学副校长为副组长，整体组织协调各类工作有序高效开展；以教学干部、年级组长、教研组长和科大讯飞项目组为核心成员，负责校本资源建设、学情精准分析、个性化分层辅导、课堂教学创新等工作的整体推进、组织与实施，实现提升有分层、管理有目标、评测有标准、模式有创新、成果有沉淀，教师信息化水平显著提升，学生获得个性化发展。

（三）具体做法

学校采用"学科试点—重点拓展—全面启动—总结完善"的建设机制，逐步推进，初步建成基于大数据的命题评价体系。

第一阶段：以"双区"实验校建设为契机，发挥校企合作优势，对教师开展分层分类的技术培训。

（1）以备课组为单位进行技术应用培训。企业技术人员入校，手把手指导教师如何组卷、划题、赋分、制卡。

（2）基于各学科个性化需求，开展基于学科的应用培训。教师与企业技术人员一起进行研究，从知识点分类、答题卡设置，到数据呈现的维度、分值下潜的深度等多个角度进行深入细致的研讨，让技术更完美地服务于教学。

（3）以学科组为单位，认真研究考试数据，通过数据分析，对学生的学习进行诊断。突破了技术的壁垒，老师的考试成绩分析变得更加便捷，教师深度解读报告、精准教学的能力得到了一定程度的提升。

第二阶段：以点带面，开展命题研究。命题是评价的前提，命题科学才能保证评价有效。学校聚焦"如何基于命题蓝图命题组卷"和"如何基于智学网平台命题组卷和做数据分析"两个核心问题，召开教学研讨会。由教师代表梳理前期研究成果，聘请海淀教科院马涛主任、海淀区教师进修学校支瑶副校长对教师关心的问题进行集中培训。

通过交流培训，教师深受启发。随后，全校中高考科目备课组均开展了自主设计命题蓝图、依托智学网选题组卷、撰写数据分析报告、开展基于数据分析的试卷讲评等活动。

第三阶段：梳理反思，发展完善阶段。在不断研究和反思的路上，厘清了基于大数据的命题评价体系的三个核心问题：如何设计命题蓝图？如何做好数据分析？如何上好试卷讲评课？也在探索和试错中找到了破解核心问题的关键：命题蓝图与考试目标的一致性；数据分析与教学改进的耦合性；试卷讲评与反馈跟进的针对性。

命题蓝图核心要素应该包含题号、题型、分值、知识点、能力维度、能力水平、情境、预估难度、实际难度等。

数据分析的基本流程如图1所示：

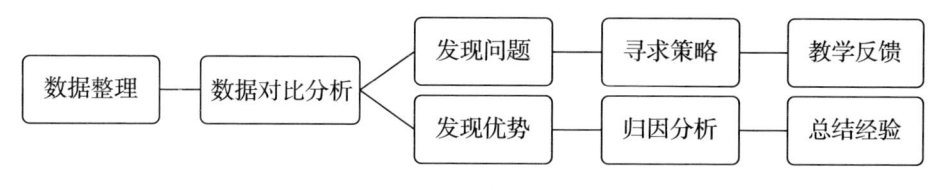

图1　数据分析的基本流程

三、实施成效

经过坚持不懈地实践和探索，全校教师基本掌握了命题评价的全流程：从命题组卷到数据分析，再到精准教学和辅导学生，形成了闭环流程。在实践中，老师对课标、教材的理解更加深刻，对命题组卷的环节更加熟练，对数据的分析和使用更加精准，已经能从小题得分情况的分析发展到知识维度、能力维度等层面的研究。

评价是为了改进。有了多维度、深层次的数据分析，教师能发现学生的真实问题（见图2），通过"学情精准分析—讲评精准分层—学生个性化反馈辅导—改进日常教学"的模式，提高教学效率。

学校开展基于大数据的命题评价研究，以命题评价研究为切入口，促使教师深入研究新课标、新教材；指导教师系统分析数据，用"数据说话"。通过"设计命题蓝图—选题组卷—组织考试—有痕阅卷—数据分析—教学反馈"的全流程闭环管理，借助智学网提供的数据分析，推动教与学方式的变革，促进教师的专业成长。

四、反思总结

北京市育英中学以"双区"实验校建设为契机，充分发挥校企合作的优势，探索搭建校级智慧教育云平台和数据中心，探索人工智能、大数据应用教学场景建设，探索校内校外、课上课下智能的教育教学环境建设和应用模式。通过开展学校全员培训，提升师生信息素养，推动人工智能技术创新应用于教育教学全过程，提高师生应用人工智能技术解决实际问题的能力。通过搭建惠及全体学生的个性化学习平台，有效提升学生学习效率和质量。

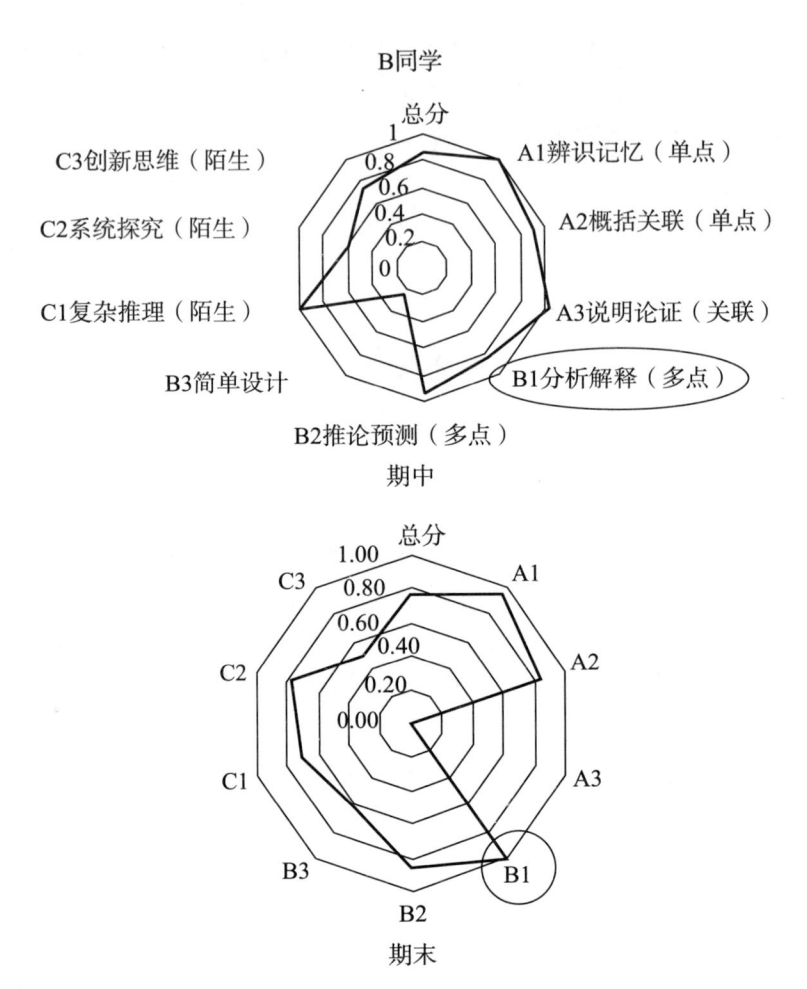

图2 基于命题蓝图中能力要素分析每一个学生的表现

虽然学校的信息化设施还有很大的发展空间，但是已经解决了学校在信息化推进教学改革面临的两大问题：一个是"两张皮"的问题，另一个是建设主题不突出的问题。我们结合自身实际情况，聚焦学校教育教学改革需解决的核心问题，坚持不断改进优化策略，深耕一线教学，提升常态教学的质量。在实践过程中，在"研教一体化"思想的指导下，充分利用大数据和智慧课堂技术，能够调动全校教师积极性，让教师在学中教、在教中思、在思中创，以"老带新"传授教学经验，以"新带老"学习技术应用，实现信息化应用在教学和教研的常态化，实现全体教师共同发展。

依托"互联网+"智能评价平台深化学生评价案例

沈冬雨

北京市昌平区崔村中心小学

摘　要：学生评价是教育评价改革制度的核心，为"培养什么人"提供标尺，为"怎样培养人"指明方向。学生评价工作是全员、全程、全方位的育人过程。学校通过构建"互联网+"智能评价平台，以大数据支撑评价全过程，引导学生自主管理，使核心素养养成化成内在自觉，实现自律、自主。通过实施"互联网+"智能评价平台，让学生知行合一，提升自身综合素养，实现自我成长，从而深化学生评价。

关键词："互联网+"；评价平台；学生评价

一、案例背景

学生评价是教育评价改革制度的核心，为"培养什么人"提供标尺，为"怎样培养人"指明方向。

（一）转型动因

1. 政策背景

2020年中共中央、国务院印发《深化新时代教育评价改革总体方案》，指出坚决改变用分数给学生贴标签的做法，创新德智体美劳过程性评价办法，完善综合素质评价体系，切实引导学生坚定理想信念、厚植爱国主义情怀、加强品德修养、增长知识见识、培养奋斗精神、增强综合素质。

2. 理论背景

加德纳的多元智能理论认为每一种智能在人类认识和改造世界的过程中都发挥着巨大作用，具有同等重要性。评价标准应有多元性；评价目标应为学生发展提供契机；评价核心应是"全人观"；评价方式应体现多样化。

建构主义理论强调学习者的主体能动性。有效学习是师生、生生互动的过程，要关注学生对自己及他人学习的反思，同时使学生获得对学科学习的积极情感体验。

后现代主义理论强调世界是开放的、多元的，要注重过程以及目的和手段的统一。每个学生都是独一无二的，不能以绝对统一的尺度去衡量学生的学习水平和发展情况，要给学生的不同认识和见解留有一定空间。要认识到学生不是单纯的知识接受者，而是知识的探索者和发现者。教学评价的功能在于促进学生在活动中发展和提升，而不是选择和判断。

（二）现状问题

1. 评价主体单一

当前对学生的评价多以班主任和学科教师为主，不能很好地发挥家长评价、学生自我评价和互评的作用，不能全面客观地了解学生。

2. 评价意识不强

部分学校、教师的评价意识不够，导致对学生综合评价不能真正落地，不能很好地将定性与定量评价相结合。

3. 评价手段时效性不高

学校现有评价以学生评价手册、红旗榜和红领巾争章为主，虽然评价贯穿整学期，但红旗榜以对班级整体评价为主，对个体关注不够，不能实现实时评价。

4. 缺少与学生的沟通交流

目前评价细则相对简单，不能很好分析学生自身存在的问题，引导学生自我反思和正向改进，没有合理运用评价结果促进学生改进学习。

（三）预期目标

有机整合学校现有评价手段。在学校课程顶层框架的引领下，构建"互联网+"智能评价平台。本着实效性、激励性、发展性原则对学生进行定量评价和定性评价。评价内容包括学生德智体美劳等综合素质评价，评价主体有教师、自我、家长。主要通过"互联网+"技术，搭建家校沟通平台，引导教师对学生的日常学习行为等进行及时有效的过程性评价和终结性评价，家长对孩子在家表现、作业情况等进行客观评价，学生对自我表现进行自主评价，三方合力实现家校共育，通过评价更好地促进学生核心素养的养成。

二、实践过程

（一）完善学校课程体系顶层设计

学校植根"合作育人，和谐发展，成就师生美丽人生"的办学理念，加强课程管理，重视课程重构，关注课程整体育人功能，以学生全面发展为本，本着全科育人、全程育人、全员育人和实践育人的思想，整合实施三级课程，构建和润课程体系（见图1）。

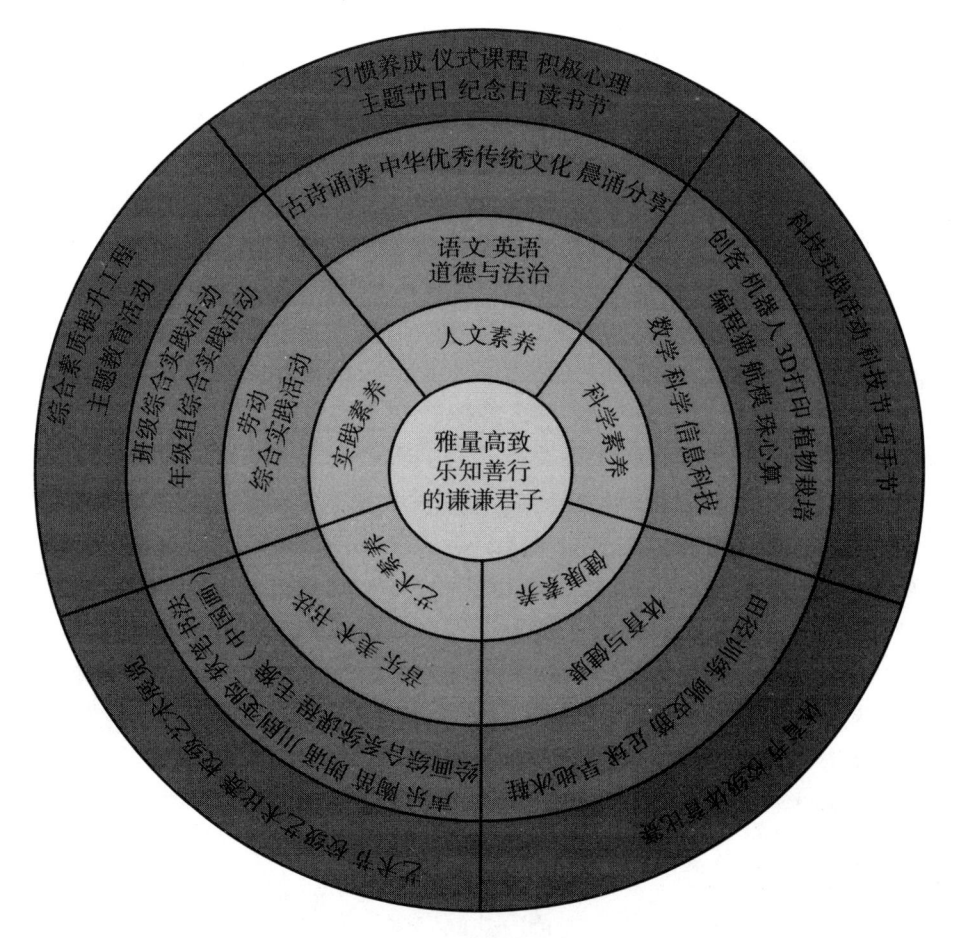

图1 和润课程体系

学校和润课程体系以"人文素养、科学素养、健康素养、艺术素养和实践素养"为主要内容。各个素养，既密不可分又自成体系；各个学段，既任

· 33 ·

务不同又梯次渐进；内容设置，既好记易学又便于评价；素养养成，既重视结果又突出过程。同时将和润课程体系与"互联网+"紧密结合，使之更符合学生、家长、学校和地域特点的需要。

（二）制定"五育并举"评价细则

1. 教师评价细则

结合学校课程体系、核心素养培养目标、学校特色、活动开展等情况，构建"五育并举"，即以德育为先、智育为重、体育为本、美育为根、劳育为荣的学生评价细则。为保证评价的正确导向，学校采用层级把关制确定最终评价条目。

（1）教师层面。班主任及学科教师结合义务教育培养目标、学科核心素养要求、班级管理工作、学科实际教学需要等"五育并举"，初步制定学科评价条目。

（2）教研组层面。组员教师在教研组内进行评价条目交流分享，教研组长组织教师对每个条目进行分类、提炼、整合，从而形成较为实用的学科组评价条目。

（3）校级层面。教导处结合"五育并举"的要求对各教研组提交的学科组评价条目进行初审，并聘请相关领域专家进校园指导，逐科逐条对现有评价条目进行审核，及时修正，最终形成学校"五育并举"评价条目体系，为构建"互联网+"智能评价平台奠基。

2. 家长、学生评价细则

家庭教育是学校教育的有力补充，但家庭之间的家庭背景、生活习惯以及教育方式方法等较为多样，如设计统一的评价条目，一方面限制了家庭教育的广度，另一方面不一定适用所有家庭的实际情况。为把评价工作做到实处，设计"自主申报"板块，利用家长会及班队会时间分别对家长、学生进行有针对性的培训，说明评价工作的必要性，讲解"五育并举"的重要性，引导家长、学生从德智体美劳等方面来进行自主申报，平台根据家长、学生申报的内容来自动划分素养类别，获得相应的素养积分。

（三）构建"互联网+"智能评价平台

争取北京师范大学的技术支持，共同定制开发"互联网+"智能评价平台。师生、家长可通过电脑、平板、手机等智能终端设备，借助互联网大数据，对学生的素养课程学习及日常表现进行客观、公正、翔实的记录，全程呈现学生成长过程，从而构建全面、系统、能反映学生核心素养的激励性评价体系。

1. 构建动态评价体系

将核心素养融入学科课程，依托"互联网+"智能评价平台，任课教师随时可在平台上对学生素养课程的学习行为作出评价。家长、学生也可随时将自己的居家、日常表现上传平台，班级内互鉴互享，共同提升。

2. 构建多维评价体系

依托"互联网+"智能评价平台，教师、学生、家长均能从不同角度对学生的"人文素养、健康素养、艺术素养、科学素养、实践素养"的学习状态及平时表现进行多维度、多方面评价。

3. 构建互动评价体系

依托"互联网+"智能评价平台，学生可在平台上客观地对自己一天各方面的表现进行评价，有助于学生反思一天的学习、生活、活动等行为。

4. 构建全面系统的评价体系

依托"互联网+"智能评价平台，学期末系统结合不同主体、不同时段、不同素养表现的实时评价数据，自动生成全面系统的学生评价报告，对学生进行及时、全面、科学、客观的评价，避免期末评价的终结性和单一性。

（四）"互联网+"智能评价平台具体实施

1. 建立素养养成档案，引导行为自觉

对学生的素养培养和评价，学校依据自我调节和自我效能感理论，充分肯定学生个人认知，管理自我行为。在学校和家里，师生家长均可使用智能手机和电脑，进入评价界面，对学生日常积极表现进行激励，发放积分，迅速完成评价。通过评价平台采集信息，建立学生动态素养养成档案，形成个人大数据。

通过登录评价平台，师生家长均可实时查看学生素养养成档案数据。教师借此挖掘学生潜在优势，也可及时发现学生不足，从而更好地对学生进行针对性培养，助力学生成长。例如，某生通过平台数据分析发现自己在"人文"和"实践"方面表现突出，而在"健康"方面有待提高，教师可引导学生采用适当方法提升"健康"素养。

2. 动态行为观测，自我调控管理

学校有三个教学点，开展教育教学工作的难点在于让学生建立集体观念，优化日常行为管理。有了信息技术的支持以及"互联网+"智能评价平台的构建，学校各校区的教育教学评价管理实现了网络化、智能化，使教育教学工作和学生素养养成更有针对性、更具客观性。例如，学校定期要求教学、德育主管和各校区的少先队大队辅导员通过评价平台查看学生整体素养养成行为数据，进行数据分析，查找存在的问题。必要时，各校区组织专题会议进行研讨等，针对共性问题对学生进行行为干预，及时调整教育教学工作决策和方式方法。

3. 注重评价分析，实现以评促育

教育评价的改革与智能技术的发展，从理论、技术上都能满足现有多元评价的需求。在理论与技术的双向驱动过程中，通过"互联网+"评价平台的模块构建、数据采集、数据智能分析、评价应用等环节的迭代优化，形成较为稳定且成熟的综合素养评价体系。通过数据分析，及时发现学生在成长过程中的问题，帮助学生分析数据原因，制订改进措施，形成阶段计划，做好跟进指导，从而发挥评价效能，真正实现"以评促育"。

三、实施成效

（一）促进学生进步

"互联网+"评价平台构建的目的之一是帮助学生准确认识自我，激发学生自我管理并促进学生素养提升。评价平台的使用有助于学生认识自我和增强自信，并通过示范引领作用，让积极的学生带动影响周围其他同学，进而整体提升学生的综合素质。

（二）促进教师成长

为促进学生进步，实现综合素养的提升，教师必须多角度观察和评价学生，及时发现学生取得的进步和存在的问题，针对不同学生因材施教，助力学生成长成才；帮助教师发现问题，促进反思，进一步提升教师教育教学的实践性智慧；还可以促进教师关注学生的学习需求，更好服务学生。

（三）促进家长改变

教育学生需要家、校、社三方合力。学校通过教学时空的再分配，打造以核心素养发展为导向的"家—校—社"学习空间，创新育人模式，凸显教育路径的多元化和适配性。"自主申报"板块的创设，增进家校多维协同，家长积极将孩子在家里好的行为习惯拍照展示，如坚持做力所能及的家务、坚持进行体育锻炼等，使家庭教育过程可视化，使家长主动参与学生的成长。

四、反思总结

（一）细化评价细则

学生评价应紧跟时代步伐，虽然学校现有评价条目坚持"五育并举"，全方位育人，但也要与时俱进，不能一成不变，要将评价做到实处，最大程度发挥评价效能。

（二）强化多元评价

学校"互联网＋"智能评价平台需要在电脑、手机端上进行操作，对于评价主体的信息技术水平有一定要求。为更好推动评价工作，要积极通过家长学校、信息科技课等途径对家长、学生进行培训，让更多的家长、学生参与评价工作中。

（三）合理使用数据

"互联网＋"评价是一项与素质教育教学理念及方式紧密相连的重要工作，旨在对学生综合素养发展水平作出动态性判断，加强教师、家长对学生的认识，进而因材施教进行人才培养。但在实际工作中，有部分教师仍将评价结果作为学生评优、评先、评奖的主要依据，这有违评价的初衷。我们不仅要重"评"，更要重"育"，要进一步发挥评价结果的导向、诊断、调控和改进作用，杜绝"为评而评"，践行"以评促育"。

参考文献

[1] 邓凡，余亮. 我国学生评价政策的回顾与展望：基于NVivo11的政策文本分析 [J]. 中国人民大学教育学刊，2022（9）：91－106.

[2] 卜晓薇. 利用网络学习空间开展"伴随式"德育评价：广州市越秀区东风东路小学的探索实践 [J]. 中小学数字化教学，2019（8）：71－74.

[3] 陈丹玲，杨宁. 素质教育理念下"好学生"评价体系重构研究 [J]. 教师教育论坛，2022，35（6）：74－77.

基于学生发展的诊断途径研究

郝 臣

北京市第五中学

摘 要：借助第三方诊断，获取真实和全面信息，对内指向、综合分析；校内人员结合诊断结果追溯原因、找出症结、有效整改；以诊断文化引领学校可持续发展，提升管理水平和教学质量，进一步深化教育综合评价改革。

关键词：专项诊断；对内指向；逐层深入；提升质量

一、案例背景

（一）诊断的动因

新时代的教育背景下，学校想要实现教育质量观的转变，必须从传统质量观（学生学业成就升学率）转变到全面、综合的质量观（学生的全面发展、个体及环境因素和全部的教育过程）。转变的过程中，借助第三方的诊断，利用人工智能和大数据等技术手段有效收集客观信息，可以帮助学校提升评估质量、寻找优势、发现风险并防患于未然，基于学校自身发展需求，促进学生全面发展。科学的诊断通过目的和价值导向的科学引领、内容工具的达成、分层分类结果的科学运用，能够帮助学校达到"以诊促改""以诊促建"的目的。

（二）现状与问题

1. 现状

2020 年，王蕾校长和王朋书记加入北京五中教育集团，宣告北京五中新一代领导班子成立。新领导班子为五中带来了新的发展思路和教育资源。全校师生凝心聚力，共同追求传统老校的突破和发展，从不同层面深挖潜力、聚焦实力、激发活力。在新校长和新书记的带领下，学校力图借助专业诊断团队的力量与校内诊断组优势互补、协同合作，通过两周期（三年）左右的学校诊断工作，逐步形成学校的诊断文化，推动校内各群体的内驱发展，最终实现学生的发展。

2. 问题

（1）管理者层面。学校的管理者因位置所限属于站在"冰山"顶端的人，很难发现冰山下面未知的风险，管理者感知的信息与全面真实的信息之间容易存在差异。因此，管理者需要获取基于数据的真实、客观的信息，从而降低管理风险、提高效益。

（2）学校层面。北京五中曾经是北京市的一流名校，但近年来由于各种条件制约以及新晋名校的发展，五中无论是综合排名还是社会影响力都有所下降。新时代对教育提出了新要求，也创造了新的发展机遇，五中亟须在现代教育治理体系和教育教学理念等方面找出关键症结，实施突破性举措。而现阶段学校评价常常来源于外部评估、行政性评估、一次性评估或终结性评估，数据的来源有限，种类较少，缺少对学校问题的发现，缺少对学校发展与改进的策略和建议。

（三）预期的目标

学校诊断是对学校评价的"返璞归真"，学校诊断的初衷是希望通过诊断促进学生发展，同时建立促进学校发展的学校诊断机制。通过目的和价值导向的科学引领、内容工具的达成、分层分类结果的科学运用，使学校达到以诊促改、以诊促建的目的。

二、实践过程

北京五中于2021年秋季学期引进学校诊断项目，分阶段对围绕以学生发展为中心的八大要素进行断层扫描式的全面体检，包括同伴（对学生有帮助、激励、正向引导的同伴关系和群体）、教师（有效陪伴学生快乐成长、帮助学生有效学习的教师）、课程（可供学生选择的、满足学生个性化需求、可引导未来发展的课程）、教学（激发学生学习内动力的教学）、资源（为学生成长、学习和教师工作提供有效支持的各类学校资源）、组织与领导（服务于学生快乐成长、有效学习和教师幸福工作的学校管理与运行）、文化（以师生为本，引导学校持续进步的先进文化）、安全（让师生感到安全放心的学校和氛围）；同时也对学校和校长的领导力情况和学校文化进行诊断，希望通过学校自我诊断去反思自身的优势与不足，把学校建设成为与时俱进，学生快乐成长、有效学习，教师幸福工作的地方。

(一) 诊断初识与项目启动

学校诊断组与第三方经沟通协商，就诊断的价值倡导达成共识，明晰各诊断项目的目的，确定诊断内容和诊断工具，开展师生动员并发放诊断通知。

(二) 第一阶段：基础性诊断

对学校进行的"全面体检"，关注目标达成的功能。通过测查全校师生对同伴、教师、课程、教学、资源、组织与领导、文化、安全八大要素的总体感受，了解学校在各核心要素上的基本发展状况。基础诊断结果通过指数转换，能够反映学校在各要素上的具体达成状况，还能够提供在同类学校群体中的相对位置，供学校管理者参考。

通过学生对学校八个要素的感知数据，清晰了解到学生在学校拥有满满的安全感，同时对同伴也有较高的认可，但是对课程和资源的期待和需求较高。通过详细的指标数据分析，进一步了解学生的明确需求是什么。

通过基于学生实证数据的聚类拟合分析，发现学校幸福型和安全型学生占大多数，没有消极型学生，进而也说明学生在校的幸福程度。

(三) 基于数据的分析与整改

以资源为例，通过详细的数据分析，明确地了解到学生对体育设施和器材、活动资源以及社会资源的需求，同时结合相关的学生留言，更加聚焦学生需求（见图1）。

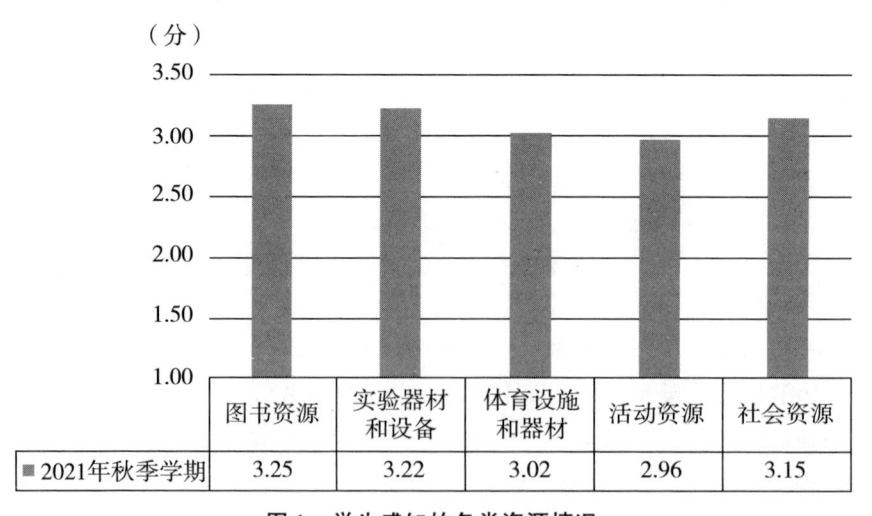

	图书资源	实验器材和设备	体育设施和器材	活动资源	社会资源
2021年秋季学期	3.25	3.22	3.02	2.96	3.15

图1 学生感知的各类资源情况

基于第一阶段的基础性诊断，在科学分析的基础上，学校诊断组开展了以"刀刃向内、直面问题、突破关键、全面提升"为主题的整改，就师生关心和反映突出的几大问题分类制定了整改措施，例如与教学相关、德育相关、食堂相关、教师集中诉求。

（四）第二阶段：专项诊断项目

在每个要素中分别设置相应的专项诊断项目进行逐层深入，以发现并剖析问题，同时为学校改进策略提供更充足、专门的信息。相比于基础诊断的全面性，专项诊断则深入学校的过程性管理，强调对某一方面问题的聚焦，如学校的教育教学状况、学校各组织单元的管理状况等。

目前在五中开展的服务于学校整体管理决策的专项诊断主要有：学校领导力诊断、文化诊断和教师专业成长诊断；服务于中层组织建设的项目为学科诊断、教研组织互动、年级诊断和处室诊断；服务于每一位教师成长的诊断项目为教育教学诊断、班主任诊断。从学生视角开展的诊断聚焦于学科教学、作业评价、年级工作；从教师层面开展的诊断定位在学科建设、备课组负责人和教研组负责人的领导力。

所有诊断项目的设计都是以服务思维为导向，明确"教育教学一线服务于学生成长""干部服务于师生""支持部门服务于教育教学一线"的理念。

（五）基于数据进行优化调整

依据专项诊断项目收集的数据与信息，学校诊断组对于学校管理决策、教师自我发展、学校资源配置等方面进行了重点关注。特别是在教育教学与组织领导方面，基于学生发展需求，从教师个体、备课组小集体、教研组年级组大集体等不同层面进行教育教学方面的优化和调整。

三、实施成效

通过持续一年多的分批次持续诊断，结合客观数据以及学生和教师的主观留言，经由第三方专业人员深入分析，北京五中校内诊断组与管理团队积极制定了有关教育教学的改进措施。

（一）课堂教学

学生在留言中提到"关注学生课堂学习效果"，教师也认为"教学是生命线"。因此，学校组织各学科组深入研讨，以优势学科为引领举办市级学科大会，开展以"深化核心素养导向的教与学变革"为主题的北京五中教育集团教育教学研讨活动，邀请老教师、名教师做"五中先生"示范课，启动"青椒天团"青年教师培养计划，一切聚焦"活"课堂开展教学。实现平等民主、和谐共处、互动合作、自主探究的"活"课堂文化，以及文化特色突出、目标动力清晰、学习过程科学、评价导向多元、自我更新持续的"活"课堂特质，促进学生课堂学习效果的提升。

（二）制度建设

结合学生及教职员工的诊断结果，北京五中管理团队经过深度分析和反复研究，在之前实行的《北京五中教育集团课堂教学标准》《北京五中教学规范》《北京五中课堂教学评价标准》的基础上，尤其针对学生提出的"教师拖堂""考试频次及信度"等关键问题调整并出台了《北京五中巡课听课标准》和《北京五中试题审核及预估表》。经过一段时间的实行和监测，有效提振了教师队伍的面貌，也进一步规范了教师的教学行为，提高了课堂教学的有效性。

（三）思想建设

学校自我诊断的意义不仅在于摸清现状、发现问题，更具有共识形成、理念引领的前瞻性和引导性。经过专业性、持续性的诊断，北京五中的教职工和管理者都对自己的工作和学校的发展进行了深入思考，达成了共识，明晰了发展方向和优势与不足。当诊断具有了促成学校反思能力形成的功能时，它就上升到了学校文化建设的高度，以诊断促进思考、以诊断推动学校转型就不再是一句空话。

四、反思总结

基于学生发展的学校诊断按计划处于进行阶段，分阶段的预期目标基本达成。在下一阶段的诊断中可以更加充分发扬民主精神，让尽可能多的利益相关者参与学校发展的讨论与决策。不同利益相关者站在不同的立场上，对学校会有不同的认识，形成不同的诉求。比如可以在前期对学生、教师、职工、领导调查的基础上，进一步倾听来自家长的声音，了解他们的认识与期待。也可以创造条件让所有利益相关者随时参与到诊断和评价工作中来，而非必须按时按量完成调研问题。

另外，开发和设计更加直观有效的诊断问题，给予参与者更加充分的表达机会，促使"以诊促建"的最优化，真正实现学生的发展。

开发应用优质数字资源案例

基于信息技术创新美术特色学校教学方式的实践与研究

胡海博[1]，王　瑜[1]

[1]中央工艺美院附中

摘　要：伴随着人工智能为核心的科技革命正在引领第四次工业革命，教育部发布了《教育信息化2.0行动计划》，此计划是顺应智能环境下教育发展的必然选择。信息技术不仅改变了教与学的方式，也促进了教育的变革与创新。通过深入挖掘已有的信息技术并结合中央工艺美院附中的美术办学特色，改变传统美术课堂形态，创新美术课程的教学模式和学习方式，从而进一步推进美术课程变革、探索智慧教与学的新路径，寻求数字资源与学习方式深度融合的创新方法，提升课堂教学效率，减轻学生负担，促进学生全面发展，提升学生核心素养，为培养未来型人才提供参考。

关键词：智慧教与学；信息技术；美术特色学校；美术教学

一、研究背景

美术教育是以培养审美能力和人文精神为导向的视觉艺术学科，与信息技术存在着天然的联系。当下，视觉形象的创造和传达已从门类丰富的电子图像取代传统的手绘广告，再到先进的VR虚拟现实颠覆传统的场景绘制。美术教育应充分利用信息技术和智能技术在美术应用领域取得的成果，深度融入教学全过程，改进传统教学模式。

二、实践过程

（一）研究目标

将信息技术与美术学科进行有效整合，以课程研发、课程设计、课程实施为落脚点，培养学生自主探究能力和创新精神，构建一种新型的、开放的、智能的美术教学方式，为我国中学美术教育构建可复制、可推广的新型教学模式，助推素质教育质量提升及课程改革全面完成。

（二）研究内容

（1）以信息技术为载体的课程资源及授课方法、教学活动、课堂结构变化。

（2）加强学生自主、合作、探究的意识与能力。

（3）教师如何合理地创设课堂中的问题情境、教学情境、体验情境以及对学生的引导辅助，强调教师的主导地位提升课堂实效。

（4）如何将丰富的信息技术手段应用于课堂评价与分析之中，做到丰富教学评价方式、细化评价标准、关注个体差异、重视过程性评价、拓宽评价维度。

（5）加强与同类型美术特色校、普通高中美术学科教学的沟通交流，从而实现优质教育资源共享。

（三）实践成果

利用现代信息技术的最新成果深度介入美术教学过程，研究美术课堂教与学方式的变革，探索数字化融合美术教学新模式，创新美术课堂丰富多彩的新形式。

1. 触控一体机设备，让美术课堂更加高效

利用多媒体技术手段，更新高清触控一体机设备，学生可以不离座位，通过高清显示屏观看教师直接在屏幕上演示，极大地提高了教学效率。学生课上作业的阶段性和总结性讲评，也可以随时拍照并投屏到高清显示屏上，通过触摸屏进行作业修改示范。

2. 数字色彩调色工具，让教学过程更直观

数字制图软件都配置了调色器功能，色相环直观还原色彩结构面貌，色相种类定义更是达到百万级标准，颜色的饱和度、色相、明度等数据一目了

然，效果十分直观。

3. 平板设备应用课堂，让师生交流更灵活

使用平板作为交流工具，学生在课堂上可以灵活地看到课程内容并及时上传作业，老师在收到作业后可以立刻在课堂中进行展示、点评，学生可以实时进行自评与互评。

4. 三维软件融入教学过程，让美术课堂更生动

将三维软件融入形体结构的教学过程，多角度流畅切换能让学生更高效地理解和掌握形体结构特点，特别是通过调整模型的种类与光源的方向强度，学生能够直接感知光与形之间的关系。

在市级公开课"图说家园故事"中，课程设计以魔方为媒介，每一个环节设计都将课程知识点与信息技术紧密结合，激发学生的求知欲。

5. 艺用解剖 App 应用课堂，让美术学习更易理解

利用艺用解剖 App 的 3D 展示模式，带领学生从整体造型入手，了解各身体部位的体块结构，再从细节切入，学习各体块结构下的肌肉群组。

6. VR 美术馆，让美术课堂更立体

利用 VR 虚拟美术馆，将艺术画廊变得更加立体、生动、真实。让学生在课堂中便可真切体验与艺术大师的"零距离"交流。

7. 动作捕捉系统，让美术知识更深入

动作捕捉系统的应用，有效地改善了传统美术课堂中教师对人物动态及表情讲解的单一性，使美术课堂知识讲解更加深入。

8. 数字手绘板融入美术课堂，让美术课程内容更丰富

数字手绘板能够突破传统绘画的局限，在电脑上轻松完成油画、水粉、素描、水墨等多种绘画形式，让学生能够更加轻松自如地通过绘画表达自己的创意。

三、实施成效

（一）信息技术拓宽课程成果展示渠道

为促进学校各班、各年级、各届学生之间的艺术交流和思想碰撞，为学生提供更好的课程成果展示交流平台，建立了校园电子美术馆。为每个学生建立一个独立的成长档案，既可以横向对比自己作品中存在的问题，又可以纵向对比自己这一段时间的进步。

（二）信息技术打造空中课堂新模式

1. 文化部大众美育线上课程开发

在文化部"精准文化扶贫"及国家"五育并举"教育方针的背景下，2019年学校启动文化部大众美育馆美育课程研发项目，研发4个系列40集线上优质美育免费公益网络课程，收录至文化部大众美育馆项目中，参与打造国家精品课程资源库的共享建设。

2. 中国大学慕课线上课程开发

2018年，学校与中国大学慕课官网（MOOC）、高等教育出版社合作开发线上美术课程——"向工美附中学素描（色彩）"慕课，实现了学校推动优质教育的共享，真正助力教育公平的实现。

3. 中国纺织出版社《工美创意绘画大师班》教材实现线上线下联动

为顺应"互联网+"时代教学主体、教学资源与教学媒介等要素的变革与发展，2019年学校与中国纺织出版社共同策划出版了《工美创意绘画大师班》青少年系列自学教材，探索尝试"线上"课程与"线下"读本相结合的美育教学新模式。

（三）特色与创新

1. 信息技术融入教学新内容

信息技术融入美术课堂教学，不仅改变着授课内容及形式，也改变着学生的审美态度。美术专业课教师可以利用多媒体交互屏对全班学生的作品进行分组点评，将作业按绘画技法问题进行分组点评，让学生更加直观地理解自己问题所在，以及同类型问题还会出现在哪些方面，以避免下次绘画作业出现此类问题。除了对媒介的广泛应用，VR虚拟现实技术也在美术课堂被广泛应用。

2. 信息技术改变教学新模式

学校推出动态捕捉辅助教学模块、VR虚拟现实技术辅助体验模块、网络平台与平板教学协同教育模块，都在潜移默化地改变着传统教育教学模式。美术教学新模式正由单向转为多向扩散、由闭塞转为开放自由、由被动接受转为主动选择。

3. 信息技术辅助教学新常态

将"科技+艺术"融入工美附中国际化美术办学理念，拓宽学生视野，从而获得更为丰富的学习途径，实现个性化教学的终极目标，实现美术的视觉表达和情感传达，并组建了一支思想过硬、能力过关的信息技术团队。用科技辅助教学，让技艺互联、以"术"育"美"贯穿美术教育教学的始终，更好地满足互联网时代学生美术学习的需求。

四、反思总结

（一）实践总结

1. 美育借力信息技术，创新传统教学模式

视觉形象的创造和传达已从丰富的电子图像取代传统的手绘广告到先进的 VR 虚拟现实颠覆传统的场景绘制。美术教育应充分利用信息技术和智能技术在美术应用领域取得的成果，深度融入教学全过程，改进传统教学模式。

2. 美育借力信息技术，提升课堂教学实效

现代信息技术的介入为美术教学开拓了广阔的视野，获得更丰富的学习途径，实现个性化教学的终极目标，同时借助人工智能和大数据分析技术可以给课堂注入新的活力，激发学生兴趣，提升教学实效。

3. 美育借力信息技术，丰富美术课堂内容

通过声音、文字、图像等方式全面立体地展示教学内容，拓展课堂授课形式及学习内容，增加美术教学的直观性、生动性、丰富性，构建一种新型的、开放的、智能的美术教学方式。提升学生对知识的理解，丰富美术课堂内容，培养学生自主探究能力和创新精神，激发学生学习兴趣。

4. 美育借力信息技术，促进学生全面发展

增加学生的课堂参与感和体验感，增强学生对知识的自主探索精神，在学生积极主动的学习过程中，培养学生成为独立而健全的人。

（二）反思与不足

1. 精益求精——提升信息技术在美术教学中应用的精准度

针对美术特色学校的美术课堂，相对普通院校而言，对于学生在美育方面的要求更高，因此在今后的信息技术进课堂中，要更加深度和精准地对焦美术学科的相关知识，力求丰富课堂形式的同时，将美术技巧和情感表达内化于学生的内心。

2. 与时俱进——挖掘先进的信息技术手段应用于美术教学之中

教师在熟悉信息技术融入教学的同时，需要打开视野，勇于尝试和学习新的信息技术手段，并进一步思考将最先进的设备、软件、思维方式融入美术教学，鼓励学生除了运用课堂上的信息技术，更应将信息技术的观念融入

日常的学习和生活，教师和学生共同挖掘先进的信息技术手段，使美术课堂保持与时俱进的活力。

3. 浑然天成——增强信息技术与美术学科特点及教学的融合度

在之后的信息技术融入美术课堂的实践中，应将重心更加地偏移向多种形式教学资源的集成化，从而开发和组织更高效、融合度更高的课堂形式。

4. 积微成著——构建信息技术与美术学科相结合的教学体系

我国基于信息技术的美术教学形式还处于"模式再建构"和"综合应用与实践"阶段，信息技术在美术学科教学模式的变革仍需要进一步深入和整合。

参考文献

[1] 朱永新. 走向学习中心：未来学校构想 [M]. 北京：中国人民大学出版社，2020.

[2] 约瑟夫·E. 奥恩. 教育的未来：人工智能时代的教育变革 [M]. 李海燕，王秦辉，译. 北京：机械工业出版社，2018.

[3] 苏新平. 关于成立中央美术学院科技艺术研究院的思考 [J]. 美术研究，2020 (6)：26-29.

[4] 杨亮，李富忠. 人工智能技术对动画创作与传播的影响 [J]. 电影文学，2020 (12)：120-123.

[5] 李险峰. 基于信息技术条件下的中学美术教学研究 [D]. 南京：南京师范大学，2005.

[6] 孙红霞. 智慧课堂与中学美术教学的融合探究 [J]. 科普童话，2020 (5)：13.

基于 AR 实验环境的探究式学习模式的研究

金　鹏[1]，程　岚[1]，高佳颖[1]

[1]北京学校

摘　要：探究活动是提升学生科学实践能力和核心素养的重要方式，因此落实实验教学是小学科学教学的重中之重。当前，由于小学科学内容的特殊性以及师资和实验资源的限制，探究活动的开展面临困难。增强现实（AR）技术可以打造虚实融合的实验环境，支持小学科学探究活动的开展。本研究在初步构建出的基于 AR 实验环境的小学科学探究式学习模式基础上融合小学科学"地球的运动"单元内容设计开发了 AR 教学软件，并为保证研究的开展，根据"基于设计的研究"范式通过三轮迭代对模式进行细化和修正。本研究形成了集单课时和单元整合课时于一体的基于 AR 实验环境的小学科学探究活动学习模式，该模式的使用可以在教学中提升学生学习效果和核心素养。

关键词：AR 实验环境；小学科学；探究式学习；核心素养

一、研究背景

当前，全面落实《义务教育科学课程标准（2022 年版）》的教学要求，加强以探究式为主的实践教学是培养小学生科学核心素养的重中之重。然而，有限的学习资源使探究活动的开展面临困难。随着增强现实（Augmented Reality，AR）技术被运用于构建虚拟实验环境以满足探究活动的开展，如何基于 AR 实验环境进行教学成为一线教师需要研究的问题。

（一）探究活动是提升科学素养的重要方式

探究式学习是建构主义的教学方法，强调以学生为中心，通过引导学生对开放问题情境的探索，培养学生分析问题、解决问题和知识迁移等高阶思维能力。❶ 2019年11月，教育部出台《关于加强和改进中小学实验教学的意见》，要求努力构建与德智体美劳全面培养的教育体系相适应、与课程标准要求相统一的实验教学体系。❷ 该意见突出了实验教学在中小学科学教育中的重要地位。在课程理念方面，《义务教育科学课程标准（2022年版）》更加强调学生的探究。小学科学课程被定性为一门实践性的课程，探究活动是学生重要的学习方式。❸

（二）探究活动的开展面临困难

从内容上看，小学科学中存在着一些难以操作、难以观察或难以理解的知识。难以操作指由于成本或安全的考虑而在操作性上难以进行实验。❹ 比如探究各种材料的导电性的实验因为存在一定的安全隐患，多使用讲授式教学，对于知识积累较少的小学生很难对多种材料形成深刻的印象。总的来说，小学科学由于内容的影响本身就存在着探究需求大和实践条件不足的矛盾。《义务教育科学课程标准（2022年版）》要求搭建学生主动探究的、联系生活的科学课程需求与现实有限的学习资源和教师资源形成了活动开展所面临的重要矛盾。

（三）AR实验环境支持探究活动的开展

AR实验环境可以模拟真实实验和复杂变化，特别适用于表现难以操作、难以观察、难以理解的知识内容。❺ 在交互上，将学生个体、AR实验环境和真实学习空间的互动联系起来。在内容上，将学生个体的知识、AR实验内容和生活实际联系起来，以AR实验的内容拉近学生先验知识、目标知识和具体生活情境的距离。

---

❶ 张雪，罗恒，李文昊，等. 基于虚拟现实技术的探究式学习环境设计与效果研究：以儿童交通安全教育为例［J］. 电化教育研究，2020，41（1）：69-75.

❷ 教育部关于加强和改进中小学实验教学的意见［EB/OL］.（2019-11-22）［2024-05-17］. http://www.moe.gov.cn/srcsite/A06/s3321/201911/t20191128_409958.html.

❸ 胡卫平. 在探究实践中培育科学素养——义务教育科学课程标准（2022年版）解读［J］. 基础教育课程，2022（10）：7.

❹ 李娟，陈玲，李秀菊，等. 我国小学科学教师和科学教育基础设施现状分析研究［J］. 科普研究，2017，12（5）：58-62，70，109-110.

❺ 蔡苏，王沛文，杨阳，等. 增强现实（AR）技术的教育应用综述［J］. 远程教育杂志，2016，34（5）：27-40.

（四）问题提出

本研究试图提出适用于 AR 实验环境的小学科学探究活动的教学模式，并根据该模式围绕小学科学内容进行 AR 实验环境和教学活动的设计开发，希望得出一个能助力 AR 实验环境下小学科学探究活动开展的教学模式，促进 AR 技术与小学科学教学的深度融合，搭建联系生活的探究环境，扩大课堂的探究空间，丰富学生的探究机会，助力学生科学素养的提升。

二、实践过程

（一）AR 实验环境和教学的设计

1. AR 实验环境系统架构

本研究的 AR 实验环境开发使用了单体架构的结构，单体架构的结构对于复杂程度有限的工程在开发速度和运维难度上都具有显著的优势。本研究实验环境的架构如图 1 所示。AR 实验环境通过平板的摄像头捕获视频流和特殊的标记卡片，通过陀螺仪实现方位定位，识别到的图像信息和方位信息通过中间业务逻辑层从数据库中调取相应的三维模型等资源，所取资源再通过中间业务逻辑层实现对真实场景信息的实时跟踪注册，在前端实现对视频流和虚拟资源的虚实融合呈现。

2. 单元教学内容设计

"地球的运动"这一章节的内容主要包括地球的自转与公转。前五节课的内容主要关于地球的自转，后三节课的内容则是关于公转和地球运动相关联的现象：四季和极昼极夜。主要教学目标是让学生认识到地球在逆时针自转和公转，自转产生昼夜现象，公转由于地轴倾斜产生四季和极昼极夜现象。❶

3. AR 实验环境设计

根据上述内容划分，本研究基于 Unity3D 开发引擎和 VuforiaAR 工具包开发了三个 AR 实验环境：《星星的秘密》《四季的秘密》《影子的秘密》。

（1）《星星的秘密》。

该 AR 实验环境用于支持地球的自转这一模块的学习。在体验情境首先模拟日月星辰的运动支持学生发现规律的现象，再呈现"日心说"和"地心

---

❶ 六年级科学教师教学用书 [M]. 北京：教育科学出版社，2019：164.

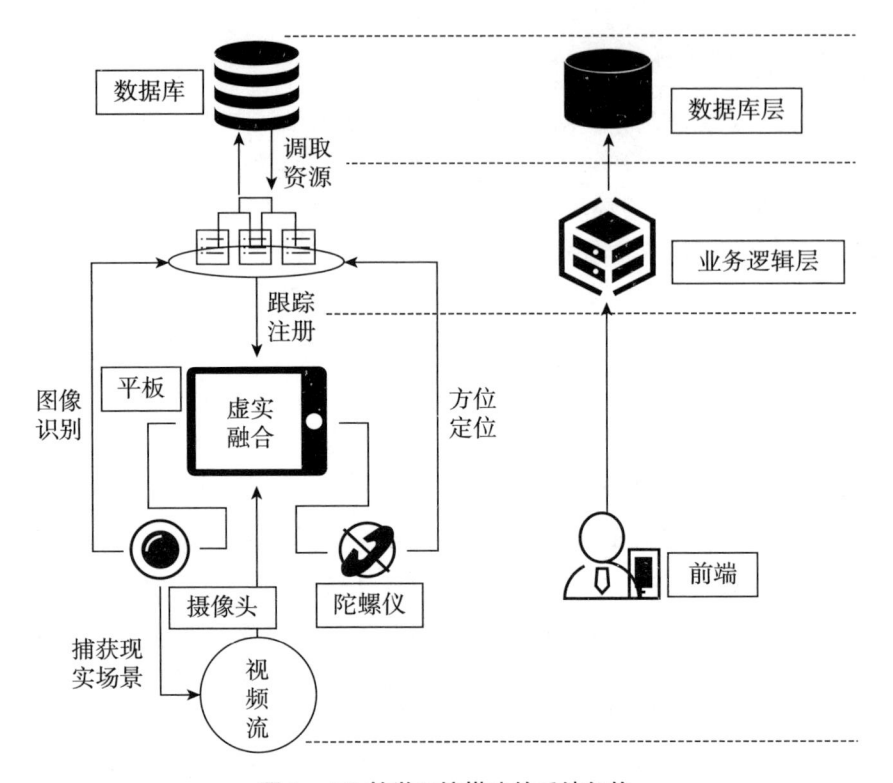

图1　AR教学环境搭建的系统架构

说"的运动支持学生观察总结两个学说的不同之处。在探究情境呈现虚拟的"傅科摆"，支持学生控制地球的自转方向进行探究。在应用情境呈现绕地轴自转和无规律自转的情况，支持学生进行对比观察从而得出结论。

（2）《四季的秘密》。

该AR实验环境用于支持地球的公转这一模块的学习。在体验情境首先模拟树木的四季变化和表现直射点一年中的运动，支持学生观察总结树木的四季变化是因为直射点的变化造成的热量流变，认识赤道、北回归线、南回归线、北极圈、南极圈。在探究情境呈现五个不同黄赤交角的选项，支持学生改变地轴倾斜的角度，观察直射点的运动，推测黄赤交角变化对地球四季的影响。在应用情境学生可以通过卫星视角查看南极和北极附近区域的昼夜变化，总结极昼极夜的影响因素。

（3）《影子的秘密》。

该AR实验环境用于支持正午影子这一模块的学习。在体验情境首先模拟太阳位置和树木影子在一年中正午的变化，支持学生理解影子变化可以间接表现太阳位置的变化。在探究情境呈现太阳直射轴，支持学生改变太阳直射位置，观测直射点变化造成的正午影子的变化。在应用情境学生可以切换所在地更深入地探究直射点与正午影子的变化。

（二）基于 AR 实验环境探究式学习模式的实施

本研究将采用基于设计的研究方法对探究式学习模式进行实施和修订，通过三轮设计与实施，构建较为成熟的教学模式，为基于 AR 实验环境的小学科学探究活动的教学提供有效的教学实施参考。本研究的具体实施过程如表 1 所示。

表 1　研究实施过程

研究阶段	研究目标	实施对象	主要任务
总体计划			1. 完成"基于 AR 实验环境的小学科学探究活动教学模式"的构建； 2. 三轮设计研究； 3. 总结反思
第一轮设计	初步调研，全面调整，提升模式的可操作性	小学科学教师（2 人）专家（1 人）	1. 访谈有 AR 科学教学经验的教师与学科专家，分析模式的可操作性、可行性及需要调整的问题； 2. 根据评价与分析的内容对模式进行修订
第二轮设计	师生活动调整，检验模式是否能有效实现科学概念教学目标	2 个自然班级	1. 开展第一轮教学实践； 2. 通过单组前后测实验方式和访谈的数据收集方式调查基于 AR 实验环境的科学探究活动教学的效果； 3. 根据实施效果对模式进行调整和细化
第三轮设计	环节细化，检验模式的优越性以及是否能有效实现多维教学目标且有助于学生科学素养的提升	4 个自然班级	1. 开展第二轮教学实践； 2. 通过对照组实验的实验方式以及问卷、访谈等数据收集方式，探究基于 AR 实验环境的科学探究活动教学对学生的影响； 3. 根据分析结果，对模式进行修订并提出实施建议

三、实施成效

（一）基于 AR 实验环境的探究式学习模式的效果

经过三轮的教学实践和改进过程，可以明确基于 AR 实验环境的探究式学习模式可以在教学中提升学生的学习效果和核心素养。

1. 提升学习效果

在学业成绩方面，基于 AR 实验环境的探究式学习模式相对于一般学习环境和方法能够有效提升学生的学习效果，让学生在测验中获得更好的表现。学生获得更好的学业成绩源于学生在基于 AR 实验环境的探究式学习模式下获得更真实和丰富的学习经验。

2. 提升核心素养

在核心素养方面，基于 AR 实验环境的探究式学习模式相对于传统探究性教学模式能够对学生的科学实践能力带来更加积极的影响。学生在科学实践测试中获得更大进步的原因在于科学实践测试侧重的 3 项能力——科学地解释现象、科学地评估和设计科学调查、科学地解释数据和证据——在该模式中都得到了关注。

（二）基于 AR 实验环境的探究式学习模式的实施建议

1. 精准地使用 AR 环境

本研究认为 AR 实验环境对学生活动有支撑作用，并不意味着学生的活动都来自与 AR 的交互，而是认为学生与 AR 的交互有效促进了学生与其他学习要素之间的交互。基于 AR 实验环境的探究式学习模式区别于其他探究教学模式的特点之一在于其流程并不是依据学生线性活动组织的，本研究认为在 AR 实验环境下，由于学生学习自主性的发挥，学生活动具有多样性和灵活性，因此本研究根据探究的环节和目的组织了流程，而各环节存在多样的学生活动。

2. 注重情境之间的顺应

教师需要注重生活情境、AR 实验环境和知识情境三个情境的连接，需要恰当使用 AR 实验环境沟通生活情境和知识情境。既要引导学生在 AR 实验环境中提取知识对象和对象间的联系，又要启发学生根据 AR 实验环境回想或去注意生活中的问题情境，启发学生将从 AR 实验环境中获得的知识内容或实验方法用于真实生活中的探究或问题解决。

四、反思总结

(一) 不足与反思

1. 需要结合认知工具的使用

在基于 AR 实验环境的探究式学习模式的科学教学中，教师可以为学生提供认知工具支持学生进行知识的建构。在体验阶段，学生需要发现知识中的对象和对象间的联系，此阶段可以让学生使用概念图进行图示的表征。在探究阶段，学生往往需要对比多个假设下的实验结果，可以启发学生运用表格整理各个假设下的数据。

2. 更多地关注学生的表达和交流

在基于 AR 实验环境的探究式学习模式的科学教学中，学生的表达交流贯穿于各个环节或课型中，表达交流活动是学生知识建构从个人走向群体的重要活动，教师需要关注学生是否进行了表达和交流，以及学生表达和交流的质量。教师可以在发布问题的时候提供表达支架，帮助学生明晰表达的结构和交流的目的。

(二) 成果与总结

在本研究中，研究者立足科学学科虚拟实验环境教学的需求，为了在小学科学课程中实现 AR 实验环境和教学的融合，为教师使用 AR 实验环境进行探究活动教学提供支持，根据文献调研提出基于 AR 实验环境的小学科学探究式学习模式。在模式修订过程中，为了满足探究式学习模式的实施，本研究还选择"地球的运动"一个单元的学习内容，结合课本和课标设计和开发了 AR 实验环境，支持多情境的小学科学探究活动教学。本研究通过三轮教学实践过程，使模式能够更好地满足小学科学常规教学的需求，促进科学教学多维目标的实现和学生科学核心素养的提升。研究证明，基于 AR 实验环境的探究式学习模式可以在教学中提升学生的学习效果和科学核心素养并降低认知负荷。

对标财经职业升级需求，推动高职课堂教学的数字化转型
——以"财务建模与可视化"课程为例

梁毅炜[1]，董萍萍[1]，韩 猛[1]，王 珍[1]

[1]北京财贸职业学院

摘 要：企业财务数字化推动会计专业类课程教学内容的数字化升级。行动导向及学习成果导向的职业教育理念，需要数字化系统支撑。财务建模与可视化课程对标数字职业需求，突出岗课赛证综合育人，在教学内容、学情分析、课程思政、教学模式和教学评价等方面，进行全面的数字化改造，取得了良好的效果。

关键词：财务数字化；岗课赛证；行动导向；数据素养

一、案例背景

（一）基于企业财务数字化改革，推动财务类课程数字化转型升级

北京财贸职业学院立信会计学院积极应对财务数字化对专业带来的挑战，紧跟财务数字化发展趋势，确立了培养符合数字化时代要求的会计和财务领导者，培养"以数据为中心"综合技能为一身的复合型人才的专业人才培养目标。

在新的培养目标的指导下，积极探索推进专业课程体系的数字化转型，先后开发了"财务建模与可视化""财务机器人应用与开发""财务大数据分析"等专技融合课程。其中财务建模与可视化课程基于财务大数据分析平台，构建企业真实场景，引入企业仿真案例，完成企业内部及外部数据源的大数据分析完整流程。

（二）建立数字化系统课程，支撑行动及成果导向的教学模式改革

课程按照职业教育理念实施行动导向和任务驱动式教学。课程以培养学生解决企业实际经营问题能力为目标，采用任务驱动的方式组织教学，课程配套开发了活页式教材，设计了 26 个典型工作任务，同时通过小组讨论、商业汇报等教学组织形式锻炼学生团队合作能力、商业表达能力等综合职业素养能力。

活页式教材具有显著的优点和特点，具体包括：

（1）内容灵活，便于快速更新。

（2）内容具有实践性和实用性。

（3）配套任务书，明确岗位角色及任务目标，凸显任务驱动特色。在教学过程中突出的是"做中学"，边做边学。

这种理念非常符合行动导向的学习理念，但在教学实施的过程中，课程组也发现一些实际问题：

（1）活页式教材虽迭代方便，但迭代速度还是不够快。

（2）工作任务的发布、管理以及与任务有关的资源存在时空差。学生在完成工作任务的时候，经常会找不到对应的资源，资源不能及时支持学生完成任务时所发生问题的解决。

（3）实训类课程中，基于工作任务的学习成果评价一直是教学难点。教师通常无法实时跟踪和采集学生的实训过程数据，过程性数据收集困难，不能根据学情实时调整教学策略。

二、实践过程

（一）课程内容对标数字职业需求，突出"岗课赛证"综合育人理念

"财务建模与可视化"是学校会计信息管理专业的专业核心课程（见图 1）。课程通过行业及企业调研，参照《数字经济及其核心产业统计分类（2021）》及人社部发布的新职业，梳理企业财务数字化转型背景下催生出的财务相关新职业、新岗位、新场景及岗位新需求，对标财务相关的数字化新职业（岗位）：财务分析岗、财务 BP（业务伙伴）、投资分析员、商务数据分析师。

结合国家专业教学标准及职业技能等级标准，构建课程整体架构，包括 4 个模块 8 个项目 26 个工作任务。课程遵循大数据分析的一般流程，依据调研

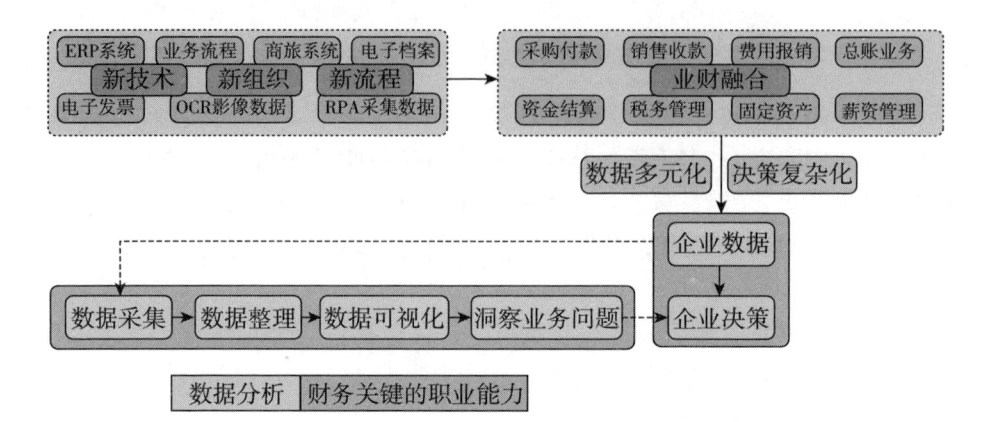

图1 根据财务数字化需求确立课程的教学内容

需求、获取及整理数据、搭建数据模型、可视化分析4个核心、关键的数据分析流程设置课程模块,包括调研企业财务及经营分析需求、获取并整理财务及经营数据、搭建企业财务及经营数据模型、财务及经营数据可视化,共48个课时。

我们以第4个模块财务及经营数据可视化为例,该模块包含了2个项目8个工作任务,共计16个课时。

课程体现书证融通,教学内容融入大数据财务分析、智能财税应用等职业技能等级证书相关内容。内容设计体现大赛引领,与会计技能大赛、智能财税技能大赛中的大数据财务及可视化部分进行衔接。

(二)对标岗位需求,基于学情分析确立教学目标及教学重难点

课程组通过问卷调查、系统测评、访谈交流等方法手段,分别从专业及社会价值观、能力基础、学习习惯、数据素养、业务能力等维度进行诊断分析,总结得出具体学情:

(1)学习态度及方法:学习态度较好。学习方法稍有欠缺,大部分学生学习意愿比较强,但学习积极性、主动性相对较弱,学习意志力欠缺。

(2)知识与技能基础:经过前三个模块的学习,大部分学生的数据获取、整理、建模等基础知识、技能有较大提升,但综合应用能力还比较薄弱。

(3)职业素养:大部分学生劳动精神和意识较好,但数据素养和创新意识偏弱。

(4)业务认知:对企业经营及业务的全局认知比较弱。

(5)团队意识:部分学生团队合作意识不强,需要其他成员带动。

在学情分析的基础上，结合岗位需求、专业标准，确定本模块的教学目标为"会工具、擅分析、通业务、能决策"。同时对标全国职业院校技能大赛会计技能赛项、智能财税赛项中关于财务数据分析的要求，对接大数据财务分析、智能财税等职业技能等级证书中财务大数据分析的内容，确定本模块的具体教学目标及重难点（见图2）。

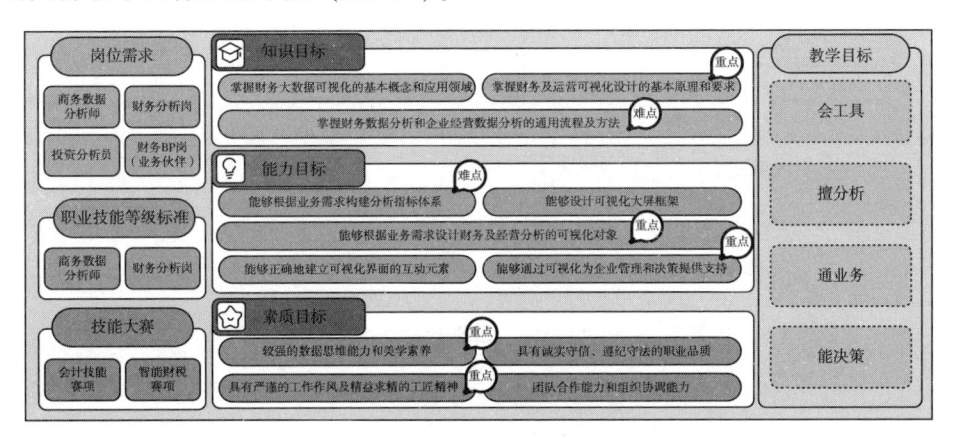

图2 明确教学目标及重难点

（三）深化课程思政教学改革，突出数据素养培养目标

课程架构了系统多维的课程思政体系框架，将财务、业务、大数据技术与思政元素积极有效融合，使学生能够在掌握专业技能的同时树立正确的爱国、合规、守法、诚信、创新等价值观与职业意识。

突出专业特质和课程需求，按照职业素养、产业数字化案例、法规及政策库等思政元素及素材库的维度来构建思政案例库，将思想政治教育有机溶解于知识与技能的学习中。

根据专业及课程内容的特质，深入研究育人目标，挖掘提炼课程中所蕴含的思想价值和精神内涵，在教学过程中以五爱主线贯穿课程，每个任务明确一个核心思政主题。结合职业能力培养的特点，重点关注诚信、合规、创新、美学等职业素养培养。

（四）打造多层立体数字化教学资源，支持"七步循环，三线递进"的教学模式

课程突出校企双师育人，将企业真实工作流程转化引入课堂，按照PDCA工作循环的规律，设计"七步循环，三线递进"的教学模式（见图3）。

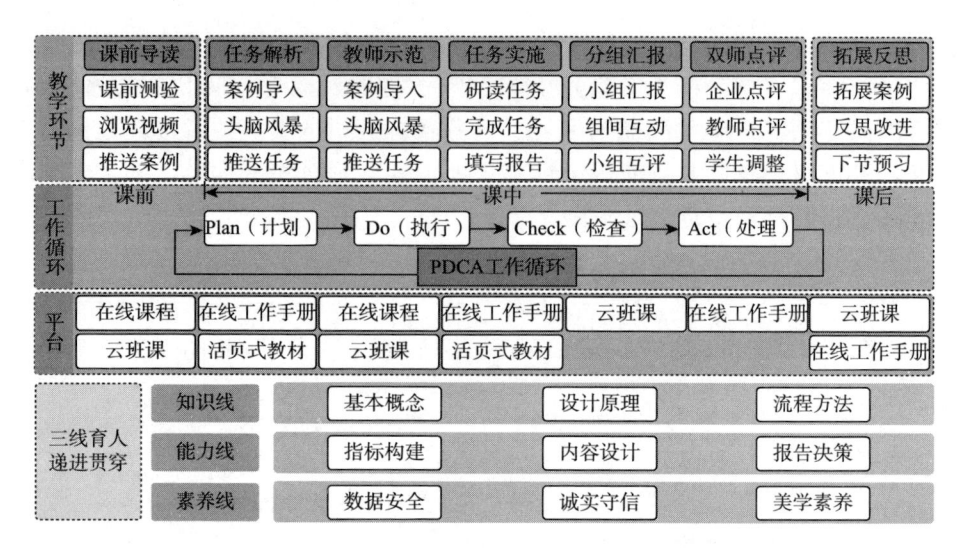

教学环节	课前导读	任务解析	教师示范	任务实施	分组汇报	双师点评	拓展反思
	课前测验	案例导入	案例导入	研读任务	小组汇报	企业点评	拓展案例
	浏览视频	头脑风暴	头脑风暴	完成任务	组间互动	教师点评	反思改进
	推送案例	推送任务	推送任务	填写报告	小组互评	学生调整	下节预习

课前 ← → 课中 ← → 课后

工作循环: Plan（计划）→ Do（执行）→ Check（检查）→ Act（处理） PDCA 工作循环

平台	在线课程	在线工作手册	在线课程	在线工作手册	云班课	在线工作手册	云班课
	云班课	活页式教材	云班课	活页式教材			在线工作手册

三线育人递进贯穿	知识线	基本概念	设计原理	流程方法
	能力线	指标构建	内容设计	报告决策
	素养线	数据安全	诚实守信	美学素养

图 3 "七步循环，三线递进"的教学模式

贯彻工作任务导向的课程理念，构思企业真实工作项目及工作任务。学生模拟企业投资分析员（财务 BP）等岗位角色完成项目工作。将教学项目分解为若干工作任务，实施任务驱动式教学模式。在实施的过程中，学生按照 PDCA 工作循环模式，自主完成项目的计划（Plan）、执行（Do）、检查（Check）和处理（Act）过程，形成一个完整的工作闭环。将任务按照实施难度和复杂程度逐级递进，从而实现知识、能力和素养培养三线逐步递进。

在教学实施过程中，课程构建"环境—平台—资源"多层数字化教学资源协同、立体支撑教学的混合式教学平台。

（1）教学环境：体现环境育人的教学理念，打造包括大数据智慧教室、企业大师工作室和企业真实工作场景的智慧化、场景化、职业化的教学环境。

（2）教学资源：校企合作建设了在线开放课程资源、云班课活动库、工作任务库和活页式教材等立体化资源。

（3）教学平台：依托职教云建设在线开放课程、云班课活动库和作业库，以及商务智能（BI）系统作为数据分析平台，团队开发了具有自主产权的在线任务工作手册管理系统，具有任务管理、发布、实施报告填写、任务评分评价、任务反思和改进、任务的开放留言等教学功能，能够完成完整的任务实施和评价过程，打造基于任务单的学习型社区。

（五）围绕职业综合能力，创设多维量规能力评价体系

将评价过程贯穿整个教学实施过程，采用行为数据收集、小组评价、双师评价、期末考核评价相结合的方式对学生进行知识、技能、素养全方位评价。

1. 以职业能力为核心，构建多维能力评价体系

遵循职业能力发展的基本规律，围绕财务数据分析的职业综合能力，创设包含职业素养、职业能力、职业知识的多维量规能力评价体系。

2. 采集多平台全过程数据，进行教、学、训、做动态综合评价

采用预习性评价、过程性评价和结果性评价相结合的方式。过程性评价采集学生课程平台的资源浏览数据及参加教学活动的数据。在任务工作手册管理系统中采集任务实操数据进行评价。

3. 结合任务工作流程及目标，建立校企双导师评价机制

发挥企业导师的实践经验优势，在项目点评环节，由企业教师进行点评，提高学生实训的效果。

三、实施成效

经过评价分析可知学生学习效果良好，职业知识、技能和素养目标达成。

（一）多维评价成绩优良，重难点掌握总体较好

经过测评，学生100%达成了本模块的学习目标，优秀占比为63%。整体成绩平稳提升。大部分学生掌握了可视化分析的基本流程和操作技能，能够规范地完成财务及经营数据可视化分析。数据思维、业务思维、团队协作等职业素养有明显提升。学情分析时关注的两名学生，祁同学短板进步显著，叶同学平稳中有进步。

（二）知识掌握较好，能够掌握业务流程及操作

测验活动显示，学生的知识掌握情况优良，对基本概念、可视化的原理及流程与方法掌握情况均较好。

（三）技能进步明显，能够完成业务拓展实践

通过在线任务管理系统、商务智能平台的实操，以及企业导师、教师及小组多种评价方式，学生基本能完成可视化几个主题的操作，完成度和功能性指标完成较好，质量指标略有欠缺，后期还需要改进。

（四）素养类指标显著提升，综合能力提升明显

数据素养提升显著，能够理解"通过数据处理看趋势，通过可视化数据给

出管理决策建议"的理念,能很好地做到诚实守信、合规合法地处理数据。将思政教学内化,用于任务实施过程。同时通过可视化实践,创新能力有较大提高。

四、反思总结

（一）学生计算机基础能力和软件实操能力参差不齐，影响课程操作技能的学习

由于学生的生源地不同，学生对计算机操作的熟练程度存在一定的差异，导致在课堂实操环节一部分学生"吃不饱"，一部分学生跟不上的现象。例如在商品产地简称公式书写上，80%的学生都能在3分钟左右完成输入并能正确进行运算，剩余20%的学生需要在指导下才能按照要求完成。

改进措施：利用混合式教学手段，将计算机操作基本知识进行课前预习布置，使学生有针对性地进行练习提升。

（二）教学内容易学难精通，需要丰富拓展资源

课程在学习过程中普遍存在一个三阶规律：入门容易，基本熟练，很难精通。在该课程学习中需要学生根据企业管理者提出的管理和决策需求设计可视化报告。但学生在对数据源进行整理这一步骤都掌握得较好，在数据建模阶段学生可以按照要求完成既定的建模，而在可视化阶段则只能按照教师的模板来进行设计，学生在这一阶段缺乏创新意识。

改进措施：在课后拓展阶段增加可视化大赛赏析资源，让学生多学习并挖掘优秀作品的规律。丰富课程拓展任务，推动学生课程后续职业能力升级。

（三）学生对企业经营和管理缺乏认知，难以理解案例企业需求

学生以企业经营和管理者的角度对案例资料进行理解分析，然而由于学生做不到换位思考问题，对问题的分析不到位、不透彻、不清晰，导致对案例企业的任务要求不清楚，做出的可视化结果自然无法满足企业需求。

改进措施：课程将在优质资源的制作和供给上、企业真实案例的收集上加大力度，提高课程资源的质量，并通过系统将资源嵌入实训过程，实现资源伴随式实训，提高资源的利用效率。

"新时代中国故事"虚拟仿真实验课程建设案例

宋 飞[1]，李志杰[1]，杨海龙[1]，刘联恢[1]，陈维琦[1]

[1] 北京第二外国语学院

摘 要：本案例是基于自建的汉语视听说"新时代中国故事"虚拟仿真实验，面向汉语言专业中级水平留学生开设的一门专业选修课。课程针对讲好中国故事、传播好中国声音的现实需求，以培养知华友华的国际中文人才为目标，精选了环境与经济、中国式民主、全面建成小康社会、慎终追远的传统、构建人类命运共同体五个主题，利用3D建模、动画、语音识别、真人虚景等技术研发虚拟仿真实验，将我国政治、经济、文化生活中的"硬道理"，用适合国际学生的语言设计到实验的故事场景和互动环节中，使其在实验互动和汉语学习过程中，更加深刻地领会中国历史文化之"道"、中国改革发展之"道"、中国大国外交之"道"，是"高新技术+语言教学+课程思政"的全新尝试。

关键词：新时代中国故事；虚拟仿真实验；教学

一、案例背景

（一）课程的必要性

第一，当前国际环境复杂、特殊，国际学生来华留学条件受限。

第二，即便能够来华留学，国际学生受身份和语言限制，人际接触面有限，对我国政治、经济、社会的理解难以深入。

第三，针对重大事件见证者和当事人的采访往往不可逆。

（二）课程的实用性

第一，解决国际学生了解"新时代中国故事"各个主题时空受限的问题。

实验中设置了跨越几年时间和国内 5 个不同地点的 5 个重大事件、13 位具有现实原型的当事人，帮助学生跨越时空获得相关信息。

第二，解决现实生活中受访者讲述"中国故事"的能力高下有别的问题。本课程团队基于大量研究，以高度凝练的形式将五个"中国故事"中的"硬道理"，用适合学生的语言程序设计到故事场景和互动环节中，潜移默化地引导他们在主动思考中理解"新时代中国故事"。

（三）课程教学目标

第一，让学生通过汉语会话与故事场景的沉浸式学习，达到掌握汉语会话内容与故事场景中汉语表达方式的语言水平。

第二，让学生掌握在中国文化语境下就社会话题进行基本交流和沟通的能力。

第三，让学生深入了解实验中具有中国特色、体现中国精神、蕴藏中国智慧的优秀文化。

第四，让学生从政治、经济、文化、社会、生态文明等多个视角，充分理解中国主张、中国智慧、中国方案。

第五，让学生深刻领会中国特色社会主义道路、理论、制度、文化的优势。

上述实验目标一方面有助于学生提升汉语水平，了解中华文化，另一方面有助于学生深入了解当代中国社会，为学生成长为知华友华的国际中文专业人才奠定了基础。为达成以上课程教学目标，本课程设置了 5 个模块实验内容：

模块一：造好"两座山"·环境与经济
模块二：驴马理论·中国式民主
模块三：木桶理论·全面建成小康社会
模块四：尊老为大德·慎终追远的传统
模块五：丝路上的中西交流史·构建人类命运共同体

课程教学目标、实验内容与能力培养的对应关系如图 1 所示。

二、实践过程

（一）注重教学设计的合理性

第一，本课程科学覆盖语言、文化教学全过程。从虚拟教师带领学生预

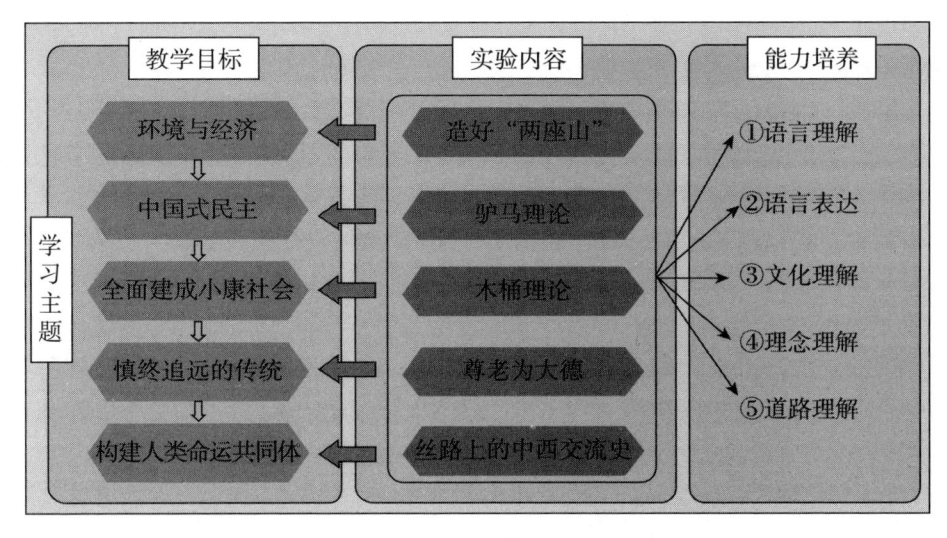

```
┌─────────────────────────────────────────────────────────────┐
│    教学目标              实验内容              能力培养      │
│  ┌──────────┐         ┌──────────┐         ①语言理解        │
│  │环境与经济│◄────    │造好"两座山"│                        │
│  └────┬─────┘         └──────────┘         ②语言表达        │
│ 学 ┌──▼───────┐       ┌──────────┐                          │
│ 习 │中国式民主│◄────  │  驴马理论 │         ③文化理解        │
│ 主 └────┬─────┘       └──────────┘                          │
│ 题 ┌────▼──────────┐  ┌──────────┐         ④理念理解        │
│    │全面建成小康社会│◄─│  木桶理论│                         │
│    └────┬──────────┘  └──────────┘         ⑤道路理解        │
│    ┌────▼─────────┐   ┌──────────┐                          │
│    │慎终追远的传统│◄──│尊老为大德│                          │
│    └────┬─────────┘   └──────────┘                          │
│    ┌────▼──────────┐  ┌───────────────┐                     │
│    │构建人类命运共同体│◄│丝路上的中西交流史│                │
│    └─────────────────┘└───────────────┘                     │
└─────────────────────────────────────────────────────────────┘
```

图1　课程教学目标、实验内容、能力培养关系框架

习生词开始,到学生以记者身份在具体场景中寻找人物交谈获得相关信息,过程中采集携带特定信息的收集要素,穿插、巩固相关语言点、知识点,再到每段采访告一段落后进行测试,对语言点、知识点加以巩固,最后通过虚拟"书信""电话"进行采访汇报的形式,让学生对每个故事进行总结和提升,锻炼学生写作能力,帮助其更好地体会和理解故事传递出的深层含义。教学过程环环相扣,既提升了学生的汉语水平,又在学习汉语的同时,引导学生主动思考,逐步了解、理解中国的政策和社会,将课程思政自然融入其中。

第二,故事中人物角色、性别经过精心考量和平衡。其中既有工人、农民,又有专家、学者;既有医生,又有患者和家属;既有导游,又有民宿老板,人物涉及各行各业。此外,涉及理论提升的角色多是女性,对白设计注重引导,以问题和任务引导学生思考,以柔性视角避免说教感。

第三,学生可通过不同的互动方式,获得不同的实验反馈。在实验中,充分考虑到问题抛出后学生可能产生的思维活动,不强制学生选择"标准答案",适当设置了"支线"剧情,在学生做出不同选择后,让故事中的人物给予不同反馈,但在设计中注重引导,把握大方向,以达到预期的教学效果。

(二) 确保课程的先进性

第一,内容选材具有前沿性、典型性、时效性。该实验精选了《习近平讲故事》一书中的五个主题,通过二次创作的方式,通过汉语会话向国际学生呈现了环境与经济、中国式民主、全面建成小康社会、慎终追远的传统、构建人类命运共同体五个主题，力求系统讲述"新时代中国故事"。

第二，融合语音识别等先进技术，充分借鉴游戏设计理念，寓教于乐。实验融合了语音识别、3D建模、动画、真人虚景等技术，以考察国际学生发音情况。实验团队中有专业的游戏设计人员，将游戏设计理念和专业教学理念相结合。实验采用了游戏设计的奖杯制和晋级制，并结合国际学生的特点，采用全球排名制，鼓励学生反复参与实验学习，不断挑战自我，得到更好的成绩。

第三，语言点设计精巧。在创作脚本时，充分考虑到语言知识点学习和内容思想性的关系，以中级水平汉语词汇为主，充分考虑到了受众群体的广泛性。

（三）核心要素仿真设计

本课程的核心要素包括生词预习、生词记录本、电子邮件写作、口头汇报等。

1. 生词预习

该要素模拟国际学生的生词预习及领读环节。学生学习生词的词形、拼音、英文释义，后根据提示读出生词，实验利用语音识别技术加以识别。如果学生读错，将出现虚拟教师示范正确读音，并再次给出拼音和释义。学生通过全部生词跟读后进入剧情。

2. 生词记录本

该要素模拟国际中文教材中生词的展示及在笔记上记录的方式。国际学生可在左侧生词表中了解该场景对白中出现的生词、拼音及其英文释义，同时可在右侧记录表中记录对于学生本人的个性化生词。

3. 电子邮件写作

该要素模拟国际学生在使用中文撰写电子邮件的场景。在这一仿真实验中，学生可了解到"收件人、主题、正文"等电子邮件要素的基本含义，并掌握中文书信的写作格式。

4. 口头汇报

该要素模拟国际学生以语音通话的形式使用中文进行口头汇报的情景。国际学生可在深入理解该场景传达出的教学要点的基础上，点击绿键接通电话。与此同时，实验界面像一个真实的通话一样开始计时，提醒学生汇报的时间。学生需要在两分钟以内完成中文口头汇报，以达到锻炼其使用中文进行口头表达的目标。

(四) 教学过程与教学方法

1. 教学过程

本实验教学过程是以问题引导和驱动下的探究式教学模式为基础设计的。

(1) 准备阶段：教师在实验前介绍实验整体情况，组织学生进行前测，之后将所有专题的相关学习资料发给学生，并组织学生分组，设置围绕主题的讨论题目，由学生自行学习相关资料进行讨论前的准备。

(2) 实验阶段：课上，教师组织、引导学生针对之前布置的题目分组讨论交流，汇总共识和分歧，在此基础上带着问题进入实验环节。在实验中，需要学生完成选择故事场景、阅读实验说明、生词预习、完成剧情任务、完成课后习题、完成采访汇报、扩展阅读等环节。在选择故事场景和阅读实验说明后，学生需要先完成生词预习环节，跟读生词并通过语音识别，之后进入故事场景。在故事场景中通过完成剧情任务获得三座奖杯，方能走完该故事剧情，进入课后习题部分。在课后习题部分，需完成和故事主题相关的问题。之后进入采访汇报环节，学生需要以电子邮件或语音通话形式，将故事中得到的关键信息汇报给"编辑"。最后在扩展阅读环节，通过学习《习近平讲故事》原著内容完成理论提升。

(3) 总结阶段：学生在教师引导下对所学理论进行总结，提交实验结果，撰写实验报告。

2. 教学方法

本实验课程综合了观察法、类比法、对比法、控制变量法、科学推理法等多种实验方法。

(1) 观察法体现在要求学生根据提示找到场景中跟教学目标有关的互动元素，并通过观察这些互动元素得到相关核心信息或会话背景信息。

(2) 类比法体现在实验中将抽象的"硬道理"，以学生了解并可直观感受的对象来呈现。比如，以"木桶"的底、边和其中的水，阐释"全面建成小康社会"。

(3) 对比法体现在实验中设置两个收集要素，分别是余村开采石头破坏环境的视频，与余村如今的美丽景色形成对比，帮助学生更加深刻领会余村人"用绿水青山换金山银山"与践行"绿水青山就是金山银山"两个阶段的差异。

(4) 控制变量法体现在实验中将句型的基本结构作为控制变量，让学生将不同表述对象作为自变量，利用该句型表达不同意思，从而掌握该句型。比如在剧情任务中先指出"拿……来说吧"用于举例，之后要求学生针对不同对象使用该句型，产出合法的句子。

（5）科学推理法体现在实验中帮助学生按照关联词及上下文语境，通过逻辑推理得出合理结论。比如结合角色不断提供的最新信息，连续运用"根据目前的对话，请给出解决中国能源问题最合理的建议"的提问，引导学生逐步推理得出"清洁能源+特高压"是解决中国能源问题最合理的方案。

三、实施成效

针对讲好中国故事、传播好中国声音的现实需求，在学校大力支持下，北京第二外国语学院汉语学院宋飞团队研发了汉语视听说"新时代中国故事"虚拟仿真实验课程，并形成一种创新型线上线下混合教学模式，即"线上沉浸式体验+线下实地调研"的教学模式。

2021年暑期，北京第二外国语学院汉语学院组织留学生赴兰陵代村开展为期三天的暑期调研实践。调研之前的学期，留学生通过线上学习汉语视听说"新时代中国故事"虚拟仿真实验中以山东兰陵代村为背景的故事，先对代村和"脱贫攻坚""乡村振兴"等概念有身临其境的了解，线下从经济、政治、社会、文化、生态文明五个方面在兰陵开展实地调研，向国际学生切实讲好"新时代中国故事"。

通过这种线上线下相结合的学习模式，使留学生一方面汉语水平得到了显著提高，使用汉语探讨深层次社会问题的能力得到加强，另一方面对乡村振兴中的中国智慧、中国方案从感性认识上升到理性认识。活动得到了中国网报道，人民日报客户端等多家国内大型媒体转载，产生了较大的社会影响。

四、反思总结

汉语视听说"新时代中国故事"虚拟仿真实验课程经过多轮应用，不断迭代优化，已初步形成了一种创新型"线上沉浸式体验+线下实地调研"教学模式。尽管仍存在世界各地软硬件设施建设水平不一、学生对虚拟仿真技术熟悉程度有待提高等具体困难，但通过对学生行为进行观察，找出学生应用虚拟现实设备学习语言的基本规律，应用驱动式学习，设计贴近现实需求的应用场景，加强学生的学习动机，加强汉语会话与故事场景沉浸式训练，给学生足够的消化时间等手段，还是可以获得较为显著的学习及传播效果。

新课标理念下初中地理360度球面投影教学案例

李　谦[1]，李燕玲[1]

[1]北京市西城区德胜中学

摘　要：本文以中共中央、国务院发布的《关于深化教育教学改革全面提高义务教育质量的意见》、教育部发布的《义务教育地理课程标准（2022年版）》、北京市教育委员会发布的《北京市"十四五"时期教育改革和发展规划（2021—2025年）》中关于信息技术助力教学及课程资源建设的相关内容为基础，通过深入学习新课标，了解学生的学习需求和现有学习资料来源，结合与北京科技馆360度球面投影展厅深入沟通的结果，通过360度球面投影系统在中国地理八年级上册"海洋和陆地的变迁"这一课中的应用，达成探索360度球面投影资源在初中地理教学中有效应用的教学模式、形成应用于初中地理教学中的360度球面投影的系列教学资源、拓展培养学生主动使用多样化学习资源能力的渠道等目标。

关键词：新课标；初中地理教学；360球面投影系统；双师课堂

一、案例背景

（一）现状问题

1. 基于《义务教育地理课程标准（2022年版）》的深入学习

在《义务教育地理课程标准（2022年版）》的课程理念中提到"优化课程结构，搭建基于地理空间尺度的主题式框架内容"，强调对不同尺度区域的认识，其中全球尺度是重要的部分，而该部分在空间和时间维度上的特殊性都成为学生认知的困难点；同时强调通过应用地理工具增强地理课程的实践性。在"推进教学改革，倡导以学生为中心的地理教学方式"中强调在充分考虑学生的生活经验和差异性的基础上,将现代信息技术与地理教学充分融合,创设多样化的学习情景,让学生深度参与地理学习活动,经历对提升核心素养有意义的学习过程。在"主题三 地球表层"部分的教学提示中也提到使用地球仪、地图、遥感影像、影视资料、数据可视化图等资料来创设不同的教学情景,在学习资料的使用过程中通过任务驱动的形式,在不断深入学习的过程中达成进一步提升学生地理学科核心素养的目的。

2. 基于对学生学习需求和现有学习资料来源的深入了解

在"十四五"规划和新课标的背景下,重要着力点就是对教学情景的精心设计,对教学素材的精心使用,对进阶式任务的精心设计。目前该部分学习内容的学习资料多以平面的图片、动态的演示视频呈现,平面化、单一性的视角局限了学生的观察,同时也局限了学生在"观察—内化—想象—表达"这一过程中在想象环节逐渐产生空间想象力的能力。该项能力的薄弱将成为地理学习的重大阻碍。因此寻找更优质的教学资源、更好的呈现方式至关重要。360度球面投影系统通过球面投影突出了资源呈现的立体性,同时通过操作可以根据学生的学习需求进行时间跨度和观察角度的切换和调整。其丰富的内部资源和呈现形式都可以针对薄弱点进行有效的补充。

3. 基于与北京科技馆360度球面投影展厅的深入沟通

本次案例中使用的360度球面投影系统位于北京科技馆地下一层第一个主题展教区的"小球大世界"内,以从美国国家海洋和大气管理局(NOAA)引进的360度球面投影系统为载体,配合涵盖大气、陆地、冰雪、天文、海洋和人类影响等方面的可视化数据资源,形象地展示地球的全貌。但其资源和教育活动与国家课程及课标的衔接还比较薄弱,资源在学生群体的利用率低,因此如何更好地将这些资源与地理教学的国家课程进行更细致的融入和衔接,更充分地挖掘优质资源在初中地理教学中的价值,是值得深入探究和实践的问题。

(二) 预期目标

1. 探索360度球面投影资源在初中地理教学中有效应用的教学模式

目前360度球面投影基本存在于场馆之中,因此将其应用于课堂教学需要克服空间、远距离师生互动等问题,在本案例中利用了双师课堂的模式,通过网络连接两地,在两位老师精心的设计下做到有效的衔接和互动。在此基础上,针对其他情况可以继续探索有效应用的教学模式。

2. 形成应用于初中地理教学中的360度球面投影的系列教学资源

360度球面投影系统中有来自美国国家海洋和大气管理局以及美国航空航

天局（NASA）的大量可视化数据资源，涵盖大气、陆地、冰雪、天文、海洋和人类影响，形象地展示地球的全貌。但这些资源针对中学生的普适性需要教师进行甄选。与此同时，还需要教师将这些零散的、碎片的资源进行校本化的整合，依据新课标及初中地理教学的逻辑进行梳理和组合，设计相应的学习指导（学习单），最终形成能够在初中地理日常教学中使用的系列教学资源。

3. 拓展培养学生主动使用多样化学习资源能力的渠道

新课标中多次强调学生的学习过程是利用地理学习工具，尤其是信息化的地理学习工具，在真实情景下尝试解决实际地理问题，在这一过程中，增强信息运用、实践操作等行动力。目前学生从教材及课堂中获取的学习资料十分有限，更多的学习行为发生在从社会渠道获取更多学习资源的过程中，因此应该培养学生主动获取学习资源、甄别有价值的学习资源，并与自己的国家课程学习进行有效的衔接的能力，进而更好地发挥社会学习资源的补充作用。

二、实践过程

八年级上册第一章第二节"海洋和陆地的变迁"中教学内容的空间尺度和时间尺度变化是学生学习过程中的重点和难点。在教学过程中引入360度球面投影系统，通过球面投影可以有效地进行重难点的突破。基于以上情况，本节课采取了突破传统的"双师课堂"模式，通过"探索海陆奥秘"的情景设计，两位教师共同针对球面投影的海量资源进行选择，其中确定了"大陆漂移倒叙""海底扩张及板块运动""海平面上升或下降演示""全球气温变化"这四种资源。通过海陆探秘在南极大陆发现煤炭引发学生的思考，此时位于科技馆的老师通过球面投影引领学生改变地球的观察角度，从全球转变到南极地区，开始利用"大陆漂移倒叙"资源，模拟从现在回到过去，演示大陆漂移过程中位置的变化，并通过教室教师进行画面定格，学生进行读图指图发现不同时间点南极大陆的纬度位置变化，由此说出南极大陆蕴藏着大量煤炭的成因——大陆漂移。将观察角度切换到非洲和南美洲，在切换过程中科技馆教师和学生之间可以进行互动，增强学生学习的趣味性，通过模拟操作的过程，让学生对海陆分布、大洲大洋的位置及科技馆球面投影资源的操作都有进一步的认识。学生观察非洲及南美洲的轮廓，通过操作进行轮廓贴合的反复演示，强化学生的认识。此时教室教师利用学习单引导学生进行归纳总结，完成对大陆漂移说的认识。

在"海底扩展说"和"板块构造说"的教学过程中，充分挖掘"海底扩张及板块运动"资源的价值，引导学生观察图例，不同颜色表示海底地壳不同的年龄。找到非洲大陆和南美洲大陆拼合的时间点作为起点，学生观察演示过程，描述颜色的变化及大陆的运动方向，并说出自己的结论。科技馆教师不断地进行该过程的重复演示，教室教师通过观察学生，进行读图、指图、发言、评价等教学活动。学生通过学习活动获得海底在扩张、地壳分割成板块、板块之间存在运动等结论之后，科技馆教师和学生进行互动，即展示学生要求的观察角度进行板块运动的观察。聚焦印度洋板块和亚洲板块，演示板块运动的过程，提出问题："两个板块间发生了怎样的运动，形成了什么地理现象？你还能找到与之相似的地理现象吗？"教室教师利用学习单中的"手绘地图"及"学以致用"环节进行本节课的重点落实。

　　提供资料："图瓦卢是位于太平洋的一个岛国，最高海拔仅5米，将面临被海水淹没的危险。"引发学生的兴趣和思考，科技馆教师展示"海平面上升和下降"资源，学生进行图瓦卢国家的定位，利用球面投影的缩放功能，完成从全球尺度到图瓦卢国家尺度的聚焦过程，让学生真切地感受尺度变化。引导学生观察图例，演示从海平面下降6米到上升10米的过程中图瓦卢群岛的变化。提问："同学们想知道在图瓦卢群岛消失的过程中我们中国发生了怎样的变化吗？"学生与教师互动，完成从图瓦卢群岛到中国观察视角的区域转换，同时观察海平面升降过程中中国海岸线的变化，进一步理解海平面升降是造成海陆变迁的原因之一。同时帮助学生认识海平面不断上升带来的严重后果，进而引导学生思考海平面上升的主要原因——全球气候变暖。通过"全球气温变化"资源的展示，学生观察2006—2100年全球气温的变化，教师组织学生发言，同时提出问题："初中生如何通过切实可行的行动来减缓全球气候变暖？"以此进一步促使学生形成保护地球家园的观念。

三、实施成效

　　本节课通过交错互动式的"双师课堂"将北京科技馆的360球面投影引入课堂，成为学生学习的主要资源，学生在学习过程中，充分表现出对360度球面投影的震撼与好奇。随着学习内容的不断展开，学生在好奇心驱使下十分投入且认真地进行聆听和观察，在教师的引导下，从最初找不到球面投影的关键信息到对球面投影的快速适应，并能够与科技馆教师进行互动，调节观察角度来获取自己需要的地理信息。学生在表达自己观点和思考结果的过程中，会通过互动来调节球面投影的观察视角和时间，进而利用空间尺度和时间维度上的变化阐述自己的观点。同时本节课还完成了从球面投影到平面地图再到球面投影的切换，实现了多种学习资源的组合利用。在课后调查中，对于大陆漂移说、海底扩张说、板块构造学说，学生能够在描述中复现当时阅读的资源，并在描述中解释相关内容。

本节课在西城区初二年级的地理教研活动中进行了分享和交流，教师们在听课之后对本节课的教学尝试作出了肯定，同时也提出了一些问题和建议。有教师提出希望能够录制一些360度球面投影的教学素材，这样既能在课堂中应用，也减少了双师课堂带来的实践中的困难，据此笔者计划开展应用于初中地理教学中的360度球面投影系列教学资源的开发。

在此基础上，教师们也纷纷研讨，结合自身的学情和校情，探究除了科技馆的360度球面投影，还有哪些场馆的优质资源可以助力课堂教学。

四、反思总结

第一，在新课标基础上认真思考本节课学生学习的困难点，对学生的认知障碍和发展需求有正确的认识，关注学生在知识和技能之外更高阶的能力，即空间尺度和时间尺度转换的能力以及空间想象力的培养。

第二，在教学中勇于突破常规，勇敢尝试，空间问题始终是令人望而生畏的，但是通过结合新技术，应用新方法，利用双师课堂、视频录制等多样化的方式，实现了保证师生互动前提下的将360球面投影引入课堂教学。

第三，通过本节课的尝试，教师和学生再次认识到社会教育资源的重要性，并发现资源在初中地理学习中的应用价值。师生共同提升主动使用多样化学习资源的能力。

参考文献

［1］翟金鑫. 基于"三通两平台"的网络学习空间与初中地理教学融合研究［D］. 长沙：湖南师范大学，2017.

［2］秦婷玉. 立体、动态、直观共融、分享、探究：数字化教学在初中地理教学中的实践与思考［J］. 新课程（中学），2018（12）：123.

［3］陈雪莹. "双减"背景下博物馆资源在初中地理教学中的应用探索：以贵阳市本地博物馆为例［D］. 上海：华东师范大学，2022.

"引趣乐学"多元数字资源应用的实践初探
——幼儿园大班运用数字资源实践案例

许思佳

北京市大兴区第二幼儿园

摘 要：随着信息技术的不断发展，越来越多的数字化优质资源适用于幼儿园的日常教育教学之中。以儿童兴趣为基础，应用多元的信息技术资源，让幼儿有愿意学习、乐于学习的内驱力，不断提升教学质量。注重多元信息技术在幼儿园的不同环节的应用和输出。优化和拓展教育教学方法，让多元信息技术的应用能够打破传统教学的局限性，激发幼儿各方面的潜能，有助于幼儿综合能力的全面发展。

关键词：引趣乐学；多元数字资源

一、案例背景

人生百年，利于幼学。为更好地实现从"幼有所育"到"幼有优育"的再提升，进一步开拓幼儿的视野，感受数字化资源带来的新体验，让信息化教学资源助力幼儿园教学质量的提升，将信息化教学资源库与教育深度融合，以促进教育教学的高效实施，达到"引趣乐学"、趣味提升、快乐发展的目的。"引趣乐学"理念可以顺应幼儿的兴趣，有个性化地支持幼儿学习，系统地提升幼儿能力。现阶段多元的数字资源层出不穷，但是如何更好地应用到幼儿园的教育教学当中，更好地服务教师的教和幼儿的学，需要在实践当中不断探索与实践。

二、实践过程

（一）以 AR 互动为引，增强现实感知

在教育教学中，使用 AR 的教学资源能够激发幼儿的好奇心，培养幼儿动手能力，促进幼儿良好品质的养成。幼儿园大班的孩子们处于以具体形象性思维为主，向抽象性思维发展阶段。AR 能够满足幼儿对于抽象内容难以理解的这一需求。例如大班的孩子们看到神舟十二号飞船发射成功后，引发了他们对太空的好奇。因此，以两套配有 AR 互动的《漫步太空》套盒引入班级区域，支持和引发幼儿的进一步学习。他们利用 AR 互动套盒看太空中的各大星球，感知空间站的奥秘，体验火箭升天的过程。孩子们惊呼："哇，原来外太空就是这样的啊，空间站里还有宇航员叔叔呢，我长大后也要当航天员！"AR 互动的引入、引发、引趣、引导，创新了学习的形式，满足了孩子们对于外太空探秘的愿望，激发了幼儿深入学习的内驱力。AR 互动知识的立体化，抽象内容可视化，提供了直观性、可互动性的教学资源，在交互反馈中加深幼儿对知识的理解，让幼儿不仅在听说中感知，还切实增强了现实感知体验。

（二）以二维码转换为趣，促进操作实践

信息化的快速发展，不仅可以为人们的生活带来很多便捷，还能为教育的提升带来惊喜。二维码是近几年人们生活中随处可见的，去超市、去商场、去医院都能看到不同作用的二维码。这一现象也被细心的孩子们尽收眼底。大班的孩子们说，二维码就是可以收费的，二维码可以看说明书，等等。在班级中他们还会用小手当二维码，玩扫二维码的想象游戏。在教学过程中，教师要根据幼儿的学习需求来制订相关的教学计划。陶行知先生提出"生活即教育"的教育理念，即实际生活就是教育的中心，生活实际状况决定了教育的方向，同时，教育能够改变人们的生活。因此，教师在教学中要注意将教学内容与生活实际联系起来。将生活实际与教学内容相联系不仅能够激发幼儿对学习的兴趣，还能够将抽象的信息技术知识用具体、形象的形式展现出来，使幼儿能够更好地理解教学内容，促进幼儿思维能力的提高。因此，根据幼儿这一兴趣点，我们开展了"幼儿园二维码"的教育活动。在活动中，孩子们用多种形式来表现幼儿园，有的孩子用积木搭建幼儿园，有的孩子用图画描绘幼儿园，还有的孩子用录音录像的形式描述幼儿园的样子等，在尊重幼儿个性表达表现的基础上，将孩子们表达表现的照片、录音、录像等，

利用二维码转化小程序,直接将作品转化成二维码,并进行标注,孩子们通过班级中的 iPad、老师的手机扫二维码来观看自己和同伴的作品,孩子们兴奋地说:"太神奇了!二维码变成我的了,二维码上电视了!""老师,把我的二维码发给妈妈,让妈妈也看看我的作品。"孩子们对二维码转化的兴趣依然不减,我们还在班级的环境当中张贴了多张二维码,这样不仅可以将孩子们精彩的活动,尤其是录像的活动转化成二维码,可以让来班级参观的老师和家长更方便地了解孩子们的精彩瞬间,也有助于孩子们时常回顾观看自己的作品。以兴趣为动力,激发了幼儿创建二维码背后的材料,这样不仅节约了空间,还优化了教学新模式,促进了幼儿动手操作和创造实践。

(三)以"小爱同学"为乐,自主解决问题

"小爱同学"是人工智能语音交互引擎,从语音助手升级为智能生活助手。有些孩子的家中,会有小爱同学的身影,孩子们说小爱同学可以为他们开空调、开电视,还可以讲故事和唱歌。幼儿园大班的孩子思维活跃,好奇好问,想象力强,问题总是天马行空。他们会问:"为什么人的手心不长毛,手背会长?""为什么土拨鼠会打洞?""为什么航天员的衣服那么厚?"他们在观察生活中,总能发现一些好奇的问题。幼儿教师每次都需要进一步查阅资料,来科学严谨地为孩子们进行解答。但是,大班有 30—35 个孩子,每天孩子们会有不同的问题,每个问题都去查阅资料就非常费时。因此,可以在班上利用小爱同学语音交互的特性,向它发问,让幼儿可以自主解决问题。例如,孩子们会问:"小爱同学,为什么青蛙的眼睛是鼓起来的呢?"小爱同学就会用语音的方式告诉孩子们眼睛鼓出来可以扩大视野。孩子们还会根据自己的理解向别的小朋友分享:"因为青蛙眼睛鼓鼓的,可以看得更远、更广,这样它就可以看到很多地方的虫子可以捉来吃。"每天孩子们都会乐此不疲地向小爱同学发问,他们非常喜欢小爱同学的答案,这样不仅让孩子们能够在轻松快乐的氛围下提问,还能够让幼儿学习自主解决问题,并能够将问题转化为自己的理解,内化于心。小爱同学省时便捷,很好地服务了幼儿的自主学习。

(四)以课件分享为学,提升综合能力

课件 PPT 已经是我们日常最多使用的教学软件。作为教师,我们应多以课件来辅助教学目标的实现。课件中的情景和丰富色彩,能够进一步提升教学效果。但是,教师做的 PPT 多以教师预设为主,存在与儿童原有经验和儿童实际发展脱节的情况。因此,在大班中我们创建了《新闻我播报》活动,让幼儿将自己感兴趣的事情，通过与爸爸妈妈一起查阅资料的形式，由家长结合幼儿的想法和相关资料，进行课件的制作。制作完成后与幼儿共同阅读并理解其内容，然后带到幼儿园中，在《新闻我播报》环节，请幼儿进行分享和讲解。例如诺诺小朋友为我们带来了关于"东方红一号"的相关介绍，她对着课件上的东方红一号图片说："这是中国发射的第一颗人造地球卫星……"班上的孩子听得认真，因为他们喜欢通过同伴的介绍学习。诺诺平时是一位不善言谈的孩子，但是当她站在台上自信地介绍着感兴趣的课件时，她自信勇敢，表达清晰。课件的分享，让幼儿从被动到主动，从倾听到表达，从输入到输出，无论是分享的幼儿还是倾听的幼儿都在学习着新知识，建构着新经验，不断提升着综合能力。

三、实施成效

（一）提升幼儿学习成效

随着教育的发展，教学方式也发生着变化，丰富且优质多元的数字资源不仅成为教育的辅助教学工具，也是学习者理解和获得经验不可或缺的关键要素。在大班实践的多元数字资源应用实践中，孩子们的思维逻辑性、语言表达能力、社会交往能力等都有明显的提升。在与数字资源互动中，促进了幼儿的深度思考和深入学习，让幼儿学习成效得到提升。

（二）提升教师教学质量

数字资源的应用切实帮助教师更好地进行教育教学工作。多元数字资源的应用，将知识直观明了、具体形象地呈现给孩子们，让幼儿在观察、对比、感知、操作中不断学习，让教师的教学方法、教学策略、教学质量有了进一步的提升。

四、反思总结

适宜适当应用数字资源对于幼儿的身心健康非常重要，在使用数字资源时，应注意幼儿使用的时长以及网络推送的健康性。让幼儿能够在适宜适当的情况下学习。

以幼儿为本，依趣生乐，引趣乐学，依据幼儿的兴趣和年龄特点选择适宜的数字资源，确保适用于幼儿需要和发展。合理安排，让数字资源与教育教学完美融合，将知识能够层层递进地呈现给孩子们。

　　创新教学方式，构建高效教学，将"引趣乐学"贯穿于教育教学，能够改变传统教学形式，优化教学内容和方式，充分体现幼儿的主体性，不断提高幼儿的思维能力、合作探究能力以及实际应用能力。

基于桌面式 TUI 系统的数字化教学实践探索

张　岩[1]，陈　薇[1]，淮永建[2]，费广正[2]，朱雅鑫[2]

[1]北京邮电大学世纪学院
[2]中国传媒大学

摘　要：本文积极响应北京市教委开展的教育数字化转型工作，立足于开发优质数字教育资源，此次申报案例为基于桌面式 TUI（Tangible User Interfaces，TUI）系统的数字化教学实践探索。该桌面式 TUI 系统基于模型驱动式用户界面，灵活的交互逻辑可打通虚拟场景与真实环境的边界，生动而富有趣味性的实物令牌可有效增强学生感官体验，充分调动学生的视觉、触觉等知觉通道，产生较强的代入感和互动叙事性元素。该系统框架提供的可视化编辑工具可实现快速部署及生成数字化内容，方便不同学科背景的师生及工作人员编创个性化数字内容，实现多学科交叉的教科研实践，具有较强的通用性和可拓展性。

关键词：实体用户界面；交互设计；虚拟现实

一、案例背景

面对数字化教育资源平台所面临的开发周期长、技术难度大、通用性较差且难以维护、可扩展性不强等问题，本文作者提出以桌面式 TUI 系统来代替传统的虚拟现实或增强现实系统，以增强教育数字化资源的通用性、可扩展性以及用户（学生）心流体验。在该项工作中，作者张岩等人承担项目策划书撰写、仿真建模及交互设计、资源整合、数字内容加工及创作等方面的工作，费广正及朱雅鑫等人承担项目管理、核心算法优化、框架整合以及软硬件功能实现。

该桌面式 TUI 系统的数字化教学实践模式非常适合于教育数字化转型过程中的虚拟现实、游戏设计以及三维动画等专业领域，具备一定的发展潜力和应用价值，且造价相对低廉，便于携带、运输，在教育数字化转型的推进工作中值得向各大院校及科研院所推广和普及。

（一）桌面式 TUI 系统的研究概述

TUI 系统的虚实融合模式源于 21 世纪初斯坦福大学的 Ullmer 等人提出的"虚实融合理论"（Physical – Digital Mapping）。❶ TUI 理论的核心即对实体交互技术的深入探索，其中提出的介点湿润技术（Electrowetting – on – dielectric）甚至可以精确地控制水滴的运动。

在已完成的教学实践案例中，该桌面式 TUI 系统可轻松部署学生在虚拟现实作品编创课程中的学习成果，并结合数字人文、课程思政、传统文化以及商业应用等元素，构建数字学习资源和沉浸式教学实践环境，提供虚实融合的情境化教学氛围并启发学生创新思维，扩展学生学术视野，赋能教育数字化转型工作的实践环节，优化和创新教学及课程实践模式。

（二）基于桌面式 TUI 系统的虚拟现实教学平台架构及实现

1. 桌面式 TUI 系统的实体用户界面

桌面式 TUI 系统的设计采用可拓展实体用户界面形式，系统框架主要涵盖三大类，即可交互表面（Interactive Surface）、构件组装（Assembly）以及机械约束（Token + Constraints）。其中，可交互表面为可触式实体识别桌面，实物令牌（Token）在桌面上的空间位置信息及用户对实物令牌的操作被映射在系统底层逻辑中，从而表征虚拟环境和三维空间的不同状态。构件组装以模块化构件进行拼接，通过模块间串接关系和关联性来表征数字内容的呈现。机械约束通常以相互嵌套的实体结构实现，操作方式主要基于结构功能性的实物令牌（类似乐高积木等），其约束规则和构件逻辑可映射在虚拟场景中。❷

桌面式 TUI 范式模型的构建引入了模型驱动的用户界面开发标准。❸ 首先定义桌面式 TUI 范式模型，通过 Unity 引擎和建模工具将 TUI 模型转化为相应的配置文件（界面描述语言），并提供相当丰富的可视化编程模块，通过编译及运行即可转换为可执行代码。该范式流程具备复用性和高效性，极大降低技术门槛和开发周期，其相对标准的架构体系非常适合没有编程基础的师生及其他非专业人士进行个性化数字内容的开发。

---

❶ ULLMER B, ISHII H. Emerging frameworks for tangible user interfaces [J]. IBM Systems Journal, 2000, 39 (3, 4)：915 – 931.

❷ 朱雅鑫. 基于模型的桌面式实体用户界面开发方法研究 [D]. 北京：中国传媒大学，2019.

❸ 冯旭. 基于模式的可复用用户界面描述语言的研究 [D]. 西安：西北大学，2018；朱雅鑫. 基于模型的桌面式实体用户界面开发方法研究 [D]. 北京：中国传媒大学，2019.

2. 桌面式 TUI 架构层次

桌面式 TUI 系统涵盖硬件驱动层、用户界面层以及应用逻辑层等三层架构。

（1）硬件驱动层主要捕获实物令牌（Token）与用户交互的原始数据信息，内部封装的硬件驱动和特征识别算法将用户行为数据传递到用户界面层，实现数据信息的"所见即所得"。实践证明，硬件驱动层具有高效的部署性能以及较为强大的可移植性。

（2）用户界面层主要封装了用户界面元素、解释器以及对控件（Phidget）的编解码操作。该层位于中间层，兼顾了向上层（应用逻辑层）传入控件行为及发起任务消息，同时向下层（硬件驱动层）更新 TUI 界面可视化控件的形态和功能。

（3）应用逻辑层封装相应的接口、数据结构和类，通过调用不同方法以执行相应的业务逻辑。该层是数字化内容创作中灵活度最高的一层，根据不同的数字化内容、情境需求存在较大差异。TUI 系统在应用逻辑层提供了较为丰富的可视化编程模块，可动态调整 TUI 行为以自动化生成逻辑层的更新，并且支持内容定制及二次开发。

3. 基于桌面式 TUI 系统的优势

该桌面式 TUI 系统的实物令牌（Token）可通过 3D 打印的方式，亦可根据数字化内容的需求进行个性化呈现（手办、棋子、雕塑、汽车模型等）。实物令牌自由的表现形式可以让创作者赋予其不同的内涵，甚至可以在物理令牌中嵌入相应的传感设备，亦可支持触屏操作，用以表征虚拟环境对真实世界的映射关系。桌面系统通常基于可交互的多点触控表面，辅以模式识别、计算机视觉等相应算法。该框架基于桌面（或其他立体空间）作为交互空间，可拥有不同的构型及功能，同时亦可支持各类驱动或组装式物理令牌设备。

二、实践过程

（一）数字内容的生产

1. 古城遗迹数字化仿真（以"清明上河图"交互系统为例）

采用基于桌面式 TUI 技术来实现对虚拟古城的探索和展示，学生通过不同的实物令牌驱动摄像机进行场景探索，同时提供不同功能的实物令牌以实现菜单、动画以及特效的驱动，视、听、触觉全方位调动，从而实现更具临场感及沉浸感的用户体验。本文作者在课程实践中以古迹复原作为文化计算研究的分支项目❶，师生联合创作，基于 TUI 实体交互技术并参照《清明上河图》原作以及古籍文献资料进行复原。

2. 基于桌面式 TUI 技术的数字城市构建

课题组成员注重将客观数据（GIS、CAD 以及 SketchUp 等）与用户体验需求结合起来，形成具有叙事性交互和视听互动融合的桌面式实体交互环境。❷

作者基于该 TUI 系统在数字化教学实践过程中进行初步探索并取得一些成果，同时在科研领域也开展了相应的研究，主要是基于桌面 TUI 技术进行数字城市的构建。课题组将三维虚拟环境的视点估计、文化计算（美学）结合数字城市并应用到桌面式实体交互中，发表了相应的学术论文。目前本文作者已取得的成果包括 SCI 检索论文 3 篇以及 EI 检索论文 3 篇（其中张岩撰写 SCI 检索 2 篇、EI 检索 2 篇，陈薇撰写 SCI 与 EI 检索各 1 篇），同时锐秀物体识别互动桌（Rayshow TUI platform）已由北京锐扬科技有限责任公司申请专利（专利权属于陈薇团队），数字化课程实践内容的创作实现主要由作者 1 团队完成。

（二）TUI 框架的实现

桌面式 TUI 系统的硬件开发主要在费广正教授的指导和主持下开展，相对于基于磁传感器的 TUI 系统（通常依赖自传感器的感应距离），该方法无须面对磁场干扰问题，并且可以用该方法来识别不同标识、形状、姿态、位置、朝向乃至行为的有形表面。❸

实验数据证实了本文 TUI 框架与其他识别模式相比所具有的优势。与传统电源式实物令牌（Active Token）和电磁式令牌（Magnetic Token）相比，本文 TUI 系统的实物令牌在制造工艺和成本上都具有明显优势，且和光学模式令牌相比有着更高的识别率。

---

❶ 张岩，费广正. 交互式遗传的 3 维场景扩展 [J]. 中国图象图形学报，2017（5）：631 - 642；ZHANG Y, FEI G Z, YANG G. 3D Viewpoint estimation based on aesthetics [J]. IEEE Access, 2020, 8：108602 - 108621.

❷ ZHANG Y, YANG G. Optimization of the virtual scene layout based on the optimal 3d viewpoint [J]. IEEE Access, 2022, 10：110426 - 110443；ZHANG Y, FEI G Z, YANG G. 3D Viewpoint estimation based on aesthetics [J]. IEEE Access, 2020, 8：108602 - 108621.

❸ HUANG Z Z, SHI M Y, FEI G Z. PTPG：A poisson triangular pattern generator for tokenson tangible surfaces [J]. IEEE Access, 2020, 8：76019 - 76027.

三、实施成效

除了上述在文化遗产数字化保护、数字城市构建中的应用案例,我们还基于桌面式 TUI 系统开发了一些小体量的教育数字化资源,这些数字化资源内容丰富、形式灵活,主要应用于虚拟现实类编创课程中的游戏展示、医疗可视化模拟以及工业产品展示。与常规教研实践模式下的虚拟现实类作品编创相比,这些数字内容的加工非常便捷而高效,并且体量都比较小,在日常教学过程中的专业课程编创以及跨专业综合实践展示均可基于该桌面式 TUI 系统。这样做的好处是极大激发了学生的兴趣和想象力,并有效提高学生创新能力和实际动手能力。

在实践编创环节,该项研究为学生跨专业合作进行作品编创提供了新的工具和平台。基于 TUI 环境能够更好地创新和推动传统文化表达方式,提供更为个性化和定制化的协同合作方式和心流体验,并且有效增强了综合实践编创作品的多元化、表现力和互动性,通过跨专业合作促进了艺术与技术的深度融合,激发了学生在创作过程中的灵感和想象力。

实践证明,该桌面式 TUI 系统不仅能够应用于虚拟现实课程的数字化资源建设,亦可作为沉浸式课堂的多人协作式桌面以及教育平台,适合跨学科联合创作、多交叉课程实践及项目编创,在教科研领域具有巨大的应用潜力。

四、反思总结

当前虚拟现实技术(VR)、增强现实(AR)、全息互动以及实体交互等前沿信息可视化手段对教育数字化转型的教研实践工作产生较为广泛的影响,同时也面临一些问题。VR 和 AR 领域的教学案例开发难度较大、制作周期长、过分依赖编程技术(数媒技术专业),且数字资源案例的异构性及耦合性过强、复用性差,不易于二次开发,难以转化为数字媒体艺术专业(例如游戏、动漫等专业方向)的课程实践资源。

本文案例从不同角度探索了基于桌面式 TUI 系统的数字化教学实践,作者提出以桌面式 TUI 系统来代替传统的虚拟现实或增强现实系统,以增强教育数字化资源的通用性、可扩展性以及用户(学生)心流体验。该数字化实践内容基于模型驱动式用户界面,将虚拟场景与真实环境相融合,所采用的实物令牌操作方式可充分调动学生感官体验,生动而富有趣味性,同时具备丰富的互动叙事性元素，可有效增强学生心流体验。本文所探讨的 TUI 教学环境采用"虚实融合"（Physical – Digital Mapping）的操作方式，不仅可在课程实践过程中充分调动学生兴趣、增强互动视听上的临场感（视觉、听觉及触觉），以更加"普适"的方式嵌入教育数字化资源的编创实践过程中，即使是非数字媒体技术专业背景的师生亦可根据业务情境来轻松创建数字内容，尤其适合三维游戏设计、VR 模拟仿真、虚拟演练（舞台预演）、沙盘模拟等项目实践，还可应用于数字孪生项目编创以及"元宇宙"相关课题研究。该系统所具备的可视化编辑工具可实现数字化内容的快速部署及导出，从而有利于实现多学科融合的教科研实践探索，具备可扩展性和发展潜力。

全息互动教学资源的开发和应用
——以高中地理"地表形态的塑造"为例

张　章[1]，汪欣欣[2]，王浩宇[2]

[1]北京市东城区教育科学研究院
[2]北京市东直门中学

摘　要：高中地理新课程标准强调充分利用现代信息技术，提升学生利用信息技术解决地理问题的能力，培养学生必备的核心素养。全息互动设备利用全息投影技术成像，并通过计算机模拟实现人机交互，改变了教学素材的呈现方式、教学内容的组织形式及教学过程的展示方式，创新了教学环境。笔者在高中地理教学中，开发了基于全息交互协作学习终端的"地表形态的塑造"课例并进行课堂教学实践；通过课堂实践和课后调查访谈，总结出全息互动教学有助于促进知识呈现方式、学生学习方式和评价方式的变革，以及教师教学理念和教学模式的创新。

关键词：全息互动；高中地理；地表形态的塑造

一、案例背景

习近平总书记指出，当今世界，信息技术创新日新月异，数字化、网络化、智能化深入发展，在推动经济社会发展、促进国家治理体系和治理能力现代化、满足人民日益增长的美好生活需要方面发挥着越来越重要的作用。❶数字化转型是一个旨在通过信息、计算、沟通、连接、技术的组合等方式，促进治理方式发生实质性改变的过程。❷教育数字化转型，则是将数字技术整

---

❶ 习近平致首届数字中国建设峰会的贺信 [N]. 人民日报，2018 – 04 – 22.
❷ VIALG. Understanding digital transformation: A review and a research agenda [J]. The Journal of Strategic Information Systems, 2019（2）：118 – 144.

合到教育领域的各个层面。[1] 对于高中地理来说,《普通高中地理课程标准(2017年版2020年修订)》在课程基本理念中提到创新培育地理学科核心素养的学习方式。根据学生地理学科核心素养形成过程的特点,科学设计地理教学过程,引导学生通过自主、合作、探究等学习方式,充分利用地理信息技术,营造直观、实时、生动的地理教学环境。

全息交互协作学习终端是利用全息投影技术成像的人机协同认知设备,通过计算机模拟和全息成像,展示地理景观和地理过程,解决野外实地考察所面对的安全风险、资金支持、时间安排、天气状况、实验可操作性等诸多难题,改变教学素材的呈现方式、教学内容的组织形式及教学过程的展示方式,为学生提供多元的学习方式,激发学生兴趣,提高课堂教学的有效性。

本文以"地表形态的塑造"教学案例为例,探索全息互动数字化教育资源的开发和应用。

二、实践过程

(一)"地表形态的塑造"全息互动教学设计思想

高中地理选择性必修一中课标要求"结合实例,解释内力和外力对地表形态变化的影响,并说明人类活动与地表形态的关系"。传统教学中,教师通过阐述大量的概念,配备示意图、景观图等进行教学。笔者在"地表形态的塑造"单元教学中选取了中国最美的景观大道——318国道这一案例,在研读概念的基础上,用全息动画的形式模拟展示地质作用的表现形式及典型地貌的形成过程,促进学生以动态、综合的观点看待地表形态的形成。本单元教学利用全息交互协作学习终端,营造直观、生动的学习环境,通过内容资源数字化、育人过程立体化、主客体交互化提升教学效果。

(二)"地表形态的塑造"全息互动课例教学实践

以全息交互学习终端为辅助,笔者设计开发了相关课程资源,应用于以下三个课时的单元教学。

第1课时,"加速时光学概念"。全息投影展示318国道沿途自然景观之

---

[1] 祝智庭,胡姣. 教育数字化转型的实践逻辑与发展机遇[J]. 电化教育研究,2022,43(1):5-15.

美，培养学生的审美情趣，感受祖国大好河山，激发学生对本节课知识的认知兴趣，也激发学生探访祖国壮美河山、建设祖国大好河山的兴趣，在分析318国道的基础上学生的区域认知能力也得到提升。接下来，应用全息互动设备，营造直观、生动的学习环境，全息动画模拟岩浆活动、流水侵蚀、风力堆积等20种内、外力作用的表现形式，帮助学生理解内、外力作用对地表形态的影响，突破时空限制，为学生创设自主、合作探究的学习环境。区别于传统课堂中学生倾听教师讲述，观看静态图片学习内力、外力作用塑造地表形态的过程，强迫自己记忆各种学术名词及其定义的学习方式，全息互动教学将抽象的概念变为直观的动画影像，将漫长的地质历史过程"加速时光"，还原在学生眼前；将枯燥的知识、概念变成一个个可以按照学生个人兴趣选择研究的开放式探究活动，激发学生的好奇心和学习兴趣，引领学生理解内、外力塑造地表形态的过程，再通过小组内的交流环节阐述自己的观点，直观性、交互性、参与性、趣味性强。学生借助全息交互学习终端获取地理信息、基于学案的学习任务，结合自身兴趣开展实践探究，运用综合的思维方法认知地理环境，认识更深刻、知识可再生，切实提高学生的地理核心素养。

第2课时，"地质学家显身手"。教师课前筛选318国道两侧的典型地貌景观，并把成因相似的地貌归类，选出具有代表性的四大典型地貌，进行分组。学生分组、抽签领任务，四个小组应用全息交互协作学习终端，分别完成珠穆朗玛峰、三峡、黄山、长江三角洲四处不同空间位置、不同空间尺度的典型地貌的模拟考察。学生扮演"地质学家"，观看全息动画投影，应用第一课时所学概念，综合考虑内、外力作用，描述地貌景观的形成过程，找出成因相似的其他地貌景观，完成本组的任务单，并向其他组汇报展示。区别于传统课堂中使用试题来检测学生对知识的运用，本课时引导学生以小组为单位，带着共同目标对核心问题展开探究与思考，激发学生的好奇心和学习兴趣，引领学生灵活运用知识解决实际问题，进一步提升学生的综合思维能力，从区域的角度，全面、动态分析和认识地理环境，培养探究意识。

第3课时，"人地关系大发现"。了解地貌，不仅是为了更好地欣赏自然景观，它还是我们创造人文景观的物质基础。学生结合生活经验和研学旅行实践，利用互联网查阅相关资料，探究318国道两侧地貌与交通、聚落分布、旅游等人类活动的关系，并进行展示。在学习和展示过程中学生对人类活动与自然地理环境的关系的思考逐步深入，人地协调观逐步深化，形成人类应尊重自然规律、顺应和保护自然的意识。

三、实施成效

使用全息交互协作学习终端作为教学辅助工具，由教师引导学生进行探究学习、合作学习，学生借助全息设备获取地理信息，基于自身兴趣展开探究和运用综合的观点认知地理环境，突出了学生的主体性地位。全息交互教学借助立体化和沉浸式环境突破说教式、灌输式瓶颈，打通数字世界与真实世界的关联，从而创新了教育教学形态。教学实施之后，我们继续对学生和教师进行调查和访谈，同时与专家进行研讨交流，总结应用全息互动资源的效果。

（一）促进知识呈现方式和学生学习方式的变革

全息交互教学将课本中复杂的地理原理、地理构造和地理现象立体化地展示出来，如宇宙空间结构、地球内部圈层结构、地质地貌等自然现象，有效地辅助学生了解抽象地理知识，将感性认识上升为理性认识，加深学生对知识的理解；此外，该技术还可以用于直观演示高中地理教学中地理事物或地理现象的演变过程，创设具有沉浸感的虚拟教学环境，有助于学生由静态知识的死记硬背转变为对动态过程的理解应用，从而促进学生地理思维的发展。

例如，在上述单元教学中，运用全息教学设备作为展示手段，创造拟真的轻松自然的学习环境，变抽象概念为直观、立体的动画演示，改变传统的学习方式，以学生为中心，按学生"学"的逻辑实施教学，为学生提供自主学习、探究学习与合作学习的开放空间，概念学习中关注学生体验、强调学生"自悟"，最终促进地理学习的拓展与深入。同时，按学生"学"的逻辑实施教学，例如学习地质作用的相关概念时，学生能够在学习终端自主选择学习内容，也可与同学进行交流、与教师探讨问题，在讨论中碰撞出思维的火花，形成了多方面交流的交互式学习氛围。学习过程中关注学生体验，强调学生发现知识的过程，而不是简单地获得结果，强调的是创造性解决问题的方法和探究的精神，最终促进学生核心素养的养成。

（二）创新评价方式，推进育人方式改革

在全息互动学习环境中，通过学生自评、同学互评、教师评价等方式，通过观察课堂听课情况、发言情况、合作学习情况和表现性任务的完成情况进行过程性评价。通过课堂问答、观察评估学生自主学习地质作用概念中的

表现；通过全息教学设备的反馈题目及时评估学生概念辨析的情况；设置"表现性任务"，例如"318国道沿线地貌成因考察"活动，分组探究典型地貌成因并汇报交流。此外，通过绘制单元思维导图、单元测验、学生反思交流等形式评估学生的目标达成情况。借助全息交互协作学习终端，评价更有针对性、即时性、互动性，更好地发挥评价对学生个体指导的作用。

（三）促进教师教学理念和教学模式的创新

全息交互教学在高中地理教学中的应用推动教师整合教材内容、开发教学资源、改变教学素材的呈现方式，从而实现教学模式的创新。在新的教学模式下，教师更关注学生通过自己的思维和实际活动获得对知识的理解，以此来发展他们对科学活动的热爱，培养他们的创新精神和解决实际问题的能力；新的地理课堂环境，教师致力于为学生提供充分交流与合作的时间和空间，有益于学生树立自信心，善于思考、勇于表达，将自身观点分享给合作伙伴并进行深层次探讨，从中学会与他人合作，培养学生团队合作能力。"地表形态的塑造"课例在2020年北京市基础教育优秀课堂教学设计中荣获一等奖并进行了说课展示，并受邀参加中国教育学会地理专业委员会2021年综合学术年会，在年会期间做本节展示课，进行线上展示与交流，获得很大反响。

技术的创新、教师教学理念和教学模式的创新、学生学习方式和评价方式的创新，真正推进了育人方式的改革。

四、反思总结

从以上教学案例可以看出，基于全息互动的地理教学通过转变知识呈现方式、学习方式和评价方式，有助于地理课堂生动、有趣、有序地推进，使学生更快地融入课堂，促进学生探究、合作交流、自主建构知识，也促进教师在设计实施过程中不断提升信息化教学水平，转变育人方式。同时，我们也必须意识到，虚拟现实、增强现实、全息交互等技术手段不应是一味追求仿真场景，而是通过全景式交互学习使地理教育从单向传递变为双向互动，让受教育者从被动学习转为主动学习，实现教育的可持续发展。关于全息交互技术以及其他信息技术的应用，还有很多领域尚待探索，期待未来出现更多的研究成果，希望笔者的案例能为地理及其他学科教师提供参考，为教育数字化转型贡献绵薄之力。

VR技术科学教学应用

——食物在人体里的旅行（1）

李 雪

北京中学

摘 要：在 STEAM 教育理念推动下，跨学科融合教育观念深入中小学教育教学。VR 技术与教育结合，是实现 STEAM 教育的有效载体，是多种先进技术与多学科知识的融合。VR 技术应用于科学教育，改变了传统"以教促学"的学习方式，是学习者通过自身与信息环境的相互作用得到知识、技能的新型学习方式。VR 技术能够为学生提供生动、逼真的学习环境，学生在学习过程中成为虚拟环境的参与者，在虚拟环境中承担与扮演相应角色，对提升学生的课堂参与度、积极性、创新能力等都将起到积极作用。

关键词：VR 技术；科学教学；混合式教学

一、案例背景

（一）教育思想和理论基础

（1）建构主义。建构主义认为，情境对于知识的建构有着重要作用，提倡以学生为中心的教学模式，强调学习者的主动建构，合适的情境可以激发学生的学习激情与兴趣，催生学习动机。VR 技术根据建构主义理论为学习者提供技术支持、仿真场景，有助于学习者自主学习与主动建构知识体系。学习者在一个可自主控制的情境中探索 VR 虚拟世界，获取关于客观事物的理性或感性认识，激发个体创新思维与研究性思维。

（2）皮亚杰的理论。皮亚杰认为，小学生的认知发展属于具体运算阶段，也称为具体运思期，他们能够根据经验思维解决问题，使用具体物体操作协助思考，身心发展还不成熟，对一些在现实生活中无法完成的实验或者现象不能通过语言表达而理解。由此，通过 VR 虚拟环境模拟相应实验或者场景，学生可以在 VR 虚拟环境中亲身体验，以深入理解较为抽象的现象或知识点。VR 虚拟操作实践，能够提高学生兴趣及参与度，集中学生注意力。

（二）现状分析

四年级学生以直观形象思维为主，探究活动的趣味性对于他们来说非常重要，在教师指导下可以利用直观观察进行初步的抽象思维。

（1）课前调查：你认为食物在人体中旅行通过哪几个器官？这些器官长什么样？如何连接？请你将它们画在人体图里。

一部分学生对食物在身体里的旅行路线不是很清楚，25% 的学生认为会经过口腔、食管、肠道、胃，15% 的学生认为会经过口腔、食道、十二指肠、大肠、小肠，50% 的学生认为会经过口腔、食道、胃、大肠和小肠；10% 的学生能够画出正确的路线图，但是对于各个器官的形状特点不清楚，基于此需要改变他们的认知观念。

（2）概念情况分析：学生初次使用 VR 虚拟现实的技术课件，最开始是无从下手的，为了能让学生更深入地学习和体验，教师需要细致到位的指导：从整体观察，什么颜色，像什么，再到具体从上到下的观察，各个角度的观察，科学的观察方法能够有效地帮助学生借助观察发展比较、模型建构等思维。

（3）能力情况分析：四年级学生的认知水平处在具体运算阶段，以直观形象思维为主，探究活动的趣味性对于他们来说非常重要，可以借助直观事物进行初步的抽象想象。

基于以上分析，借助 zSpace 的 VR 虚拟现实设备的三维立体、生动、直观、可动手剖分、可小组协作的优点，则刚好弥补此类缺憾，通过让学生动手解剖、观察消化器官，表达对消化器官的认识、拼组消化器官的过程，在虚拟的情境中与消化系统各器官亲密接触，真切了解各器官的结构特点，突破重难点。

（三）希望达到的目的

由于人体的"内部环境"看不到，这就给教学带来困难。首先无法用实物来观察器官的形态及结构，其次无法直观地观察食物在每个器官内的变化。如果按以往的方式，仅通过平面图片观察和资料讲解，对消化器官尤其是消化道立体模型的建立是不充分的，结构与功能的联系也就会流于表面。

基于以上的分析，本节课将 zSpace 虚拟现实技术应用于课堂，对于学生科学课的听课质量有一定影响,且能够提高学生的体验感,主要体现在以下几方面。

(1) 沉浸式学习。借助虚拟现实技术,学生可以"现场"体验现实生活中很难或无法体验的场景,抽象概念的缺陷被弥补,更容易理解知识,对于学习有整体性的感受,这使得学习者轻松愉悦地学习。

(2) 交互式学习。基于 zSpace 虚拟现实技术不但可以再现真实场景,还具有很强的交互性,能够实现电脑和学生交互,创造个性化学习环境,学生在课程融合的基础上进行探索,自由、开放、创新、充满乐趣。

(3) 高效率学习。一方面,虚拟现实技术能够"占领"学生的视觉、听觉甚至触觉等多个感觉通道,多感官的参与可以提高学习效率;另一方面,虚拟现实技术切断了学生与周围世界的感官联系,让学生"沉浸"在与学习内容的交互过程中,隔离了外界干扰。学生可将各个学科融合到一个探究之中,免除了学习单一学科的枯燥,加强了各个学科之间的关联,提高了科学素养,实现了素质教育。

二、实践过程

(一) 情境导入

谈话:食物是我们身体所需养料和能量的主要来源。吃进肚子里的食物通过身体的消化器官一点点地转化为生命所需的营养,最终以粪便的形式排出体外。

教师顺势将汇报完的记录单贴在黑板上:我们知道食物从口腔进入身体后需要经过一些消化器官。

(二) 探究活动——VR 观察体验

(1) 谈话:同学们,你们发现了吗?大家认为的食物在身体里的旅行路线都不相同。为了了解各个旅行站点,找到正确的旅行路线,老师为同学们提供了 VR 技术模型,它能够带同学们到身体的内部看一看。

(2) 举措和保障措施:教师将所有消化器官通过 VR 技术课件全部呈现出来,吸引学生注意力,并更有效地展现食物在体内旅行"路线"中各个"景点"的外部形态,把文字、语言和图片远远达不到的教学效果呈现学生的眼前。

(3) 教师示范。(教师交给学生观察方法)

(4) 谈话:请同学们在汇报你们的观察之前,先回忆上节课观察的咽部,今天我们还是按照之前的方法从整体观察，什么颜色，像什么，再到具体从上到下的观察，有两个孔，上下是通的，上面连接的口腔，我猜下面连接的是食道，也可以逐步地转动它，从各个角度进行观察，有了这么好的VR设备能够观察到平时看不见的人体消化器官，我们一定要特别细致地观察。

（5）学生活动：深入认识、了解食物旅行中消化器官的特点。认识消化器官；说说各个器官的形态；深入体验消化系统在人体中的位置。

每组1人汇报，学生顺势贴出介绍器官。

将学生的拼接顺序拍照片，找出三组不一样的放到大屏幕上一起学习。

（6）举措和保障措施：学生利用zSpaceVR资源和技术，让每个消化器官能够三维立体、生动、直观地呈现出来，使学生获得非常生动的观察体验，通过让学生观察消化器官，表达对消化器官的认识、拼组消化器官的过程，帮助学生在虚拟的情境中与消化系统各器官亲密接触，真切了解各器官的特点及功能，突破重难点。

（三）自主探究——再次VR观察体验

（1）谈话：看来只通过观察就连接还是有一定的困难，老师给同学们一些阅读资料，通过阅读，来修正一下我们连接的旅行通道。

（2）师生共同总结：口腔是食物旅行的第1个站点，食道是第2个站点……按顺序拼出完整的消化系统，梳理消化流程。

（3）讲解：胰腺、肝和胆虽然是消化器官，但不是食物旅行的通道，肝胆胰会分泌消化液，进入小肠，辅助消化。

（4）谈话：你们想不想知道将这些食物旅行的消化器官对应到人体上是怎样的，我们一起看一看。

（5）教师操作，学生作为人体模型。

（6）举措和保障措施：借助VR+阅读资料沉浸式体验，发展学生自我学习能力，使学生带着问题边阅读边观察，带着问题思考与分析，最后把虚拟与现实结合，从而深入认识人体消化系统，建构出立体而完整的模型。

三、实施成效

与传统的教学模式相比，"食物在身体里的旅行1"一课利用VR技术实现教学，知识的获取直观易得，将复杂的人体知识结构简单呈现，增强了知识的可读性，有助于知识的记忆与理解。学生全员参与，学习积极性有所提高，获得了良好的课堂体验。

（一）增强探究精神

VR 教学比传统教学更加真实可观，化抽象为具体，这种新兴教学方式非常吸引学生。教师提供人体结构相应部位图片与结构场景，学生在三维空间内自主学习、探索与研究，根据自身需要选择学习内容，激起学生探索更多内容的欲望，扩展了知识视野，培养了实践与创新能力。

（二）加深课堂体验

VR 与教学结合，使用 zSpace 极倍交互式操作笔能把大肠呈现在眼前，观察到大肠内部结构和大肠的蠕动，类似在真实环境下观察人体立体结构，增强了学生的临场感，加深了知识印象，同时提高了课堂趣味性。

（三）提高参与度

人体结构的认识，需要一定数量的人体标本。VR 技术不仅解决了标本不足问题，还实现了操作的可重复性，节省了教学资源，提高了教学效率。

四、反思总结

（一）借助 VR + AR 虚拟模型，建构动态消化系统模型

食物在体内的旅行是怎样的呢？这样用图片看不明白、用文字表达不清楚的过程，可借助 VR + AR 虚拟模型让学生化身食物，亲身体验。教学过程中利用信息化手段（如白板、VR、AR）吸引学生，恰到好处，加上课前绘制站点路线图，观察每个站点的特点，借助阅读材料沉浸式学习，将 VR 模型对应到人的身体上，层层递进，让学生从简单到复杂，从抽象到具体，把知识点充分掌握和记忆，实现了每个学生都能对消化过程充分的了解；我们借助 zSpace 一体机来辅助教学，利用 zSpaceVR 资源和技术，使学生获得三维立体、生动、直观的观察体验，解决观察的难点，优化课堂教学。

（二）细致到位的指导，对学生的学习过程提供必要的辅助

教师细致到位的指导能够为学生顺利开展探究性学习创设一定的问题情景，提供相关的资料、信息环境，在实施过程中关注教学目标的落实，引导探究、指出误区、把握探究方向，以及排除学生无法自己解决的困难，但不包办代替等。在探究过程中，最有价值探究的地方是教师发挥指导作用的地

方，在此处要让学生的思维得到充分的展开。这个"最有价值的地方"存在何处？它存在于学生回答问题不完整、不科学之处，存在于学生用不同方式解决同一问题时，存在于学生对课堂内某一事件产生疑惑或露出兴奋的表情时，这些地方是最容易激发学生的自主性和能动性，真正体现探究性学习的价值处，也是教师知道策略运用是否到位的检验场所。

参考文献

［1］高海波. VR（虚拟现实）教育应用综述［J］. 信息与电脑（理论版），2019（2）：231-232.

［2］陈伟，李鸿科. 基于虚拟现实技术的实景模拟研究：以中学地理教学为例［J］. 现代教育技术，2017（12）：19-25.

VR 技术科学教学应用

——食物在人体里的旅行（2）

陈颖文

北京中学

摘 要：在戴尔经验圆锥体理论及模型建构理论指导下，利用 zasebase 的 VR 虚拟人体教学软件，不管是食物消化动画还是 3D 器官模型，360 度无死角观察沉浸式体验，拓展观察，帮学生建立食物消化过程的认识，扩展学生视野，追求新的发现，培养学生思维发展。VR 技术能营造学生自主学习的科学课堂氛围，正是这种沉浸式体验的模式和丰富、灵活的资源促使学生高度参与学习过程。虚拟消化系统的 3D 模型，让学生直接感受消化系统的运行，建构联系促进思维过程。不同视角下的信息，让孩子形成对事物认识的思考。本案例突出类比、建模，从形象角度思考，建立事物与模型的形象直接的逻辑关系。

关键词：VR；科学教学；应用

一、案例背景

（一）指导思想与教学理论分析

VR 观察处于戴尔经验之塔的中央：通过观察来学习，一般我们经过观察间接经验的获取。北京师范大学马玉慧教授在《VR 教育应用理论基础》讲座培训中指出：VR 应用在观察的经验和做的经验之间为学生带来更好的体验。她强调 VR 技术优势：逼真的沉浸感，自然的交互方式，在虚拟世界完成在现实世界不可能完成的好的学习体验。

（二）现状问题

人体内部消化器官的消化过程在小学科学课都属于解暗箱问题，通过实物模型来观察，图片没有立体感，因此孩子很难想象人体内部食物到底是怎么旅行的，每个消化器官是如何工作的，食物是如何变化的，以往教学中，我们都是利用拼摆图片、图片观察、阅读认识人体消化系统，是一个平面的、静态的认识，很难建立起动态连续的发展变化模型。

（三）教学目的

利用 zSpaceVR 资源和技术，使学生获得三维立体、生动、直观的观察体验，解决观察的难点，优化课堂教学。以此建构一个食物消化过程的动态认知模型，教给学生正确的认知方法，让学生清晰地看到食物在人体内旅行时形态、颜色、速度等变化过程，自然地将胃部与小肠内部结构的观察与消化吸收建立紧密的关联。VR 3D 立体消化器官内部结构的细致观察，资料阅读沉浸式的自主学习，模拟实验的亲身体验，旅行小导游的故事讲解，激发学生学习兴趣，主动建构起食物旅行动态过程的认知模型；食物在人体内按顺序进入这些消化器官，这些消化器官协同工作，共同完成食物在身体内的消化，建构食物在人体内消化过程的动态模型，初步形成消化系统的系统观。

二、实践过程

（一）导入并指导学生预测

（1）导入：上节课我们跟李老师一起认识了食物在人体内的旅行路线，我们一起说一说食物在人体内要经过哪些必经的旅行站点。

预设：

第一站：口腔

第二站：食道

第三站：胃

第四站：小肠

第五站：大肠

（2）导入并板贴课题：这节课我们继续学习"食物在人体里的旅行（2）"。

（3）示范引导：如果"我"是食物，"我"在第一站口腔里的变化结果是变成食团，在这里"我"的旅行过程是会遇到牙齿、舌头和唾液腺，在它们的协同作用下，多次咀嚼后"我"被破碎加工成细碎软软的食团。

（4）问题指导预设。

PPT：我们生活中的经验，食物在口腔里会变成这样的食团，最后会变成粪便从肛门排出，我们生活中还有呕吐的经验，思考呕吐的物体可能是从哪里返上来的？

依据生活经验，你能预测一下当"我"从口腔进入人体各个旅行站点后，"我"会发生什么变化？"我"又会经历怎样的旅行过程？你为什么这么想？

（二）VR 动画观察进行食物旅行

（1）为了搞清这个问题，现在我们就利用 VR 课件跟随"我"这个食团进入人体内部做一次食物的旅行，点击右侧三角，从正面观察完，再从背面观察动画，看看有哪些有趣的发现。

（2）学生分组观察。

（3）学生汇报。

（4）小结：通过刚才的汇报，我们同学有很多发现，根据这个模拟动画我们初步了解食物在胃和肠里被消化和吸收，但我们还没搞清"我"在每个站点具体发生了什么变化，没能完全搞清楚我的旅行过程，以及停留了多长时间。

【策略：学生利用 VR 3D 软件观察体验进行认真细致动态的食物旅行完整过程的观察，初步建立食物旅行过程的整体认识和感知，聚焦观察的重点，明确未解决的问题，通过分析不明确的争议，明确下一步的观察研究要点。】

（三）利用 VR 3D 软件进行二次观察，辅助阅读资料了解胃肠等消化器官的具体结构及功能

（1）教师讲解观察要求：我们需要一些资料帮助我们了解。一会从桌洞里取出阅读材料，两人一组，对照 VR 课件进行学习。有两个圈的站点器官可以用 VR 设备进入内部看看它的结构。

（2）学生分组观察、阅读研究，教师指导。

【策略：VR 软件和设备引导学生沉浸式学习，利用重点观察问题以及丰富有趣的阅读资料搭建 VR 观察支架引领学生沉浸式人机互动，自主学习，教给学生学习方法，学生高度参与学习，带着问题去细致全面观察，辅以阅读资料，学生主动认识和学习，尤其是胃和小肠的内部结构，逐步建立消化器官结构与功能的全面认识。】

（3）汇报：请同学们来当食物小导游，带好阅读资料到前面汇报，也请前面同学利用 VR 帮助他展示。讲清"我"在每个站点有什么变化？这个站点有什么结构特点？"我"在站点里可能遇到谁？他们对"我"做了什么事情？"我"将停留多长时间。首先从站点 2 食道开始。

【策略：利用 VR 软件和生动形象的设备，组织学生讲故事式体验汇报食

物旅行过程，以立体夸张的图形引领学生汇报交流，在模拟食团小导游讲故事的有趣活动过程中，学生进入故事情境以类比思维主动建构胃和小肠的内部结构与功能，以此建构认识模型。】

（4）小肠模型建构：出示小肠模型，团在下腹部让学生建立小肠平时形态的真实模型，再拉 6 米长，感受小肠的长度。

自制小肠内部褶皱模型，拉伸体验褶皱拉伸后的面积大约有 200 平方米，指导学生推想一下这么大的面积对于小肠有什么重要意义。

【策略：小肠的吸收作用是小学生的认识难点，因此恰到好处的直观长度模型和可拉伸横向褶皱模型可以帮学生建构对小肠长度和吸收面积的正确认识，从而建立小肠的正确认识模型。】

（5）指导学生最后总结：谁能说一说"我"在消化道内会有怎样的旅行过程？

【策略：由分析各个站点到综合认识整个消化道内食物的旅行过程，学生利用板书来总结讲解，形成综合认识，以此建立食物消化旅行过程的完整动态模型。】

（6）指导学生推想：有同学吃饭在第一站点口腔喜欢狼吞虎咽，觉得这样吃得又快又香，有的喜欢细嚼慢咽，觉得这样可以慢慢品尝。通过食物的旅行过程请你分析一下，狼吞虎咽和细嚼慢咽哪种吃饭方式好？细嚼慢咽的软碎食物和狼吞虎咽的大块食物在各个站点的旅行过程会有什么不同的影响？

（7）小结：细嚼慢咽有利于胃肠消化吸收，狼吞虎咽容易增加肠胃负担，引发伤害和疾病，不利于食物营养吸收。

【策略：通过食物旅行过程模型的应用去分析狼吞虎咽的大块食物与细嚼慢咽的细碎食物在人体消化道内旅行不同过程，推想大块食物对胃肠的不良影响，既是演绎推理，又有利于进行卫生保健教育。】

（四）对比模拟实验验证细嚼慢咽的好处，进行保健教育

（1）我们推测细嚼慢咽的细碎食物和狼吞虎咽的大块食物在胃里消化过程是不一样的，真是这样吗？我们可以借助模拟实验亲自动手验证一下。

（2）模拟实验设计指导。

教师出示材料图，明确用什么来模拟什么。

实验要求：同一个人同时用两只手不停挤压两个袋子来模拟胃的蠕动让食物进一步破碎，在实验过程中进行对比，及时记录。

（3）学生进行模拟实验发现、汇报。

学生 2 人汇报即可。

【策略：用模拟对比亲历体验实验，学生经过亲身体验进一步感受细嚼慢咽以及狼吞虎咽对不同消化器官的不同影响，自然就发现了细嚼慢咽的好处，这种最直观的亲历体验，既帮学生建立食物在胃部消化过程的认知模型，也让学生能够深刻感受，从而真正改善学生卫生保健行为。】

（4）总结：看来我们验证了细嚼慢咽可以减轻肠胃负担，可以保护消化道，也可以让食物营养充分被吸收，因此我们平时吃食物一定要细嚼慢咽。

三、实施成效

（一）VR技术能营造学生自主学习的科学课堂氛围

VR虚拟现实技术为学生提供了生动逼真的学习环境，学生能全方位地运用感官和思维去主动学习。在课堂上，学生在超现实的虚拟环境中自由移动、交互和操作，营造了自主学习的氛围，学生利用教师提供的学习资料和VR课件进行深度自主学习，思维得到深入，学习方法和能力得到提升。

"食物在身体里的旅行（2）"的教学中，我们明显地看到学生参与观察、拼摆、体验和讨论的时间非常多，正是这种沉浸式的体验和丰富、灵活的资源促使学生高度参与学习过程。同时，教师在关键问题的解决中提供了文字学习资料，与VR资源形成配合。学生带着问题边阅读边观察，带着问题思考与分析，从而深入认识人体消化系统，建构出立体系统模型，发展了自我学习的能力。

（二）帮学生建立食物消化过程的3D立体动态模型，这是日常看图和看课件的教学方式不可替代的

学生"进入"消化器官内部，360度观察它的内部结构和外部结构，然后结合动画推理想象消化器官是怎么动态工作的，细嚼慢咽的食物在消化道里是怎样一步步被消化吸收的，帮学生建立食物消化吸收过程的动态模型，从而认识到细嚼慢咽对人体消化器官的保护作用以及人体吸收营养的好处。

四、反思总结

利用zasebase的VR虚拟人体教学软件，360度无死角观察沉浸式体验，学生高度参与，帮学生建立食物消化过程的认识，扩展学生视野，追求新的发现，培养学生思维发展。

（1）VR 沉浸式体验给孩子带来探究的改变，促成对事物更加细致的观察与表现，这些细节构成深入细致的分析、思维活动的素材。虚拟消化系统的 3D 模型，相应思维加工处理，拓展了孩子的思维。让学生直接感受消化系统的运行，建构联系，促进思维过程的发展。本节课突出类比、建模，从形象角度思考，建立事物与模型的形象直接的逻辑关系。

（2）VR 对于培养学生细致观察、获取思维信息、建构模型的优势：带着预期与选择的要求让学生"进入"消化器官内部，360 度观察它的内部结构和外部结构，然后结合动画推理想象消化器官是怎么动态工作的，细嚼慢咽的食物在消化道里是怎样一步步被消化吸收的，帮学生建立食物消化吸收过程的动态模型，从而认识到细嚼慢咽对人体消化器官的保护作用以及人体吸收营养的好处。

在借助 VR 进行教学时，要依据教学目标，设计有逻辑、有结构的 VR 体验活动，让学生的参与更加有深度，让学习更加有意义。

参考文献

[1] 杨松耀，詹士昌. 国内"经验之塔"研究文献综述 [J]. 软件导刊（教育技术），2018，17（6）：90-93.

[2] 钟媚. 科学教育中的模型建构理论 [A] //全国教学论专业委员会第十一届学术年会暨第二届课程与教学论博士生学术论坛论文集，2008.

校企合作优质数字资源共建轨道交通精品课程

李 莉[1]，杨 绚[1]，张利彪[1]，刘金梅[1]，张 荐[1]

[1]北京交通运输职业学院

摘 要：城市轨道交通信号类课程所面向的系统和设备，具有覆盖面积广、故障影响大、故障定位难度高、维检修工作难度大等特点，信号技术人员实操能力的培养一直是企业关注的重点。本文基于校企合作共建课程数字化转型理念，对信号系统的特点进行研究，分析实训教学的难点及需求，提出基于校企合作共建数字化课程的保障及措施，通过校企合作共建优质数字资源，突破信号系统中多地联动故障处置的空间限制，精确记录学生操作，实时分析企业最新案例，有效助力解决高校和企业信号技术人员培养难问题。最后，以交通类职业院校核心课程"城市轨道交通列车自动控制系统维护"的设计和数字化资源打造为例进行说明。

关键词：城市轨道交通；信号系统；校企合作；数字化转型；列车自动控制

一、案例背景

近年来，随着职业教育改革的推动，为实现高质量、高效率地培养城市轨道交通企业所需的良好职业技能及素养的信号类人才，高职院校需将专业人才培养目标中的知识目标与能力目标有机融合，实现知识与能力相对接、学位与岗位相对接。❶通过校企合作的实训教学研究，可以有效缓解信号从业人员的工学矛盾，提升从业人员综合素质。❷

---

❶ 王丹丹，张琳娜. 城市轨道交通类专业实训教学体系的建设与应用研究［J］. 教育科学，2021（8）：472-473.

❷ 颜春梅，刘雯欣. 基于共建共融理念下职业技能公共实训基地建设与运行模式探究及实践：以轨道交通专业为例［J］. 现代职业教育，2022（8）：16-18.

本文针对高职城市轨道交通信号专业，分析企业对信号类实训技能的需求，提出基于校企共建课程数字化转型理念的信号数字化实训教学保障及建设措施，并以交通类职业院校核心课程"城市轨道交通列车自动控制系统维护"为例探讨实施过程。

（一）城轨信号类实训课程现状及需求

城市轨道交通信号系统设备布置范围涉及线路全部区域，即覆盖地点涉及车站、控制中心、车辆场段、列车车载、轨旁沿线等。不同地点信号设备的故障会产生种类繁多的故障现象和场景。企业调研中明确每次信号系统故障处置均需要多地点、多工作队联合组织抢修，才能最快地定位故障、恢复运营。在信号系统的实训教学中，如使用传统实训方法将实际设备无差别引入，就会产生实训空间受限、运营场景缺失、设备种类差异大、设备管理困难、故障案例库更新不及时等情况，造成典型职业活动实训不到位，不能满足企业对技能型人才培养的实训能力要求。

通过对城市轨道交通信号从业人员实训需求调研来看，希望受到信号实训课程培训的人员比例较高，其中需要故障应急处理能力培训的从业人员占比为77.26%，主要培训内容包括信号维护及维修实操技能等。❶

因此，需要针对城市轨道交通信号系统的特点，重新打造数字化课程，对接企业典型工作任务和标准作业流程，通过项目化教学改革，拓展系统级、跨区域、多专业的联合实训，校企共建专业化、数字化、网络化、智能化的专业实训资源，以满足行业企业需求。需要建设各类数字化资源，直观展示列车自动控制原理、维护维修规范操作、各专业协同应急处置等，同时更好地融入课程思政；需要建立以学生为中心的教学模式，应用智慧教学工具构建智慧教学课堂，增加交互，提高课堂效率和教学效果，实现线上线下结合授课；需要借助平台智能化的学习行为管理及准确的大数据分析改进课程评价体系，加强对学生学习效果的评价，整体提高课程教学质量。

（二）城轨信号专业课程数字化转型保障及建设目标

根据城市轨道交通信号专业实训课程特点及需求，建议从以下几方面进行校企共建数字化转型。

---

❶ 交通运输部职业资格中心. 中国交通运输从业人员发展报告：城市轨道交通信号工［M］. 北京：人民交通出版社，2022.

1. 产教融合校企合作

建立以高职院校协同企业作为创建高职院校办学模式的"双主体"实训教学保障体系，数字化资源实时对接最新技术发展及应用情况和企业的最新案例，培养学生实操动手能力及综合职业能力，充分发挥校企合作在专业人才培养上的优势，实现对城轨信号类课程教学实践的有效保障。

2. 信息化资源和资源库同步构建[1]

以资源库为中介，校企共建信息化资源，具有范围广、参与院校和企业多、跨地域合作等特点。依托"城市轨道交通信号专业教学"等类型资源库，将设备原理结构、设置原则、维检修标准、故障案例等内容综合进行信息化打造，以共建共管理念持续丰富资源库信息，推动信息化资源和专业资源库同步建设与持续更新。

3. 校企共建虚实结合数字化实训中心

虚拟仿真实训的建设与应用，在很大程度上缩小理论与实践的差距，尤其是面对地铁全线范围时，建设虚实结合的实训中心可以用最优化的资源实现对地铁全线情景的复刻。针对企业真实全线运营场景展示、多地联合故障诊断、实时数据下载更新、综合故障现场展示、全线信号网络检查等环节，可以借助信息化资源，在虚拟平台上进行；针对实际维护操作、故障修复、现场处置等需要手动实操处置的环节，则可以配合实体设备，在有限的空间内进行高精度细节化的操作。通过虚实结合的信号实训中心的建立，满足学生从更高层面完成对地铁信号系统全线的控制和操作，培养高技能人才。

二、实践过程

（一）对接企业任务，平台+资源建设，岗课赛证融通

对接城市轨道交通信号维修技术岗位，将课程进行项目—任务式重构。项目设置依照企业"区域责任制"要求，构建中心、车站、车载、全线4个模块化教学项目，重在培养列车自动控制系统的故障预判、分析、诊断和修复能力。课程内容对接无人驾驶设备维护检修新技术、《列车运行控制系统车载设备运用与维护》1+X证书中高级的考核内容、金砖国家职业技能大赛"铁路信号设备维护技能"赛项。构建"MOOC+学习通"精品线上平台，以"自主国

---

[1] 魏顺平，魏芳芳，宋丽哲. 基于职业教育专业教学资源库的高职院校校际合作结构与特点分析[J]. 中国职业技术教育，2021（17）：31-40.

产虚拟仿真软件资源+校内外实训基地硬件资源"为支撑的混合式教学。

（二）校企共建数字化实训资源，利用平台有序推进教学环节

配套资源对应课程4个项目16个任务的知识点，基于城市轨道交通通信信号技术专业教学资源库建设，同步打造虚实结合教学资源。在需要进行多地点、跨专业、全线范围内的故障处置环节时，利用依照国产主流全自动列车控制系统开发的"全景信号系统VR仿真实训平台"，引导学生在地铁全线范围的全景仿真环境中，通过跨专业合作方式复现并定位故障点，提升对全线信号系统的操控能力；在需要进行机械类操作的终端信号设备，配置实体信号实训室，例如包含列车自动控制实训室、轨道交通联锁系统实训室等[1]，提升学生精细化动手操作能力。通过打造虚实结合实训教学资源，利用平台有序推进实训环节，满足企业技能人才实训需求。

（三）对标工作流程，利用线上数字化平台功能，建立"4A排故"教学模式

充分挖掘线上数字教学平台功能，推动教学环节，实现任务驱动教学模式，课程思政全程融入。即与企业工作流程对接划分课时，建立"故障预判（Anticipate）、原因分析（Analyze）、方案制定（Ascertain）、修复改进（Aim）"的"4A排故"递进教学模式，并进一步细化为规范操作12环节。利用线上平台功能，通过微课、动画、案例、抢答、讨论、分组等信息化资源和手段，推动教学模式12环节有序开展，线上数字平台可以有效记录学生学习和参与数据，同时立德树人课程思政全程融入。

三、实施成效

（一）认知实践能力增强，攻克薄弱环节

通过丰富的数字化教学资源、多样化教学手段支撑，学习平台测试结果显示，学生在测试环节成绩提升，同时通过仿真软件数据分析成绩显示，学生对故障数据分析定位的时间缩短，效率提升。100%的学生能够依照教师引导，对标企业"4A排故"规范流程，完成全过程列控故障诊断检修任务，学

---

[1] 李莉，张伟华，张荞，等．轨道交通联锁系统实训课程教学研究[J]．中国现代教育装备，2021（1）：114-115．

生整体的排故逻辑思维有效提升，岗位工作适应力提升。例如，在教学难点"析数据"环节中，仿真软件数据分析成绩显示，学生对故障数据分析定位的时间由 3 分钟缩短至 1.5 分钟；教学难点"排故障"环节中，企业专家评估结果显示学生规范维修操作比率由 62% 提升至 85%。

（二）创新"故障大数据分析"模块融入教学实践

团队首次依据国产主流全自动列车控制系统，开发"互联网＋实训设备"的"全景列控系统 VR 仿真实训平台"，创新性增加"故障大数据分析"教学模块，解决故障数据分析耗时长、难度高等问题，提升学生适应现代网络与大数据化应用能力，可借鉴推广。

四、反思总结

通过校企合作共建城市轨道交通信号系统教学数字化转型。经过两个学期的课程实施，从综合评价中可看出学生的知识技能目标达成，认知实践能力增强，职业素养持续提高，学生获得更高的企业认可度。校企共建信号实训基地的运行，为高校和企业信号从业人员提供全面的教育途径，缓解从业人员工学矛盾，有效培养适应城轨信号技术快速发展的工匠型人才。

另外，数字化资源需要持续完善，例如目前仿真评价部分数据需要教师人工导入学习平台，增加教师工作量，需要与企业持续沟通，共同开发和完善教学软件与学习平台互联互通功能。

乐高式的数字化转型
——以博物馆教育信息资源库的构建为例

吴 燕[1]，李 静[1]

[1]北京市朝阳区水碓北里幼儿园

摘 要：借助信息化技术，对幼儿园已有的博物馆课程资源进行数字化加工，通过重新解构、多维编码、迭代更新，构建幼儿园博物馆信息资源库。在资源库的构建与利用过程中，形成教师信息素养提升、幼儿自主探究、家园共育双边互动的良好局面。博物馆信息资源库的构建也为幼儿园其他课程资源数字化转型提供经验，即挖掘已有资源，利用信息化让"老资源"焕发"新活力"；多角度标签化处理，让"单一资源"变"多元资源"；深挖扩充，让信息资源由"薄"变"厚"，在构建与使用中促进师、幼、家、园共成长。

关键词：博物馆；信息化；资源；教育实践

《北京市"十四五"时期教育改革和发展规划（2021—2025年）》中指出，数字教育推进要更加深入，用科技为教育注入新活力，提供丰富多元的数字教育资源。《北京教育信息化"十四五"规划》中也提出，要使信息技术与教育教学全面融合，形成一批具有特色的教育教学新模式。如何挖掘并利用现有资源，使其转化为丰富多元的数字教育资源，是幼儿园信息化改革与实践中面临的新挑战。

一、案例背景

浏览收集数字资源丰富信息、借助软件简单加工各类资源为我所用、制作多媒体课件服务教育教学，已经成为幼儿园教师的必修课之一。随着《北京市中小学教师信息技术应用能力提升工程2.0实施方案（试行）》与《朝阳区幼儿园和职业高中教师信息技术应用能力提升工程2.0实施方案》颁布，单纯的制作课件已经向数字化资源的挖掘、整合与利用转变。《"十四五"国家信息化规划》中指出，要能够针对不同阶段教育对象的不同教育需求，建设支持育人全过程、动态更新的高质量数字教育资源。由此可见，单向的数字资源利用应向利用与建设的双向并重转型，这就要求我们既要有目的、有计划地指导教师提升信息化应用能力，也要不失时机地对园内已有文本资源进行再次收集、整理、数字化加工、保存、传播与利用，双向助力推动幼儿园的数字化转型。

朝阳区水碓北里幼儿园自2016年左右开始博物馆社会实践活动，在此项活动中，教师结合幼儿年龄特点与博物馆馆藏特点设计内容丰富的"任务手册"，通过观展须知、展品欣赏感知、展品互动游戏等方式帮助幼儿建立起与博物馆的"对话"，使幼儿在游戏互动中与展品互动，获得博物知识，增进博物情怀。随着活动的不断深入与观展条件的改变，带着手册走进博物馆也出现了一些问题，例如：人手一册利用率低，无法重复利用；感受方法单一，缺少多感官体验；等等。面对这些问题，我们萌发了一个大胆的想法——将纸质文本转化为数字化符号，让原有高结构、单一的博物馆任务手册变为低结构、多元的博物馆数字资源库。

二、实践过程

带着这些想法，我们开始了一系列的探索与实践。

（一）拆解任务册，由"高结构"向"低结构"转变

幼儿园近八年的博物馆教育实践积攒了丰厚的手册资源，所有的手册资源都需要进行数字化转型吗？为了确保数字化转型的手册质量和内容有所保障，我们对已有的手册资源按照"馆—年龄班"进行再次梳理，优中选优，挑选出三种类型的9本高质量手册进行数字化转型。

对于已经筛选出来的博物馆任务手册，如何对其进行数字化转型呢？是直接将其整本变为电子资源供教师或家长使用吗？核心小组成员经过多次头脑风暴后，一致认为，整本直接转型，无异于原有的任务手册，依旧限定了幼儿在博物馆中的互动内容与互动形式，不利于幼儿的自主探索，无法体现信息化的整合、收集与利用优势。通过将其中的内容进行拆分，使之成为一个个碎片化的"低结构"素材，运用扫描、转录、软件制作等方式，将其转变为高清电子图片、游戏互动程序、视频或语音，并上传至资源存储云平台，这样形成的博物馆教育资源库才能为日后幼儿、家长、教师按需选择提供条

件与保障。

（二）重组资源库，由"单维度"向"多维度"转变

庞杂的资源库建立后，新的问题又摆在我们的面前，预想中的"选取"如何实现呢？为此，我们再次对资源进行梳理，按照教师、幼儿与家长的搜索需求，对资源进行门类划分，并为不同的门类贴上了"小标签"，如年龄班、自然博物馆、古生物、博物馆互动小游戏等。这些标签最大的特点是多维度，比如：在年龄班下，既可以搜索到不同年龄班的适合参观的博物馆，也可以搜索到与之匹配的博物馆互动小游戏；检索博物馆互动小游戏，也可以发现不同年龄班的游戏内容。这样，不论搜索者的角色和需求如何改变，都可以通过输入多个关键词的方式逐步缩小搜索范围，快速找到自己需要的资源内容。

（三）迭代更新，由"广搜集"向"擅利用"转变

手册的数字化转型完成并不意味着资源的构建结束，信息资源库需要根据幼儿需求及需要不断地进行更新与完善。在持续更新的过程中，我们继续深挖博物馆教育资源，结合《朝阳区幼儿园和职业高中教师信息技术应用能力提升工程2.0实施方案》，鼓励教师利用自己的空余时间，走进不同的博物馆挖掘适合不同年龄段幼儿参观的展品内容，将其进行信息化处理。例如：上传高清图片，并围绕其外形、尺寸、背景信息等内容以符合幼儿年龄特点的方式展开详细介绍；围绕展品设计生动有趣、富有教育价值的互动游戏。

三、实施成效

博物馆信息资源库的建立，有效借助信息化技术解决了幼儿园当前教育教学实践中的现实问题，实现了信息化与教育教学实践的深度融合。一方面让"一次性"的手册资源成功转型为可重复利用、可视化、可自由重组的低结构信息资源；另一方面提升了教师的信息化素养，促进了幼儿的自主探究，丰富和提高了家园共育的内容和质量。

（一）操作探索，提升教师信息素养

信息资源库的构建过程是教师不断探索各种软件，根据需求展开实践操作的过程，在"素材解构—数字化处理—标签编码—搜集扩充—实践应用"的一系列过程与环节中，教师利用各类软件对素材内容进行处理，使其内容

高清；利用音、视频软件为其配上详细的介绍；在方桌云软件中对每一素材进行标签化处理；借助搜索引擎技术收集筛选博物馆资源，对其进行信息化处理；围绕展品内容借助 PPT、短视频等多种手段设计生动有趣的互动游戏……经过这一系列的操作实践，教师的各类软件应用、信息资源收集整理、资源整合等能力均有了不同程度的提升。

（二）模式创新，实现双边家园共育

高质量的家园共育是幼儿教育的有力支持。博物馆信息资源库的建立，为教师、家长提供了更为丰富和多元的博物资源。教师或家长根据自己的需求在资源库中进行信息搜索，资源库会按照参观步骤给予信息导览，初次开展博物馆教育实践活动的教师或家长既可按照信息导览中的博物馆活动开展步骤，进行每一步的资源搜索，也可根据自己的实际需求，直接输入标签进行精准搜索，如输入"参观"，则会弹出针对不同类型博物馆的观前准备素材，大家可以根据自己的实际需求进行选择。在对一个个的碎片化资源进行收集整理后，便形成了一本符合参观者实际需求的个性化任务手册，让不出门就能浏览不同类型的博物馆和展品成为可能。

信息化的家园共育活动转变了以往家长被动的传统局面，使家长从以往的活动配合者、参与者，变为互动的策划者、组织者，进一步提高了家园共育活动质量。

（三）交还权力，支持幼儿自主探究

博物馆信息化资源库的构建，也转变了幼儿参与活动的方式与角色。以往借助高结构的手册进行博物馆参观时，与哪一个展品互动，以何种形式进行互动，都是成人预先设计好的，幼儿是被动式的"主动参与者"。而信息资源库的建立，将博物馆选择权、参观权、互动权完全交还给幼儿，幼儿可以根据自己的兴趣与需要开展个性化的自主探究，自主选择想要参观的博物馆、展品内容以及互动方式，开启自己独特的实践之旅。

四、反思总结

博物馆数字资源库的建立，让我们看到了信息化技术高速发展为创新教育教学实践模式提供的有力技术支持，在教育数字化转型的过程中，我们应关注以下几点。

（一）注重原有资源的挖掘与再利用，让"老资源"焕发"新活力"

每所幼儿园都拥有丰富的教育资源，对原有资源的传承与创新是信息化改革中应遵循的重要内容。在数字化转型中，应从挖掘入手，对园内已有的资源内容进行充分的收集整理，结合园所的发展需要及实际需求对其进行筛选与价值判断，遴选出具备数字化转型价值的课程内容。如具备可重复利用、易进行小单元处理、符合时代发展要求、符合新时代教育理念等条件，再将其按照构成要素进行拆分、细化，使之成为可自由组合的、碎片化元素。这样，原有的资源就会焕发出新的科技活力。

（二）注重多角度标签化处理，让"单一资源"变"多元资源"

数字化资源转型中的关键一环就是对资源的标签化处理，使之能够在众多检索中脱颖而出。在对教育资源进行数字化转型的过程中，还应关注多角度进行标签化处理。一方面，可根据资源的不同特性，如内容、形式、领域等多种维度，对资源进行归类整理；另一方面，对于同一个资源可以标记多个维度标签，便于搜索者逐步缩小搜索范围，快速找到所需资源。

（三）注重资源深挖扩充，让信息资源由"薄"变"厚"

资源库的建立并非一朝一夕，俗话说"问渠那得清如许，为有源头活水来"，只有不断地丰富扩充资源库，信息资源才能发挥其强大的教育支撑功能。在基本的创建工作之后，园所需要根据实际对其内容进行不断丰富、更新。一方面，根据建立好的标签，将新的内容分门别类填充进去，使园所的信息资源库内容不断完善；另一方面，当已有标签不能满足碎片化内容时，及时调整修订标签内容，使其发挥便捷查找的功能优势。

由"高结构"的任务手册，到"低结构"的个性化线上定制手册，博物馆信息化资源的建设过程让我们充分感受到信息技术与教育教学融合中迸发出的新智慧，也让我们充分感受到幼儿园在教育数字化转型实践中，应创新工作思路、综合运用信息化技术手段，挖掘利用优质资源，形成既发挥教师主导作用，又发挥幼儿主体作用的"主体—主导相结合"的良好教育教学结构模式，让信息化真正成为服务幼儿、促进幼儿全面发展、培养未来优秀人才的有力手段。

智能交互方式下中学体能训练课程体系模式研究

甘洁莉[1], 冯天骄[1], 王德智[1]

[1] 北京师范大学实验华夏女子中学

摘　要：体能单元作为独立的教学单元，承担发展基础体能、为体质健康标准测试项目、专项学习、体育中考服务，达到全面发展学生身体素质的目的。面对体育中考项目多元化、体育教师专项特点不同、新中考教师备课压力加大、师资不足等问题，利用智能交互的方式，构建系统的体能课程体系，寻找一种高效实效性强的课程模式，实现体能课程系统化、可操作化的目标，既能减轻教师备课压力，也提高了课程练习效果。

关键词：智能交互；体能训练课程

一、模式构建背景

（一）模式介绍

1. 智能交互方式

智能交互是信息化的进一步发展。指的是通过计算机输入、输出设备，以多种方式实现人与计算机的互动，达到更好的用户体验。目前市面上的交互应用领域广泛，有语音交互、姿势交互、头部跟踪交互、视觉跟踪交互等。

在体育训练上用到的交互方式，只有 AI 人像捕捉的方式，通过屏幕完成不同位置的移动、跳跃等交互游戏类产品，在体育训练的智能交互领域空白。本研究的智能交互方式，通过墙面投影展现，内置高速激光雷达实现人与墙面触控，支持中学体育课堂循环进行徒手、搭配小工具和墙面互动训练。训练过程中记录使用者触碰墙面目标的有效次数、时长、心率次数等，训练结束后即可看到训练成果与时间数据，打造全信息化体育课堂。

2. 智能交互方式下中学体能训练课程体系

结合初中学生人教版体育教材所需要的身体素质涵盖的身体训练内容，完成视频数据库的开发，视频库内容的构建包含准备活动、体能训练、拉伸放松、赛事活动、拓展课程。最后，通过智能交互的方式，呈现体能训练课程。

（二）现有教学模式的难点及不足

（1）课改后的教学新领域，教师体能训练水平参差不齐，通过不断教研的方式，也无法达到系统化教师能力的提升。
（2）教师对体能训练课程安排的标准不一。
（3）体能训练课程的设计比较枯燥，学生学习和练习的兴趣点低，参与度不高。

（三）模式目标

通过智能交互系统，呈现中学体能训练课程，寻求一种高效优质的课程模式，打造兼备趣味性功能、实时评价功能、心率监控功能、大数据分析功能、辅助教学功能、专业体能指导功能的全信息化体育课堂。通过交互课程模式，减轻教师备课负担、超课时体力负担、课后服务体育教师资源不足的问题。为学生打造阶梯上升，涵盖学练赛评的、系统化的体能训练课程，为后续不同的项目学习做准备，提高体育课堂的趣味性。

二、实践过程

（一）模式的类型

在课堂上，采用不同的组织教学模式呈现课程教学。体能训练课程视频数据库中一共包含四种课程：常规训练课程、自主化训练课程、拓展课程、赛事活动。

1. 常规训练课程

常规训练课程是一种固定课程的模式，视频库中提前准备 10 节力量训练课。目标是培养学生基础力量素质，指向体质健康测试的能力提升。课程的形式由单一动作到组合动作、由徒手动作到器械动作。课前，教师选择需要完成的课时内容，熟悉课程内容。课上，教师准备器械，点击视频设备开始课程，在教师的带领下学生完成课程，教师完成教学、鼓励、纠错的任务。

2. 自主化训练课程

自主化训练课程是通过教师设定的具体课程目标，对视频库中的动作进行自由组合，选择需要的课程内容，完成课堂教学的一种形式。课前教师需要完成的工作包括：确定课程训练目标，在视频库中选择准备活动，选择课程内容的若干个动作进行组合，选择拉伸活动。在课堂上，教师完成课程编排内容的呈现。这样的课程方式，可以让教师在拥有一定体能训练基础知识以后，提高自主选择和编排课程的能力，既确保了课程的规范性和科学性，也保证了课程的自主性和相应课程内容的针对性，最终实现课程的灵活性。学生能够根据当前学习的专项内容进行相应的体能训练，实现专项水平提高的目标，发展学生的身体素质。

3. 拓展课程

拓展课程是提升挑战难度、激发学生学习兴趣、增加课程知识领域广度的重要手段。在视频库中，可提前准备好瑜伽等课程内容。教师学习课程后，将其穿插在体能训练课程中。另外，有能力的教师可将教学的想法录制成课程，同步到视频库中，形成一个大家可同步使用的内容。

4. 赛事活动

赛事活动是体能训练课程的一种课外延伸。通过视频库，设定具体的比赛环节、内容、规则，并进行示范和讲解。教师在完成学习后，进行课程游戏的呈现、体能挑战赛等教学活动，检验体能训练课程的教学成果，提升学生课程学习的兴趣，发现学生学习的薄弱点，从而进一步改善课程教学，为提高学生的身体素质服务。

（二）专门的体能训练场所、训练器材与设备，合理的训练时间安排

在一个宽敞的教室中，利用一面装有智能交互设备的墙面，通过智能交互系统充分地发挥科技赋能，将 AI 与体育体能课融合，打造专门的体能训练教室。在课程教学中，通过墙面互动，实现互动与实时评价，利用哑铃、壶铃、跳栏等小工具进行循环训练，实现高强度高密度的课程要求。

（三）训练过程

40 分钟的初中体能训练课程，其正式部分包括两部分内容：一部分为墙面交互内容，另一部分为非交互内容。这两部分内容将学生分成两个不同的组别，在规定的时间内，墙面交互的组别完成相应的与墙面互动的训练内容，学生间有竞争，墙面上会实时显示学生完成的个数、打击的力度、高度等，

满足实时评价的需求，激发学生的训练积极性。在同样的时间里，非交互组别的学生分为三组，分别完成三个不同的动作，训练动作的选择在自选模式中，可根据训练的要点在课程前进行提前设定。交互与非交互组分别都完成一组动作后，三组学生进行循环交换动作，直至三组学生完成了一次组内的循环后，交互组和非交互组再进行大组的交换，然后进入下一个循环的动作。

整节课的运动平均心率控制在 140 次/分左右的范围。为了避免传统教学中体能训练的枯燥，提高学生的兴趣，克服时间的限制，可在课前先确定今天要练习的部位，然后挑选几种教学方法跟随音乐，按照教师限定的时间进行练习。

（四）训练效果的评价

1. 体能测试过程性评价体系

体育与健康课程标准中要求教师的评价应该贯穿学生学习的整个过程。不仅要关注学生的学习结果，更要关注学生的成长和发展的过程。因此，体能训练也需要有相应的过程性评价的指标。它是根据教学设计制定的目标，在整个教学过程中，通过各种手段评价学生的学习效果是否达到预期的一种手段。

在每一节体能训练课程上，首先，要关注学生完成单个训练动作的质量。其中应该关注的过程性指标包括学生完成动作时间快慢、在同等时间内完成个数多少、触高练习时高度的变化、完成动作时打击力度大小、投准项目中打击的精准度等不同练习内容的实时评价设置。通过课程中"赛"的方式，呈现这些评价指标。

其次，应该关注学生练习的密度和强度。它的评价指标主要通过学生主观出汗量的多少进行自身的评价。另外，我们可以通过佩戴心率带的方式，对学生的心率进行实时监控，实现科学的训练目标。

再次，学生在学习过程中表现出来的学习态度也是过程性评价的一个重要维度。可以通过学生在课堂上积极参与练习的情况、积极发言的次数、示范、保护帮助的次数等情况，形成对学业态度的过程性评价。

最后，过程性评价中还包括学生在每一次赛事活动中的表现，通过参与的次数、参与结果等来评价学生在体能训练上的收获。

过程性评价是为了实现核心素养所进行的综合评价，目的主要是根据核心素养的要求以及课堂学习内容的完成情况，评价学生课堂学习过程中是否能积极地参与体育活动，课后能否真正将学习的知识应用和迁移到生活中，能够有较高的运动积极性，最终养成终身体育运动的习惯。这种评价主要是为了评测学生体育行为的可持续发展性，是一种激励性的评价。

另外，教师是体能训练课程主要的设计者，为了提高课程的训练效果，也应该相应对教师进行持续的教学评价。

对于教师的持续性评价，可以通过课前查看教案的方式，帮助教师找到教学设计中存在的问题，完善单元教学设计。课程改革后，体育课最基本的目标是促进学生的身体健康，因此，课堂教学强度和密度是评价教师课堂是否务实的重要手段。另外，通过比赛和教学场景的设计，查看课堂的设计是否唤醒学生体育学习的内在动力，是否能将技术组合运用。

2. 体能测试效果评价体系

体能效果测试评价的内容是遵照《义务教育体育与健康课程标准（2022年版）》规定，使学生素质达到《国家学生体质健康标准（2014年修订)》的相应要求。初中体质健康每年的测试内容包括五个方面：50米跑、立定跳远、坐位体前屈、引体向上（男）/1分钟仰卧起坐（女）、1000米跑（男）/800米跑（女）。

三、实施成效

（一）体能训练教练员夯实理论基础，实现"全能教师化"

传统课程的弊端是教师对体能训练课程安排标准不一。传统的老师，仰卧起坐、背肌练一节课；有学习的老师，用新的动作和工具参与课程，但仅能增加课程新鲜度，动作标准性存疑；有学习有思考的老师，能够做到课程创新，并达到训练效果，但每节课用于教学示范的时间很长，无法参与学生动作指导，无法检测运动密度。传统体能训练课程的设计比较枯燥，学生学习和练习的兴趣点低，参与度不高。

课程体系建立后，能规避教师专项不同所带来的综合体能训练短板，用直观的动作教学方式，让教师在这个过程中提高体能训练的知识方法储备，形成训练的系统，拥有更多时间参与学生的动作辅导，实现"教师全能化"发展。

（二）提升教练员的训练实践能力

固定课程模式，让不同专项的体育教师把握体能训练的原则，学习正确的动作模式与训练方法，形成正确的训练模型。自主编排课程模式，让教师在固定课程模式学习基础的方法后，进行自主编排课程，视频库的动作选择确保了课程内容示范的规范性，课程流程时间的确定让课程保持同样的强度和密度，既有编排自主性，又保证了课程效果，提高了教练员的训练实践水平。

四、反思总结

（一）把握训练强度，控制训练量

这样的体能训练方法与传统体育课体能训练的方法最大的区别在于所有的动作在音乐的伴奏下完成，有准确的休息时间，视频真人示范，学生安静的听及教师讲解的时间大大地减少了，基本上一节40分钟的课，有38分钟都是在练习的过程中，因此课的运动密度较大，学生能产生更好的练习效果。

（二）体能训练实用化

体能训练课程模式符合课改后大单元的需求，包含了以下几个元素。

（1）学：交互课程内含运动视频教学模块，方便教师做更深层细致的教学指导，让学生更容易掌握，并且更具趣味性。

（2）练：交互训练采用与墙体互动，教学内容丰富，采用游戏与竞赛的形式，更容易激发学生的运动兴趣，提升学生当下的运动状态。

（3）赛：交互赛事模块，课堂中快速将课程转成竞赛，进一步提升学生的运动能力，充分发挥团队竞赛效果。

（4）评：通过智能交互设备实时监控学生运动数据及身体数据，确保安全有效，课程中及课程后显示学生运动数据，以方便课中及课后教师进行有针对性的点评。

在 VR 虚拟实验室开展学科实验课程探究

李雪萍[1]，马育红[1]，汪改生[1]，平国志[1]，王俊霞[1]

[1]北京市延庆区第一中学

摘　要：在教育信息化的时代背景下，虚拟现实技术得到大力发展，VR 虚拟实验成为实验教学的一种有效手段，被广泛应用于实验教学领域。本研究将 VR 技术引入高中物理、化学、生物学科实验中，探索将沉浸式虚拟现实技术（VR）与实验课程相融合，探究 VR 在学科实验课程中有效性、应用效果，为学生提供数字学习资源，丰富学生知识，拓展学生视野。

关键词：VR 技术；虚拟实验；学科实验课程

一、案例背景

近年来，随着计算机技术的迅猛发展，将虚拟现实技术引入实验教学中而形成的虚拟现实实验室日益受到人们的关注。虚拟现实技术（Virtual Reality，VR）越来越多地被运用到医学、军事、游戏、教育等领域。虚拟现实以其沉浸性给人们带来逼真的、身临其境的感觉，将 VR 融入中小学教育中势必给学习者带来新的体验。将 VR 引入高中物化生实验中，将沉浸式虚拟现实技术（VR）与实验教学课程相融合，为学生提供数字学习资源，丰富学生知识，拓展学生视野。

（一）理论基础及概念界定

1. 沉浸理论

1975 年，美国芝加哥大学米哈里·契克森米哈赖（Mihaly Csikszentmihalyi）博士首次提出沉浸理论的概念。人们在投入一种活动时会自动过滤掉身边一切不相关的因素，完全沉浸在自己所专注的事情上，当学习者沉浸于自己的世界时会忘记时间的流逝，感觉时间过得很快，这样的状态更专注，最能发挥学生的主观能动性，学习效果也更显著。在 VR 虚拟实验室开展学科实验课程中运用 VR 设备进行实验，学生戴上头盔，手持实验操作的手柄，能够更好地沉浸在虚拟仿真实验中，更容易集中注意力。

2. 建构主义学习理论

建构主义学习理论对本文的虚拟仿真实验具有启发，VR 虚拟仿真实验作为实验教学方式的一种，为学生创设良好的学习情境，让他们在虚拟环境中自行探索，自己建构知识，让学生在接近现实的实验环境中做实验，培养他们的动手能力和创新思维。

(二) 学校资源现状

延庆一中坚持"生态教育"为特色的教育理念，通过充分开发校内外优质教育资源，促进国家、地方、校本三类课程协调发展，致力于构建以发展学生核心素养为导向的具有"适应性、选择性、丰富性"的生态课程体系。通过 VR 学科实验课程建设，丰富学校课程资源，满足学生发展个性特长、奠定实践基础、激发探究潜能、培养学习兴趣等需求。

学校新建了 VR 实验室，建有配套的 VR 硬件设备，软件配置了高中物理、化学、生物三个学科的全科 VR 实验资源，同时还提供了 VR 创意作品设计开发平台，为课程的开设提供了良好环境，为开发应用 VR 实验资源提供了硬件保障。延庆一中 VR 实验室建设目标是将沉浸式虚拟现实技术与实验教学课程相融合，培养学生创新精神和动手能力，为学生提供自由动手实验的空间与积极思考和研究的平台，通过开展学科实验课程促进 VR 实验室数字化资源的应用。

(三) 研究目的

为了推动信息化更显著地助力教育教学发展，我们利用学校 VR 虚拟实验室资源的优势及特点，选择高中物理、化学、生物三个学科的实验课程，开展 VR 虚拟实验课程的实践案例研究，组织相关具有各自专长的教师成立课题组，力图通过深入探究，以期获得有效案例成果，为充分发挥信息技术在课堂教学中的显著优势，推动教育信息化紧跟时代发展作出应有贡献。对虚拟仿真实验的发展做更深入的研究和探讨，以丰富 VR 虚拟仿真实验在中学物理、化学、生物实验方面的研究，验证 VR 与中学物化生实验教学有效融合的可行性与有效性，为后期研究推广提供参考。

二、实践过程

通过对 VR 虚拟实验室的虚拟资源进行筛选、分类整理，开发完善功能，对相关学科师生进行资源使用培训，调动相关学科进行 VR 虚拟实验课程选择性开设探究，以形成有效的课程案例，最终在一定范围内加以推广，使之成为常态化实验课程的组成部分，以期达到利用 VR 虚拟实验环境特点和优势，提升高中理化生部分实验课程的教学质量，拓展学习空间，提高学习兴趣，增强学习主动探究能力、创造力。

筛选可用性实验资源。请物理、化学、生物三个科任课教师对 VR 虚拟实验资源进行全面研究，并筛选、分类整理，对部分实验进行完善性开发，形成可用性实验资源。

深入研究并熟悉资源调用技术，并对相关师生进行培训，使之熟悉资源情况并能够比较熟练调用。相关学科教师及课题组相关成员对 VR 虚拟实验课程的开展进行教研，形成课程开展规划和计划。

定期组织开展实验课程，及时总结改进，逐步积淀有成效课程案例并推广。

（一）每学期在高一、高二年级开设社团选修活动课

课程采用知识讲授、操作培训、分组练习与指导、小组合作探究、成果展示等方式方法；课程初步设计为每周 1 课时，每学期 10 课时，每学年共计 20 课时；课程场地：VR 实验室；学分评定：平时成绩和期末检测成绩相综合。

（二）课程管理保障

开设校本课程的教师撰写校本课程纲要并向学校课程中心进行申报，学部根据学期教学安排统筹规划开课时间，组织学生进行选课，开课教师撰写课时教学设计开始上课，开课期间教学服务中心和学部进行教学过程、教学评价的管理，课程结束时教师要对学生进行考核评价，考核结果要录入学生的综合素质评价系统，开课教师将教学设计整理上交课程中心审核存档。

（三）教学设计

教师针对课程计划进度安排，对每节课教学内容、学情、教学目标、资源、评价、活动等进行设计。

（四）教学实施

通过将 VR 技术应用到物化生进行虚拟仿真实验，学生可以在一个逼近于

现实的场景中反复进行实验操作,不用考虑时间、场地、成本和安全问题,既能帮助学生体验实验过程,又能培养学生规范操作的能力,激发学生学习兴趣和求知欲,同时还培养了学生的创新思维,让学生更加深刻地理解并掌握实验原理。学生可以自发组队去完成想要完成的化学实验,共同探讨实验中出现的各种问题,还能通过自拟条件,分析这些问题出现的原因。这样可以充分挖掘学生的潜力,引导学生大胆地创新和思考,培养他们勇于探索、团结合作的精神。

在具体的教学实施过程中,采用多媒体课件与基于 VR 的虚拟仿真实验软件进行授课,探究 VR 在学科实验课程中的有效性、应用效果及满意度。

三、实施成效

为了检验在 VR 虚拟实验室开展学科实验课程的应用效果,在实施 VR 实验教学之后对参与学习的学生发放调查问卷,并进行个别访谈,之后对调查结果进行数据分析得到如下结果(见图 1—图 10)。问卷采用李克特五点量表,共设有 10 道选择题。问卷分为三个维度:学习兴趣与态度、学习效果、应用软件的满意度。

对于本虚拟仿真实验是否可以增强学生学习兴趣这一问题的调查结果见图 1,81% 的学生表示赞同,17% 的学生持中立态度,2% 的学生持反对态度。对于是否会因为专注而忘记时间这一问题的调查结果见图 2,65% 的学生表示同意,22% 的学生保持中立,3% 的学生不同意,由此可以说明班上大部分学生的学习兴趣都得到了一定程度的促进,而兴趣是最好的老师,这对于学生的学习是很有帮助的。

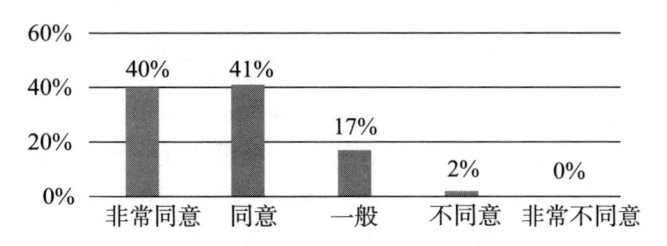

图 1　VR 实验增强你的学习兴趣

对于"虚拟仿真实验课时你的学习态度积极"这个问题的调查结果见图 3,71% 的学生表示同意,29% 持中立态度。对于是否期望老师用 VR 进行实验教学的调查结果见图 4,76% 的学生表示希望,只有 2% 的学生表示反对,

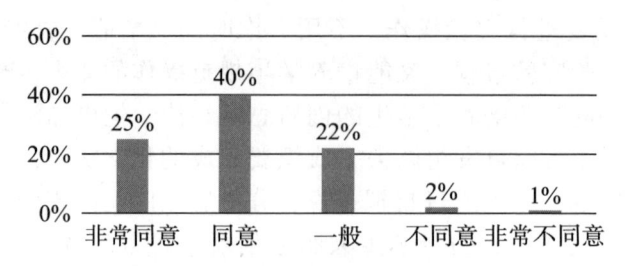

图2　VR实验使你专注忘记时间

由此说明大部分学生的学习态度积极，且虚拟仿真实验对于学生而言是一个不错的实验学习工具。

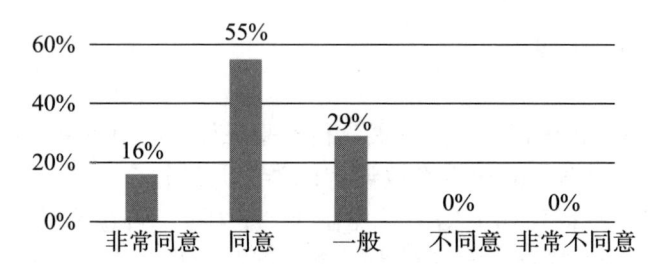

图3　虚拟仿真实验课时你的学习态度积极

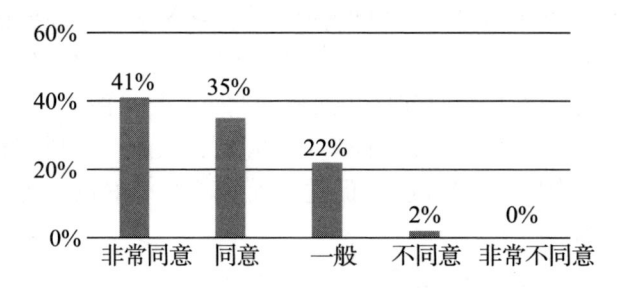

图4　期望老师用VR进行实验教学

学习效果方面，从图5可以看出87%的学生表示对实验原理、操作过程及结论的学习有了更深刻的印象，从图6可以看出73%的学生表示掌握了实验仪器的组装顺序及该实验的重难点。从图7可以看出80%的学生认为提高了自己的动手实践能力，图8说明74%的学生认为总体上这个虚拟仿真实验对实验的学习是有用的。由此可以说明，绝大部分的学生对该虚拟仿真实验软件的质量是认同的，且取得了较好的学习效果，对实验内容的掌握起到较大的辅助作用，具有一定的有效性。

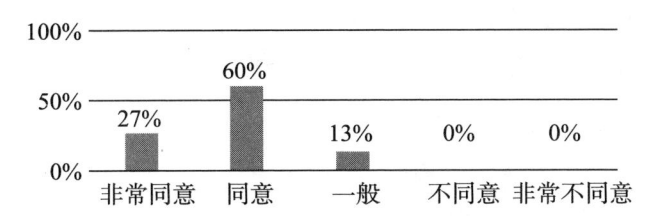

图 5 对实验原理、操作过程及结论有更深的印象

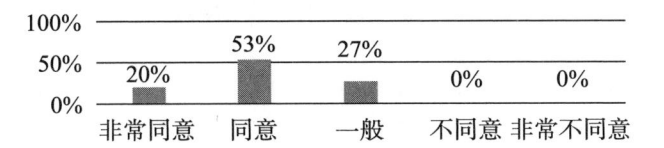

图 6 对实验仪器组装及实验重难点有更深的印象

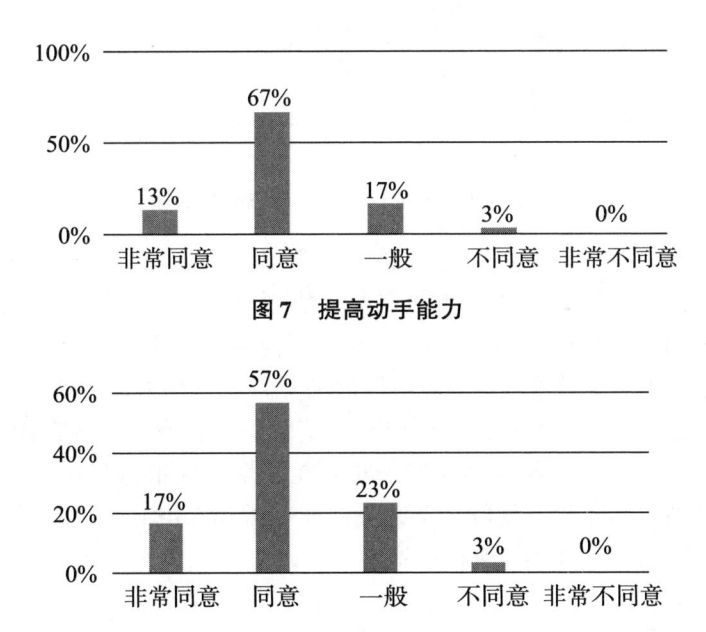

图 7 提高动手能力

图 8 VR 实验有用

VR 应用软件的满意度方面,从图 9 看出,80% 的学生认为运用虚拟仿真实验进行实验学习沉浸性强,能够让人产生身临其境之感;从图 10 看出,74% 的学生表示能够在虚拟仿真实验中自主选择学习模块、自主操作实验器材;由此可以说明,该 VR 虚拟仿真实验总体上得到了学生认可,满足了学生学习需求,将 VR 虚拟仿真技术应用到实验学习具有一定的可行性。

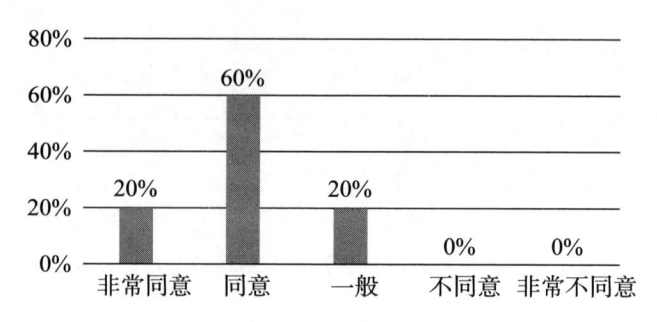

图9 沉浸性强有身临其境感

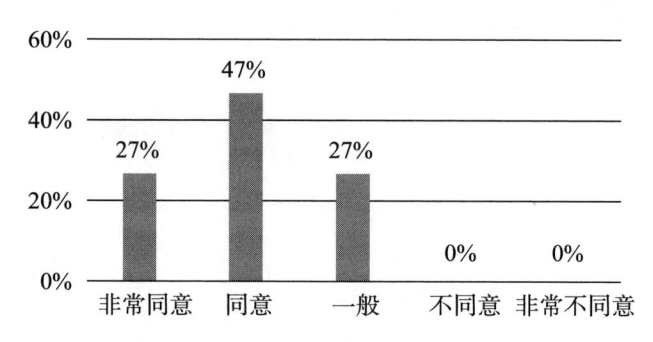

图10 能自主选择模块、自主操作实验

对 3 名学生进行访谈，通过对学生访谈记录的整理与分析，得知学生总体体验感不错，沉浸在三维立体的空间仿佛置身其中，觉得在学到知识的同时还收获了别样的体验，对实验的流程、实验步骤、实验注意事项等都有了更深的印象，希望能普及 VR 实验，同时还觉得用手柄去拿的这个过程就像真的伸手去虚拟世界拿东西一样，所以整个实验下来就像自己亲自操作了一样，令其印象深刻。此外还有学生提到，能够在安全的虚拟世界做危险性化学实验，是一种别样的体验，就像是玩游戏一样有乐趣。由此可见，学生对该 VR 虚拟仿真实验的满意度和接受度较高。

四、反思总结

通过研究发现，在 VR 虚拟实验室开展物化生学科实验课程，能够让学生变被动学习为主动学习，培养学生主动探索的精神，参加活动的学生对学科实验的兴趣得到激发，对物化生实验过程中的实验原理及操作过程有了更深的印象，实验操作技能得到提高，学生对实验内容印象更加深刻，促进学生对实验内容及流程的学习，在实践操作中锻炼自己的动手能力，促进学生核心素养的培养。小组在实验过程探究中合作交流能力得到锻炼和提升。VR 技术与物化生实验教学相融合符合教育信息化的发展趋势，是一项具有科学性与实用性的探索。VR 正在不断地发展与普及，将 VR 作为教学辅助工具和学生实践学习的工具，具有很大的应用前景。

目前 VR 虚拟实验室教学应用范围较窄，VR 教学实验仅在进行社团选修活动部分学生中进行，还未进行大批量教学实验。下一步将整改学生在 VR 实验中发现的问题，总结活动经验，鼓励任课教师结合学科教学实际需要科学合理应用 VR 实验室进行课堂教学。争取将 VR 实验室课间对全体学生进行全面开放，最大可能地发挥 VR 实验室应用辐射范围和提高 VR 实验室的利用率，使更多学生受益。

参考文献

[1] 陈小盼. 基于 VR 技术的高中物理实验设计与应用研究 [D]. 石河子：石河子大学，2021.

[2] 胡静. 基于 VR 的高中化学虚拟仿真实验的开发与应用研究：以危险性实验项目为例 [D]. 南昌：江西科技师范大学，2022.

[3] 郝瑞磊，赵洪芹. 高中物理实验中 VR 技术的应用分析 [J]. 高考，2019（6）：77.

[4] 汪紫婕. 探讨 VR 技术在高中物理实验中的应用 [J]. 数字通信世界，2018（1）：168，205.

聚焦新课标
——VR 技术引领劳动教育的数字化转型

李 岩

北京市西城区德胜中学

摘 要：在科技与社会相交融的时代背景下，教育数字化转型是教育回应时代变迁与现实发展的必由之路。《义务教育劳动课程标准（2022年版）》提出中学劳动课程要培养学生的劳动素养。在中学劳动课上，使用VR设备激发学生的学习兴趣和探究热情，通过设计和制作清代斗拱模型，让学生深刻感受到传统工艺中蕴含的结构美学与工匠精神，树立传承我国传统文化的观念，在进行劳动教育数字化转型的同时，全面培养学生的劳动素养。

关键字：新课标；劳动教育；数字化转型

一、案例背景

教育数字化转型是将数字技术整合到教育领域的各个层面，推动教育进行教学范式、组织架构、教学过程和评价方式等全方位的创新与变革，实现教育的优质发展。《义务教育课程方案（2022年版）》将劳动从综合实践活动课程中独立出来，并规定平均每周不少于1课时。由此可以看出，劳动教育对全面贯彻党的教育方针、落实立德树人根本任务、培养德智体美劳全面发展的社会主义建设者和接班人具有重要的意义。

本课例在劳动教育新课标的引领下，借助现代VR技术构建真实的情境，引导学生了解和探究中国传统建筑中的斗拱，帮助学生在感受传统文化精髓的基础上，使用木工工具设计和制作斗拱模型。不仅让学生在观察、探究、设计和制作的过程中提升自身的劳动素养，同时也对劳动教育的数字化转型路径做出新的探索。

二、实践过程

（一）课程设计

建构主义理论认为，学习者要想真正获得知识，必须要在所构建的真实情境下，亲身发现和应用复杂的信息。本课程在建构主义理论框架下，从故宫中的斗拱入手，使用 VR 设备中的《故宫建筑——斗拱》案例为学生创设真实的问题情境，激发学生对复杂而美丽的斗拱结构的探究和学习热情。然后，让学生对斗拱的起源和演变进行自主探究。斗拱的产生和发展有着非常悠久的历史，最早可见于战国时期。因此，让学生自主探究获取知识信息十分必要，有助于学生对中国传统建筑文化有更深入的了解。

了解斗拱结构的组成和演变之后，就可以引导学生以小组为单位，使用教师提供的木工工具和桐木木条进行斗拱模型的设计和制作了。让学生在动手实践的过程中发现问题、解决问题。完成作品后，教师根据评价标准组织学生进行小组展示和组间互评。课程实施过程如图 1 所示。

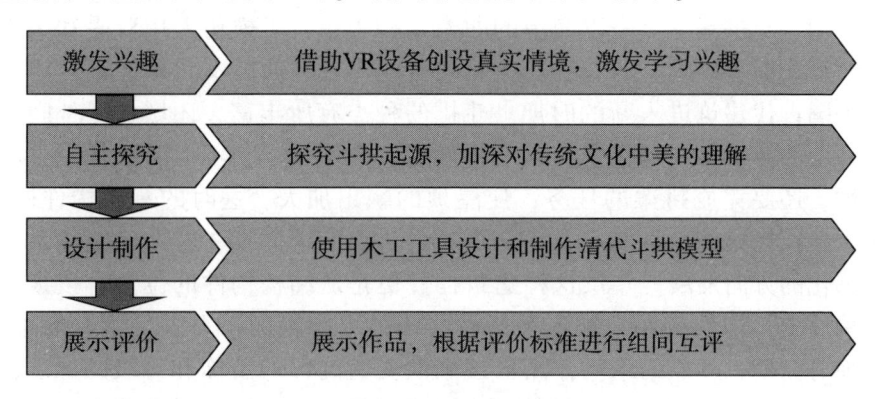

激发兴趣	借助VR设备创设真实情境，激发学习兴趣
自主探究	探究斗拱起源，加深对传统文化中美的理解
设计制作	使用木工工具设计和制作清代斗拱模型
展示评价	展示作品，根据评价标准进行组间互评

图 1　课程实施过程

（二）课程实施

斗拱是艺术与科技的结合，其艺术之"美"在于形式的多样，融合了传统的对称美感及多层次的立体美感；其科技之"美"则体现在结构具有良好的抗震缓震能力。在劳动课上让学生通过自主探究了解和掌握斗拱的构成、用途和发展过程，并以小组合作的方式，利用 5 节课来完成斗拱模型的设计与制作。

1. 激发兴趣

为了能够更加真实地体验斗拱的结构之美,学生利用沉浸式虚拟现实系统(VR)中的《故宫建筑——斗拱》案例进行观察。整个 VR 案例向我们呈现出一个完整的斗拱结构和三个具有独特功能的斗拱构造:柱间斗拱、柱头斗拱和转角斗拱。得益于 VR 系统构建的虚拟现实情境,学生不仅可以身临其境地观察构成斗拱的每一个部件,还可以通过 VR 系统中的拆装与移动功能对斗拱进行虚拟拆解和搭建,从而更好地对斗拱结构进行全方位的细致观察,极大地激发了学生的学习兴趣和探究热情。

2. 自主探究

了解斗拱的结构之后,学生开始借助互联网进行深入探究,探究的内容主要包括斗拱的起源、类型以及功能。斗拱是中国古代建筑所特有的构件,它由斗、拱、翘、昂、升五个基本部件组成,纵横交错层叠,用来支撑荷载梁架、挑出屋檐,将屋檐的荷载经斗拱传递到立柱。它既是承重结构,又可以起到防震和装饰的作用,是中国木构架建筑结构的关键性部件,也是我国古典建筑显著特征之一。

斗拱的发展过程是一个由简单到复杂、由实用结构构件到装饰构件的过程。早期,斗拱基本上是以简单的曲枺结构为主,以模仿人用双手和头举过头顶的形式而造成的。随着魏晋南北朝时期佛教和西方文化从丝绸之路的输入,中国古代建筑进入新的时期。斗拱的种类有所丰富,还增加了补间上的和角柱上的斗拱,并且整个斗拱的构件也大大增多了,不但要承托上方屋顶的荷载,还要完成挑梁的任务,使屋顶的飘出加大。这时的斗拱构件硕大,是唐宋建筑风格的共同特征,十分震撼。进入明清时期,整个建筑体系开始朝装饰化的方向发展。斗拱这种建筑构件更是从结构构件的位置直接被置于装饰构件上,构件变小,被各种彩画装饰得更加艳丽,失去了原有的雄浑。到了晚清时期,斗拱的结构作用已逐渐演变为纯粹的装饰和等级的标志,且被皇家据为已有,不得在民间使用。现代建筑也会运用斗拱的建筑构造,加之运用新材料、新工艺,更能吸引人们眼球。斗拱的千姿百态不仅扩充了传统艺术资源运用于设计空间,也表现了建筑本身的审美语言,对于传统文化的传承更具有不可替代的作用。

3. 设计制作

通过自主探究,学生对斗拱的结构和组成部分已经非常了解,开始以小组的形式进行斗拱模型的制作。

首先,借助电脑上的专用软件,按照比例分别绘制了柱头、柱间和转角斗拱的图纸,包括局部构件详图和整体组装图,并选用横截面为 $2cm \times 2cm$

的桐木木条进行设计制作。

之后，开始在桐木条上用铅笔按比例刻画主要线条，再用锯子、刻刀和砂纸等工具进行单个构件的制作。之所以选择质地较软的桐木条，一方面是为了更好地还原斗拱的木质效果，另一方面是为了便于制作。然而，在实际制作的过程中却发现，由于桐木的质地较软，在雕刻和打磨的过程中很容易折断。面对这个问题，同学们尝试了多种解决方法。最后大家发现，先使用胶水对木料表面进行涂抹，晾干后再进行雕刻和打磨可以有效解决木材质地较软的问题。

雕刻完毕之后，使用砂纸和打磨机对每个部件进行打磨并进行组装。同学们又遇到了新的问题，设计成型的部件由于误差会在组装的过程中出现过松或过紧的情况。通过试验，大家发现使用1000目的砂纸和打磨机对每个部件特别是连接处进行精细打磨，可以保证各部件在组装时能够严丝合缝。

4. 展示与评价

同学们看着自己制作完成的斗拱作品非常兴奋，而且这种兴奋是一种持久的体验。在展示与评价环节，制作小组的学生代表滔滔不绝地向其他同学介绍他们的设计灵感、制作过程、遇到的困难以及他们的解决办法。介绍完毕后，教师和其他组的同学则对他们设计和制作的模型给予了客观的评价，提出了积极的建议。此时，三个精致的斗拱模型展现在我们面前。同学们的脑海中也不由自主地浮现出古代工匠的身影，想象着他们顶着烈日、身处严寒在工地上忙碌着，一幢幢富丽堂皇、气魄雄浑的建筑在他们的手中诞生，心中的民族自豪感油然而生。我国的古代建筑在世界建筑史上是独树一帜的，而我们也有责任将它继承并发扬光大。

三、实施成效

传统的劳动教育无论在观念上、形式上，还是在效果上都存在着一定的缺陷。以分数为主要导向的评价模式将劳动教育推到边缘地位，一些学校开设的劳动课程流于形式，仅仅是进行单纯的手工技艺传授，没有让学生体验到劳动带来的乐趣和劳动蕴含的精髓，无法体会劳动的本质。本课例在以下几个方面做了新的尝试与探索。

首先，结合劳动教育新课标，选择适合的实践主题。斗拱，作为中国古代建筑特有的一项技术，是中国传统木构架法中最能体现结构美学特征的部分。新颁布的劳动课程标准要求学生通过设计与制作传统工艺作品，感受传统工艺中蕴含的人文价值和工匠精神，斗拱的独特之处在于以榫卯结构交错叠加而成的承托构件，可以不使用一颗钉子就把一个宏伟的建筑建造起来。这种高度凝练的劳动智慧有助于学生树立传承中华优秀传统文化的观念，有效提升学生的劳动素养。

其次，借助VR技术，尝试劳动教育的数字化转型。传统劳动课程多以普通的手工制作为主，让学生进行实践，难以真正吸引学生进行深入探究。学生的学习效果也是短期的，很难获得持久的感受。借助VR技术构建真实的学习情境，可以让学生获得身临其境的体验。VR案例呈现出的斗拱结构可以让学生直观地了解构成斗拱的每一个部件。通过VR系统中的拆装与移动功能，学生还可以对斗拱进行虚拟拆解和搭建，从而更好地对斗拱结构进行全方位的细致观察，极大地激发了学生的学习兴趣和探究欲望，让学生获得持久的体验。

最后，进行组间展示与评价，在交流中实现育人的目标。制作完成后，每组派一名代表，对本组的作品进行介绍和展示，其他组的同学对其进行评价。学生在展示的过程中会介绍本组设计的理念和对斗拱结构与文化的理解，在评价的过程中则会提出改进的建议。这两个过程能够让学生在整个课程中进一步深入理解和感受我国古代劳动人民的智慧与工匠精神，让学生在劳动教育中发现传统之美，在评价时对知识学以致用，从而真正实现育人目标。

四、教学反思

随着VR技术、人工智能、物联网、5G和大数据等新一代数字技术的发展和应用，教育数字化转型的路径不断丰富，为教师的探索提供了更多的可能。《义务教育劳动课程标准（2022年版）》中要求教师在授课过程中立足真实生活经历或体验，从实际的问题出发，在劳动过程中融入传统文化的育人体现。针对劳动教育的数字化转型和新课标所提出的要求，教师在课程选择的内容和实践的设计上充分体现了以学生为主体的教学思想，按照"情境导入→自主探究→实践体验→交流评价"的思路进行教学指导，不仅符合中学生的认知，且有利于学生劳动素养的系统提升。借助VR系统创建的真实问题情境，激发了学生学习和探究的兴趣；通过自主探究，深入了解斗拱的构成、功能和演变，理解了中国传统文化的精髓所在；以小组合作的方式设计和制作了不同类型的斗拱模型，培养了学生的劳动能力和解决实际问题的劳动品质；最后的展示与评价，则让学生在长久的兴奋之中进一步体会了我国古代劳动人民的工匠精神，让学生在劳动教育中感受传统之美，也在探索劳动教育数字化转型创新路径的同时，真正地实现全面育人的教育理念。

参考文献

[1] 祝智庭，胡姣. 教育数字化转型的理论框架［J］. 中国教育学刊，2022（4）：41–49.

[2] 顾建军. 建构一体化劳动课程，为义务教育劳动育人奠基：《义务教育劳动课程标准（2022年版）》解读［J］. 全球教育展望，2020（7）：25–33.

[3] 黄健，冯柯，李冠华. 建构主义学习理论在课程设计中的应用：古建筑模型制作之斗拱完成的实践教学环节［J］. 华中建筑，2009（5）：236–237.

[4] 蒋振宇. 现代木结构建筑中斗拱的设计研究［D］. 南京：东南大学，2017.

促进家校社共同体建设案例

构建信息共享新模式
推进协同育人共同体建设

邓慧翀[1]，景志国[1]，马　浚[1]

[1]北京大学附属中学

摘　要：家校沟通是学校管理工作的重要内容。长期以来，家校沟通都面临着形式单一、沟通效果差、教师负担重等诸多问题。北大附中立足于本校的家校沟通实践，结合信息技术手段，重构了学生信息共享新家校沟通模式，形成"讲座＋学生档案＋挂号式约谈"这一操作性强、覆盖面广的新机制，建立了满足家长与教师"一对一"沟通的新平台，确定了基于问题解决的新流程。从实践效果来看，北大附中新信息共享模式让教师与家长可以进行更高频率、更高质量的双向沟通，从而切实解决学生个性化的教育问题。

关键词：家校沟通；挂号式约谈；学生信息共享

一、案例背景

（一）现实需求

父母充当主力的家庭教育与学校教育共同组成孩子最重要的学习生活，要促进学生的全面和谐发展，离不开学校和家庭的密切联系与协调配合。然而，在学校与家长沟通的过程中，又面临着很多现实问题，导致学校与家长出现沟通不畅、沟通中断等状况。因此，在家长对沟通要求越来越高的当下，学校必须思考，家校沟通应如何去重新设计。

（二）实践背景

北大附中全面实行走班制，学生并没有固定的班级和班主任，课表也不相同，而面对个性鲜明的附中学生，学校需要与家长交流的问题也各有不同。所以在设计新家校沟通方案时，学校就定下目标，要让家长可以直接与任课老师或导师"一对一"沟通。区别于传统家长会，这种方式更有助于家校双方更深入地沟通，从而解决学生的个体问题。但是，初次实践时，学校发现这个过程的操作非常烦琐。

首先，学校需要先给家长发放学生的学习情况资料，让家长对学生学习情况有完整的了解。其次，学校向家长发放调查问卷，从而确定家长约谈意向。再次，需要把收集上来的信息反馈给相应的学科教师，由学科教师筛选出确实需要沟通的家长，并确定好可沟通的时间，设置好线上会议链接。最后，学校再将最终安排和会议链接用通知发送给家长。这次家校沟通结束后，学校对家长做了问卷调查，整体反响不错，但存在以下几个问题。

（1）约谈的时间是教师来确定的，但家长们的工作也非常忙，安排的时间家长可能并非有空，所以很多家长收到沟通时间安排后，又反复与教师协商时间。

（2）虽然学校发放了学生的学习情况材料，但很多家长并不查看，沟通时只会问"我的孩子最近表现怎么样"这种空泛的问题。而"一对一"的沟通，教师时间是有限的，过多的时间花在澄清问题上，就很难再讨论如何解决问题。

（3）一名教师平均要接触100多个学生，显然不可能在短时间内做到和每一名家长都交流，而教师们又各自基于对学生情况的分析，决定需要和哪些家长交流，因此问题较多的学生家长，往往会获得更多沟通的机会，这对其他家长而言并不公平。

（4）家长除了问关于学生的问题，也会问到一些关于学校下一阶段安排的问题，比如高三的备考安排。这些问题不能保证每一名教师都能准确回答，容易在家长圈子中造成信息的混乱。

基于以上现实问题和实践经验，学校决定借助信息技术的力量去重构家校沟通的模式。

二、实践过程

北大附中基于学生信息共享的家校沟通新模式可以归纳为三个关键词：机制、平台、流程。

（一）设计沟通新机制，解决家长实际问题

家校沟通实际解决的是两个层面的问题，第一个是学校层面学生的共性问题，第二个是每名学生的个性问题。在解决个性问题之前，应先解决共性问题。

1. 共性问题解决：线上讲座+学生档案

学校根据课程进度与集中出现的问题，在 Classin 平台上定期开展家长课堂，利用讲座来解决家长们的共性问题。根据教学的不同阶段，家长课堂每期一个主题，如高中适应阶段孩子常见问题及应对、新高考选科决策、亲子关系等。讲座采用线上直播的形式，直播结束后，还可以反复查看录播，保证家长们工作再忙也不会遗漏。

另外，为了满足家长希望经常了解学生在校情况的需求，做到学生在校信息对家长透明共享，学校的信息化工作团队在校园系统中构建了每个学生的学生档案。家长可以在"学生档案"中清晰直观地查看学生的学业目标、学习成绩、学校生活等全方位的信息，帮助家长随时了解学生的情况、动态和进步，或是发现学生的问题，极大缓解了部分家长因为不了解学生在校情况而产生的焦虑。

2. 个性问题解决：挂号式约谈

解决完共性问题后，其实大多数的家长已经能够心中有数，也不会向不同的教师打听同样的事情。接下来如何让工作繁忙的家长和教师能够轻松对接并进行"一对一"的沟通呢？

学校想到了医院的挂号机制。医院每天放出若干号，如果患者有时间就挂号，号挂满了，说明医生的工作量也饱和了，患者只能换一个时间。病人挂号是为了解决身体的健康问题，同样，家长也可以通过"挂号"来解决孩子学习和成长的问题。

教师先根据课程安排预留出能够与家长约谈的时间，家长则在教师释放的若干时间中，选择一个进行挂号预约，每位家长一个月内最多可以约谈 3 位教师。在挂号机制下，家长和教师能够本着高效、透明、平等、尊重的原则，进行充分的沟通。

整体来看，"讲座+学生档案+挂号式约谈"是一种相对简单、可控、覆盖面广且操作性强的家校沟通机制。

（二）搭建沟通新平台，落实挂号式约谈机制

有了沟通的机制，接下来所需的是用技术来将其落实。学校的信息化工作团队在校园系统中开发了约谈模块，以此作为家校沟通的网络化平台，用数字化系统代替了此前家校沟通前需要的人工沟通、设置约谈安排、创建会议链接等一系列复杂操作。

教师在校园系统中设置自己可被约谈时段时，可以直接查看自己的日程，避免时段与课程冲突。在被家长预约后，教师会收到系统的消息提醒，并能查看约谈的时间、方式、约谈人等相关信息以及家长想要咨询的问题。相应的约谈安排也会直接出现在教师校园系统上的日程中。

通过约谈模块，所有家长也可以查看学生当前学期的所有课程的任课教师，只要教师设置了约谈时段，家长就可以随时预约。预约成功后，系统会自动在约谈时间创建好Classin线上会议室，家长与教师可以在线上直接视频连线。线上沟通的内容将会被直接录制下来，作为家校沟通的材料进行存储。

此外，在日常教学过程中，教师如果发现学生出现异常情况，也可以直接通过系统主动向家长发起约谈，与家长及时交流，了解学生在家表现，防微杜渐。

（三）确定沟通新流程，提升沟通实效与价值

学校与家长沟通的最核心的目的，是帮助家长和学生解决问题，只有解决问题才最能体现出沟通的实效和价值，也才能获得家长的信任。在一次分享中，本校一名教师提出自己的家校沟通策略时这样说：家校沟通的机会虽然宝贵，但也不能贪多求全，底线应该是"一次沟通形成一个解决方案，解决一个问题"。约谈模块的设计也遵循了这一沟通理念，让家长与教师带着问题进行沟通。

在北大附中，整个约谈可分为确定问题、预约时间、教师准备、沟通解决、后续反馈等几个环节。

首先，在家校沟通前，学校给家长提供了《家长约谈操作手册》，将系统操作与约谈要求向家长进行说明，并让家长知晓如果有问题，他们可以遵循怎样的流程去沟通和解决。为了保证约谈的质量，学校要求家长必须提前两天预约教师的约谈。在预约时，家长需要填写此次约谈主要想解决的问题，所以家长必须先查看学生成绩档案，了解学生基本情况后，再进行预约。结束约谈后，老师需要将本次约谈达成的共识或解决方案录入系统的约谈记录，作为后续家校双方合作和进一步沟通的依据，而家长则是要对约谈是否解决自己的问题进行评价。

不同于传统家长和教师的线下沟通，整个线上约谈目的从一开始就非常明确，所以不需要花费太长的时间，每次15—30分钟即可，既提升了沟通的效果，也尽可能让更多的家长在有限时间里能获得"一对一"约谈的机会。

三、实施成效

通过信息技术与实践经验的结合，北大附中创造创新，形成了富有实效的常态化家校沟通模式，促进了家校双方的学生信息共享与交流。借助约谈平台，北大附中的家长与教师可以进行更高频率、更高质量的双向沟通，合作解决学生个性化的教育问题。尤其是在学生居家学习期间，这一模式发挥了巨大的作用，针对有异常表现、需要重点关注的学生，教师每周都会通过约谈平台来与家长进行面对面沟通，从而全面关注和把握学生和家长居家期间的心理和情绪状态，及时解决学生居家期间出现的相关问题。

北大附中学生信息共享的家校沟通新模式，从 2022 年 3 月底开始实行。截至课题申报前，学校共组织了 9 次在线家长课堂，校园系统中共记录了 214 名教师参与过的约谈。214 名教师共主动约谈家长 1837 次，被家长约谈 5111 次，全校平均每名学生的家长与教师进行了 3.2 次的"一对一"沟通。此外，在学校最近一次对高二年级 508 位家长的家校沟通反馈调研结果中，家长对学校家校沟通工作的整体评分平均分为 9.37 分，体现了家长对学校家校沟通工作的高度认可。

四、反思总结

北大附中通过不断实践和技术创新，在家校沟通工作上取得巨大突破。有效的家校沟通只是家校共育的开始，而不是结束，北大附中也将继续探索与创新，用信息技术为家校共育新模式赋能。

在基于学生信息共享的家校沟通新模式下，校园系统中积累了大量家长和教师对家校沟通以及学生成长学习相关问题的记录与反馈。接下来，学校将利用数据分析技术，对相关问题与反馈进一步提炼加工，一方面，这可以为后续开展家长课堂提供有效参考，帮助学校开发汇聚更多的家校线上教育教学资源；另一方面，依据这些反馈，学校也会加强对教师专业素质的培养，提升教师的家校沟通能力，进一步提高家长对家校沟通的满意度，切实解决家长与学生的问题。

另外，约谈中达成的问题解决方案，学校也将继续开发新的技术与功能，如搭建教师与家长异步沟通的平台，支持家长、学校、学生三方签订成长契约等，以此促进家长与教师协调配合，并对问题解决形成持续监督，保证落地，向真正形成家校协同育人共同体不断迈进。

线上同构一堂班会课　开创家校共育新场域

黄春梅[1]，蒙见凤[1]，高丽娜[1]，邱晨晨[1]

[1] 清华大学附属小学清河分校

摘　要： 学生家长同构一堂班会课，教师、家长和学生围绕主题进行共同讨论和经验分享，从低、中、高各段问题出发，分别采用主题研讨式、问题研究展示式、交流分享式进行思想素质教育、学习方法指导、班务工作定期总结等，解决班级实际问题。

关键词： 家校共育新场域；同上班会；线上教学

一、案例背景

（一）教育思想和理论基础

从系统论和协同教育理论的角度出发，人类社会有三大教育系统，即学校教育系统、家庭教育系统、社会教育系统。每个系统都有自身组成的要素，要素间相互联系与作用，产生各自的教育功能。学校、家庭、社会等多方面应当主动协调、积极合作，形成教育合力，发挥系统之间的协同效应。

随着互联网的发展，数字化创新与发展正在渗透到教育的方方面面，数字时代无限互联、动态协同的特征为多主体协同提供了绝佳的运行思路与技术条件。

（二）线上学习调研

2022年5月，为了更好地在特殊时期通过家校协同为学生的成长助力，我们通过问卷调查、"一对一"学生家访等方式，从一至六年级共选取了120个家庭为调研对象，对居家学习期间家长的家庭教育情况和学生的身心状态进行了调研。

1. 家长及家庭教育情况分析

学生居家学习，但父母均居家的只有5%，父母一方在家的有39%，有

56%的家长仍处于上班状态，不能陪伴孩子居家学习，由此引发家长与学生的焦虑，如何有效引导学生居家学习与生活，是家长最为关注的问题。学生在居家学习中，存在专注度不够、线上学习方法不恰当、作业质量不佳、情绪低落等问题。

2. 家校共育实践场域面临的挑战

(1) 学习场域发生变化，家长没有做好相应的教育方法和心理准备。

(2) 对于学校的理念，家长不够理解。

(3) 家长缺乏家校共育的具体做法。

(4) 家庭教育资源有待进一步开发。

借助原有线下教学的经验，利用班会课，通过各种丰富的形式，可以在一定程度上缓解以上问题。由此，我们拟通过家长、学生同上一堂线上班会课来利用数字化为家校共育赋能，形成家校同向共育合力。

3. 预测目标

通过家长、学生同上一堂线上班会课，我们拟达成以下目标：

(1) 疏导学生、家长的情绪，做好心理上的准备。

(2) 加强学校、家长、学生的相互沟通，促进居家期间形成良好家校关系。

(3) 给予家长具体的教育方法、学生具体的学习方法。

(4) 开发家庭教育资源。

二、实践过程

(一) 整合班会与家长会，赋予线上班会课新功能

如何迁移线下班会课的功能，实现线上班会课的育人新需求，我们对家长进行了需求调研。家长对于班会的主要需求与建议是：能够有老师分享策略，家长和学生分享经验，以及学生围绕同一主题进行辩论等。具体问题具体分析，具体年段具体措施。依据不同学段特点，采取不同形式组织家长和学生同上一堂班会课。

(二) 分段研讨：基于年段特点"自选动作"赋能班会

1. 低年段：主题研讨式班会

低年段学生情绪调节与控制受到前额叶神经系统的支配，情绪问题较多，易出现学习倦怠；此阶段学生处于不稳定活跃期，兴趣多样，需要多方位的

兴趣培养启动学习和成长内驱力。抽样调查发现，学生居家期间亲子关系更为紧张。由此，以主题研讨式班会的形式，连续四周开展"发现眼中的美"主题班会，引领家长、学生"向美而学"，健康成长。

在第一周和第二周的班会中，通过照片、视频等分享他们发现的很多美且有意义的事情，或人或物，有饱含亲情的第一次做饭，有兴趣所在的航天模型，有公益情怀的"抗疫大白"，有参与劳动的生活体验。除了同学们的分享，第三周家长们还分享了他们眼中的孩子，分享教育的金点子。

第四周的主题班会上，家长们进行了自发的感言分享，坦言通过系列主题研讨式班会，了解了自己孩子和班级群体的学习状态、线上学习的模式和组织形式，找到了教育孩子的一些方法和目标，心里不再那么焦虑。此次主题研讨式系列班会，让家长、学生、学校在教育方面基本达到同频共振。

2. 中年段：问题研究展示式班会

中年段是儿童成长的一个关键期，是小学教育中从低年级向高年级的过渡期，孩子的独立意识开始增强，但认知不够全面，开始从被动的学习主体向主动的学习主体改变，对集体生活已经比较熟悉和习惯。中年段学生生理差异优势渐平、能力差异渐显、身心处于U型底部发展期，他们需要丰富的学习方式，加强实践体验。

由此，在中年段采用问题研究展示式班会显得尤为重要，中年段学生线上学习时，仍需要家长的参与、督促和帮助，家长和孩子一起上班会课也就非常有必要。

基于居家学习期间的实际问题，如学生提交的作业书写潦草、正确率下降、不按要求做、晨读晨练应付了事，以及家长缺乏有效的引导方法等情况，教师、家长、孩子一起研讨，以"工匠精神"与清华附小三年级核心素养"诚实守信"相契合。

（1）学生自主学习工匠精神，查阅古今中外的工匠故事，走访身边亲人们，也可以挖掘同学和自己的工匠故事，把查阅到的想和大家分享的资料做成PPT，或录制成视频等。

（2）在班会和家长会上，学生和家长们分享当下的工匠故事，也可以分享自己的工匠故事。

（3）实践行动，评选班级"工匠"。就这样，在一个个远方榜样和身边榜样的引领下，孩子也越来越靠近心中的"工匠"，工匠精神就这样开始生根、发芽、开花、结果……

从习惯养成的特点来看，中年级是强化良好习惯和改变不良习惯的关键时期。通过明晰问题，展开研究，得到解决问题的原动力，又有了榜样的引领,被动学习变为主动学习就水到渠成。

3. 高年段:交流分享式班会

高年段学生身心处于第二发展期,自控能力和线上学习能力逐渐增强,对电子设备的使用也更加熟练。多元化学习、小课题研究、小组化学习,是符合学生学习能力的,且能够激励学生学习志趣。但随着学习内容的不断深化,更需要家庭和学校密切配合,充分开发学生的智力资源,帮助学生养成良好的生活、学习习惯。

在居家学习时,时间更为自主,学习主动性较强的学生能够在课余时间自发地与同学依据兴趣组成不同的学伴小组,定期开展互助式学习,而主动性不强的学生却只限于完成学校布置的学习任务,其他时间以玩游戏、看电视为主,关键能力得不到培养,学习自主性越来越差。同时,随着学生年龄渐长,自我意识增强,导致亲子关系较低、中年段时疏远,有部分家长能够做到有效陪伴,也有部分家长陪伴较少,亲子关系紧张,家长缺乏有效的教育方法。

在这样的背景下,有些学生和家长的优秀做法就很有借鉴性,于是我们以交流分享的方式开展了"由自由走向自主"的主题班会。

(1) 线上学伴共学交流分享。学生根据需求自发组建学伴小组,成为学校课程实施的补充。

(2) 亲子互助陪伴交流分享。家长在"玩什么""怎么玩""和谁玩"上把关。家长帮孩子把课余活动进行筛选和取舍,分为三类:大力提倡的、有时间限制的以及坚决禁止的。在"怎么玩"的问题上,给孩子一定的"自由度",尊重孩子意见和兴趣爱好,与孩子一起制订课余计划,共同确定活动的内容、时间和方式。在"和谁玩"的问题上,尽量做到全程陪伴,孩子看书家长也看书,孩子跳绳家长数数,孩子踢足球家长就当守门员,这样能使孩子的居家生活更加丰富,亲子共处的时光也更有趣。通过激发多主体的内力驱动,增加热情,提高完成作业的效率和正确率,养成良好习惯。

(三) 总结表彰:基于儿童特点"规定动作"赋能班会

总结表彰式班会其实就是为孩子们树立身边的榜样。在班会课中,教师通过学生、家长的典型融合,用榜样引领,让家长与孩子彼此赋能,共同成长。

班会颁奖仪式并不是学校和班级奖项的随意叠加,而是根据班情的"私人定制",是基于班级多元化对学校颁奖的补充,通过表彰来促进孩子和家长对过去一周的居家生活进行反思和改进。班会前,班主任请家长把电子版奖状打印好,家长与孩子互发奖状,让家长、孩子、学校的三重认同超越时空,点燃家庭教育的火花。

三、实施成效

(一)激活学生学习内驱力

"家长和学生同上一堂班会课",为学生和家长的分享展示提供平台,激发了学生的内驱力,学生的学习热情高涨,自主学习能力增强,完成作业的效率和正确率提高,全面发展的张力加强。

(二)激发家长陪伴助攻力

家长在思想上、行动上做好充分的准备,了解并理解学校的理念,掌握共育的具体做法,树立起竭尽全力做好家庭教育资源开发的信心。"家长和学生同上一堂班会课"促进了各种良好关系的形成,实现新实践场域的价值认同,家长在各自岗位上赋能学生居家学习、助力学生成长。

四、反思总结

(1)丰富教育资源,进一步丰富线上班会的形式和内容,例如线上的云讨论、云交流、云展示、云共享、云采访、云参观等手段,通过学生和家长喜闻乐见的表达方式,让他们自觉融入主题班会。

(2)明确学习需求,了解家长、学生的问题与需求,从问题着手,提高家长和学生的参与度,让线上班会内容更有容量。

(3)班会课后做好跟踪闭合,家长对于本次课程是否有启发,方法是否被借鉴,在实践过程中是否产生新的困惑,进而在下一次班会课中予以讨论和建议,使主题具有关联性和进阶性,逐步形成系列班会课。

(4)提高家校共育的针对性和实效性,充分发挥家长学术委员会的作用,参与学校发展的相关事宜,辐射和带动更多家庭达到家校场域同频共振。

参考文献

[1] 李运林. 协同教育是未来教育的主流 [J]. 电化教育研究, 2007 (9): 5-7, 27.
[2] 陈春花, 朱丽, 刘超, 等. 协同共生论: 数字时代的新管理范式 [J]. 外国经济

与管理，2022，44（1）：68-83.

　　[3] 张爱军. 从行为规训到德性养成：学校德育范式变革研究［D］. 南京：南京师范大学，2016.

　　[4] 钱士秀. 体验式主题班会德育实效性研究：以徐州市某矿区一中为例［D］. 徐州：江苏师范大学，2016.

　　[5] 谢慧. 学校、家庭、社会三维互动德育网络初探［D］. 福州：福建师范大学，2002.

　　[6] 董文学，刘子涵，毛荣建. 疫情期间北京市小学生居家心理问题分析及对策［J］. 中小学心理健康教育，2020（31）：10-15.

家校社连接通路建设促学生素养提升的探索

野雪莲[1]，梁秋颖[1]，冯晓亮[1]

[1]北京市育英学校

摘 要：新一轮的教育改革要求学校教育更聚焦于学生核心素养的培养，"双减"的到来同时要求教育的提质增效，在这样的教育变革洪流中，育英学校以激发学生内驱力、培养探究学习能力从而提升学生发展核心素养入手，开拓能够与家长、社会同时连接的数字化课程通路，利用网络资源平台与大数据，探索教育理念及实践方式转变的一种可能。该家校社连接通路以微信公众号为载体，以分模块课程为引领，以学生自主实践的探究成果为内容，以教师指导、家长协助、社会激励为模式，形成围绕学生核心素养提升的良性循环体系。这一通路较常规的课程教学更灵活、更开放，学生自主性更强，家校互通频率更高，成果性更突出，社会影响力更直接，是"双减"后行之有效的一种方式。

关键词：核心素养；家校社连通；探究；公众号；"双减"

一、案例背景

2021年中共中央办公厅、国务院办公厅印发《关于进一步减轻义务教育阶段学生作业负担和校外培训负担的意见》，为缓解家长焦虑情绪、促进学生全面发展与健康成长提供了政策保障，也为学校教育生态的主体化、多元化提供了肥沃土壤。

北京市育英学校作为一所九年一贯十二年一体、带有红色基因的学校，全面贯彻党的教育方针，落实立德树人根本任务是全校教师的核心职责。从2019年开始，组织部分教师组成开发团队，构建数字化、一体化课程平台——"思与索实践展示空间"微信公众号，并随着新课标和"双减"的要求改版升级。该公众号主要发布学生自主开展思考实践的探究成果，希望借助网络资源和大数据这些数字化手段，为学生提供更为丰富、更加自主的学习资源，激励学生主动思考、大胆开展探究实践，锻炼高阶思维能力，发掘个人兴趣潜能，提升核心素养；为家长了解学生的学习情况和学校的教育动态开辟一个以学生表现为视角的动态窗口；为社会关注的学校教育改革成果建立实时的展示平台，最终形成一个以学生素养提升为目标、以学习成果为内容的家校社连接通路，依托这一平台实现家校社的顺畅连通，让核心素养教育与数字化应用自然融合，达到效能最大化。

二、实践过程

"思与索实践展示空间"微信公众号作为一个网络化、有教育性及引领性的内容载体，作为向家长和社会展示学校教育、学生成长的平台，其内容的编排十分关键。开发团队教师按照课程构建的思路进行规划，形成了以分模块课程为引领，以学生自主实践的探究成果为内容，以教师指导、家长协助、社会激励为模式的数字化课程平台体系。

（一）数字化课程平台的构建

1. 构建思路

育英学校是一所一贯制学校，小初高不同学段、不同学科的教学各有侧重，而建设公众号这一数字化课程平台的目的是加强家校社连接进而促进学生核心素养的提升，而非学科学习的补充资源，因此不能围绕学段、学科去思考构建。

课程建设初期，开发团队教师基于平台建设目标，对全学段各学科的核心素养目标进行提炼整合，研究能够支撑学生综合能力发展的基础学科，特别考虑到小学及初中阶段学生好奇心强、爱动手操作等身心特点，设置了"思维体操、科学探究、哲学思考、智能搭建、育英STEM、拆解探秘、舌尖上的五育"七个课程模块。这些课程兼顾贯穿小初高的基础学科，突出探究性、实践性、创新性和人文性，是不同学段、不同兴趣特点的学生都可以横向拓展和纵向深研的方向指引。

2. 课程模块

"思维体操"基于数学学科，引导学生进行生活中的数学研究，从实际应用的角度引导学生灵活运用知识，遇到问题再去求索新知识。

"科学探究"统合物化生等学科，鼓励学生沿着发现问题、探究知识、实验验证从而解决问题的路径开展学习实践，在实践中扎实掌握相关学科知识。

"哲学思考"综合文史类学科，以写作的方式引导学生主动思考并形成自己的观点，打磨独立和积极向上的人生观与价值观。

"智能搭建"围绕计算机科学技术展开，带领学生用信息化、智能化、未来发展的视角观察世界，学习前沿科技知识，模拟和创新信息社会下的智慧化应用。

"育英 STEM"更加综合多样，以项目的方式引导学生通过自己的思考和设计让生活更美、更便捷、更有趣，提升创新精神与综合实践能力。

"拆解探秘"源于学生的好奇心和拆解兴趣，让学生释放天性，引导他们在拆与装中眼手脑并用地探寻事物背后的秘密，综合性地历练实践、思考、探索能力。

"舌尖上的五育"从生活育人的逻辑出发，从美食烹饪的角度推动劳动教育，带动学生在实践体验中感受劳动之美，感受应用知识提高家庭生活质量的幸福感、成就感，强化家校共育的融合性。

（二）数字化课程平台的管理

"如何引起学生对于这一平台的注意，激发学生自主开展学习"是开发团队教师最为关注的问题，问题的解答决定了平台管理也就是课程实施的方式。经过教师研讨和学生调研，最终确定为教师指导、学生探究、家长协助、社会激励的闭环模式，每周推送同一模块的两篇文章，以一传十、十传百的口碑效应逐渐扩大影响力，渐进地带动更多学生参与进来。

1. 教师指导

"公众号所展示的内容全部来源于学生，拒绝家长代劳、教师大篇幅修改"是平台管理的首要原则。因此，教师的前期启发、中期关注及末期点评都是帮扶学生自己完成探究的关键。各课程模块的负责老师会在自己的日常课程中定期给学生提供固定或半开放或全开放的研究主题，必要时通过文档、微视频等方式补充要点提示，由学生在课堂之外的时间自主选择并完成。之后老师会对学生自主提交的内容进行"一对一"具体指导，最后对完成的探究成果进行总结点评。如"智能搭建"模块中曾提出关于无线网络的研究主题："你知道家里的无线网是怎么来的吗？尝试自己给家里搭建一个无线网，挑战一下如何让无线信号更强。"这一主题引起了很多学生的兴趣，大家纷纷从自己理解的角度开展研究。

除了对学生的指导，开发团队教师还使用大数据工具分析读者群体构成、阅读偏好，追踪每篇推送的阅读量、转发量、点赞率，总结影响最大化的发布时间规律等，进而更精准地调整平台的内容方向、语言风格等，不断提升平台影响力，实现平台的良性循环。

2. 学生探究

正如上文举例的研究主题，教师不会规定学生的思考角度，学生可以围绕主题去创意发散。有学生围绕这一主题拆解了路由器；有学生查阅了无线网的功能原理；有学生请家长购买器材，上网查阅无线网搭建步骤，自己成功搭建了无线网络；还有学生测量家里各个房间的无线信号，改变路由器和大型家具的位置，用数据说明了怎样让无线信号更强……这些让老师们惊喜和欣慰的探究都说明了一件事：给学生一个支点，他们就可以点亮无限星光，这时，主动思考、自主探究、创新实践等能力就得到了全方位锻炼。

3. 家长协助

这种自主式探究式学习离不开家长的支持、陪伴和协助。学生往往要花费更多时间甚至做一些看起来"不靠谱"的事情来完成探究，有时还需要外出参观调研、购买材料甚至征用家里的家具设备，这就特别需要家长给予物质和精神上的支持、时间上的陪伴、安全上的保障与协助。家长可以从学生积极热情的反应中加深对学校课程的理解，增强对学校育人方略和课程理念的认同，更能在此过程中获得更多加深亲子间的信任、增强亲子沟通互动的机会。一个其乐融融、充满研究氛围的家庭，更容易成就一个综合素养优秀的孩子。

4. 社会激励

公众号本身的网络化属性天然形成了学校与社会连接的最直接、最即时的通路。大量新颖的、个性化的学生探究成果经过多方转发，很快可以从校内关注扩大到社会关注，逐渐引起媒体、各大教育平台的青睐，社会资源的报道、公众号的转发、杂志转载甚至向学生约稿，让学生的探究成果走出学校的同时，更是帮助平台的管理构成了关键的社会激励，为学生的进一步向好发展注入了又一剂强心针，让家长看到学生提升的社会化肯定，让学校更坚定这次教育数字化转型的尝试。

三、实施成效

平台已经形成了比较完整的、适合当前教育教学需求的课程体系和管理模式。截至2022年10月，关注用户3900余人，发表学生探究成果410余篇，被其他教育网络平台转载8篇，杂志刊发12篇，杂志专栏约稿1次。大数据显示，每篇文章的阅读量约为200，点赞率约2%，用户月净增长率约1%，常读用户约占25%。

对学生而言，自己的探究成果被发表在公众号上本身就是一种积极的评价，加之更为难得的社会层面的肯定，这些特别的激励让学生成就感倍增，学习热情与主动性被充分调动起来，探究主题、研究方向愈加丰富多样，发现问题及创造性解决问题的能力明显增强，主动学习意识与探究学习能力不断提升的同时逐渐实现知行合一。在这样的氛围中家长的研究意识也被带动起来，会主动积累探究资源、记录探究过程，和孩子一起完成探究实践，也会更加积极地与老师分享学生在家的日常状态，形成了友好融洽的家校互动模式。

此次数字化手段打造的学生喜爱、家长支持、社会认可的自主式探究式学习模式为学校常规课程的实施带来了积极影响：学校将近两年的教师成长主题定义为"开放性教学"，开展开放性教学论坛，引领教师思考发挥学生主观能动性的方式方法，从而促进学生核心素养提升。在学科教研会中，"增强课程主题的开放性和灵活性、融入学生可实践的关键要素、开发综合性跨学科的学习项目或学科活动、丰富激励机制、与家长良性沟通的内容与方法"等都成为会上的常见议题。

四、反思总结

"思与索实践展示空间"公众号建立以来，管理模式基本稳定，借助大数据分析，其承载的课程愈加丰富完善，学生受益范围越来越广，核心素养得到显著提升，家长认同度攀升，社会关注度提高，是实践检验有效、值得继续坚持和推广的家校社连接促进学生素养提升的路径。

探索仍在继续。从课程角度，初中学部开始尝试将公众号中的内容以学生讲堂的形式讲给全体学生，吸引和鼓励他们参与到这样的学习中来，打造线上引领、线下深化的全覆盖课程体系。

而从家校社连通角度，家长课题、家长视角的探究评价、社会资源的邀请式点评推广等都是继续强化这一连接通路实效的探索方向。这就需要开发团队教师继续发掘数字化手段，深入大数据采集与分析，挖掘家长反馈数据中的有效信息，基于家长课题的需求点，邀请家长作为探究的主要指导者，进一步强化家长与学校的协同一致，同时开发多样化的数字宣传渠道，吸引更多优质社会资源的支持来助推这一家校社连接通路的优质循环发展。

"互联网+新家校"家校共育体系建设案例

郭晓玉[1]，李 艳[1]

[1]北京市第十五中学南口学校

摘 要：从国家教育政策与实践策略角度来看，家校社协同育人是德育工作的重要部分。在"互联网+"背景下，乡村学校如何运用互联网平台来凸显教育的本质与核心，促进家校协同育人共同体建设？对此，北京市第十五中学南口学校积极探索家校共育共同体建设路径，利用"互联网+"的优质资源及平台，打造家校共育空间，助力家长、学生、教师解决教育困惑，在实践中构建家校协同育人共同体，实现师生、家校的共赢。

关键词："互联网+"；线上线下课程；新家校；家校共育体系

一、案例背景

（一）家校育人共同体建设是教育发展的必然

从国家政策来看，家校育人共同体建设是教育发展的必然。2018年9月10日，习近平总书记在全国教育大会上的讲话中进一步强调，办好教育事业，家庭、学校、政府、社会都有责任。《中华人民共和国家庭教育促进法》提倡家庭教育与学校教育协调一致落实立德树人根本任务。建立家校社协同育人机制是实现育人目标的重要途径，政府部门通过构建制度化的协同模式，使家庭、学校、社会这三个子系统之间协作，形成同生共长、协同育人的高效有序运作机制。为实现"立德树人"教育基本价值，家校育人共同体建设是必然且行之有效的途径。

（二）家校育人共同体建设是顺应时代的需求

以"互联网+"智能技术为重要载体，联合多方面资源，探索多条路径，使德育教育方式从传统单一沟通模式逐渐向信息化、数字化转型，打造新型家校育人共同体，是顺应信息时代的需求，只有这样才能使家校沟通与时携行，实现家校共赢。

(三) 家校育人共同体建设是家长和教师成长的需求

1. 建设家校育人共同体是解决家长教育之忧的良方

实际工作中，学生问题复杂多样，诸多学生问题都需要家长们配合。家长们想配合，却因为缺少科学的教育方法使共育效果较差。在与家长沟通时，常听到家长们抱怨不知道怎么教育孩子，这反映出家长们迫切需要实用的教育方法与沟通技巧。建设家校育人共同体有助于家长们更新家庭教育观念，学习实用的家庭教育方法，提升家庭教育能力。

2. 建设家校育人共同体是提升教师教育指导能力的助推剂

教师在繁忙的学科重压下没有足够精力及知识储备指导家庭教育，也会在工作中因得不到家长的理解与支持而背负心理重压。如何解决教师的现实之殇？提升教师的家庭教育指导能力是重点。家校育人共同体建设能够为教师提供学习平台，助力教师家庭教育指导能力提升。教师联合学校、家长共育学生，才能使教师脱离重压，全方位教育学生，促进学生全面发展。

二、实践过程

(一) 整体规划部署，建立家校社协同育人机制

机制建设是推进家校社协同育人的核心内容。学校经过前期家校实际需求的调研，学习文件与政策精神，从构建体系、发挥功能、评估体系三方面着手，构建科学合理、执行有力的共育机制，打造同生共长的教育生态系统（见图1）。

(二) 推进机制落实，建立稳定的家校育人共育体系

1. 充分使用互联网软件，建立点线面联动体系，联通家校共育渠道

首先，以班主任为各点发起人，利用微信和QQ建立班级群、家长群、学习群，致力于信息传达、意见反馈、知识答疑，多渠道沟通能在最大限度上减少矛盾发生，利于德育和教学工作的开展。

其次，串点成线，积极推进班、校家委会制度的实施。班主任牵头，家长们自主报名，组建班级家委会，为班级工作出谋划策。各班家委会推荐核心成员参加校家委会，串联各班，代表各班家长发声。另外，利用互联网、

图1 家校社协同育人机制

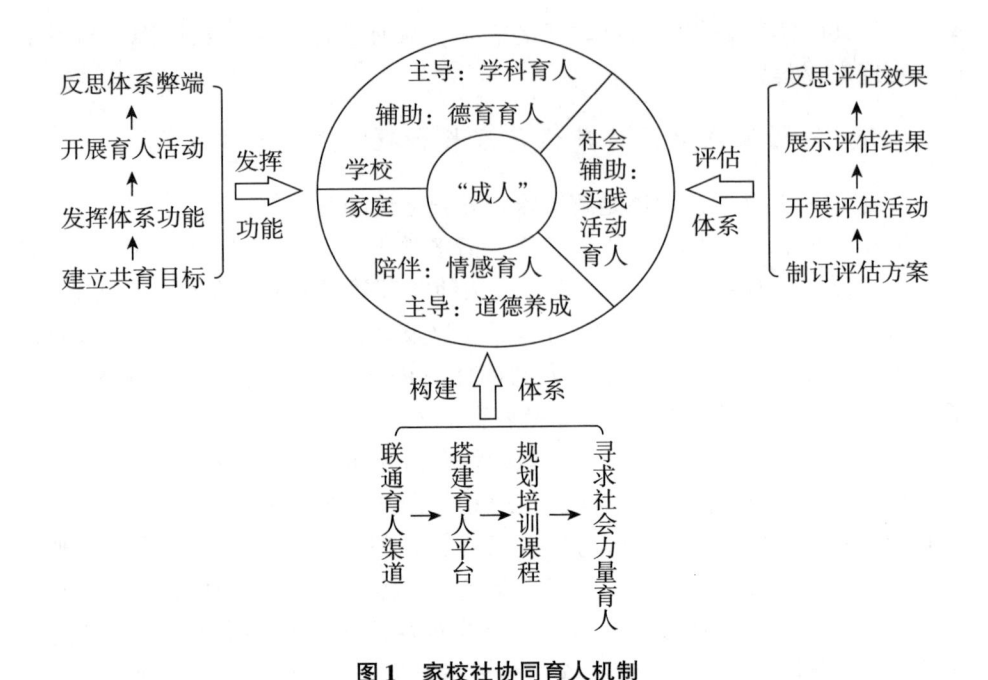

大数据等现代信息技术，如问卷星、接龙管家等小程序智能统计信息，匿名收集家长与学生诉求，辅助学校解决隐藏的共育问题。

最后，点线绘面，巩固共育效果。通过微信公众号将育人理念、各项工作开展情况、学生校内的学习与生活等内容发布，家长们通过推送内容了解学校，这为家校共育体系的维持注入源源不断的动力。

2. 依托"互联网+"，搭建特色家校共育平台，提升家校共育能力

以学年为单位，为每位班主任购买"名师成长大讲堂"学习账号。教师通过微信公众号"名师成长大讲堂"观看线上直播课程，学习先进的教育教学理念。

2022年，学校与昌平区南口学区融合，与中教在线（北京）教育咨询有限公司协作，依托名师成长大讲堂课程资源，打造具有学区特色的家校共育平台：新家校。该平台面向南口学区各中小学教师与家长开放，致力于班主任专业化发展、家长学习与成长。新家校平台还囊括了"家校成长课堂"平台，帮助家长们提高育儿水平，构建良好的亲子关系。

另外，为满足不同年龄段学生家长们的需求，还以年级为单位，组建年级家长线上直播群。依据学生年龄与心理发展规律，每周都会有不同的主题直播课程推送，家长们根据需求选择课程学习即可。

3. 依据家长与教师的学习需求，规划制定培训课程，传递教育新理念

家长课程的内容是通过班主任与家长沟通，统计需求后定制，由"家校成长课堂"推送；家长课程直播群的课程依据学生年龄和心理特点制定，家长们有需求也可以选择观看。

4. 寻求社会力量为家—师—生提供线下学习与培训机会，满足成长需求

学校请名师走进学校为家长和教师进行线下培训，线下课程是对线上课程的补充，时效性更强。尤其是学生课程，主要在线下开展，避免学生过于频繁地使用手机等电子产品，带来负面效果。在不同的年龄段，开展各有特色的线下课程与实践活动。学校设有职业生涯规划工作坊、心理咨询工作室，邀请社会精英工作者走进学校。

5. 制定家校共育评价方案，促进共育体系持续发展

经过家长自主申报，家委会评选，再由班主任向学校推荐，学校按年级人数10%的比例评选出"优秀家长"，并在学校年级家长会上颁发获奖证书。该评价活动旨在鼓励家长积极学习、自我进步的同时做好学生的榜样，积极参与到家校共育体系中，为孩子成长保驾护航。

（三）执行家校共育机制，发挥共育体系作用，促进家—师—生共成长

1. 建立共育目标，利用共育体系传达共育理念

将育有"品德"的学生、塑有"品位"的教师、导有"品格"的家长、树有"品牌"的课程、成有"品质"的德育的"品字"文化精神与立德树人育人目标相融合，形成了本校的家校共育目标。

2. 发挥共育体系功能，提升家长与教师的共育能力

共育体系的构建方便教师学习，名师成长大讲堂定制课程输送助力教师教育能力提升。新家校平台现已在南口学区推广使用。班主任教师将课程学习延展至该平台。家长们可以通过注册进入学校班级，自主选择课程进行学习。目前，新家校平台已推送多期录播课程。

线下培训也是提升共育能力的重要渠道。邀请全国心理卫生学科科学传播首席专家杨凤池先生为南口学区师生、家长进行了"健康心理，轻松战'疫'"的心理讲座，邀请北京教育学院校长研修学院副教授张红老师对班主任进行"带班育人策略"培训，等等。丰富的线下课程使共育体系的功能得到进一步发挥。

3. 发挥共育体系功能，开展育人活动，促进学生全面发展

家校共育体系离不开社会力量的补充，学校多次请"名师"走进学校，

对学生进行全方位培育。多种讲座培训的开展，促进学生全面发展，体现出共育体系构建的重要性。

三、实施成效

在学校、教师、家长们的共同努力下，家校共育体系基本建设完成，在目前体系辅助下，学校的共育工作取得一定的效果。

（一）家长成长

有了各种"互联网+"平台资源的支持，家长们积极投身到学习中，目前新家校平台后台统计到每个年级、每个班级都有家长主动学习，如高一年级，做到全年级、全员注册学习。课后，家长们也会和班主任老师进行沟通反馈，分享所思所想所获。

家长们将自身学习的先进教育理念应用到孩子的教育上，在实践中不断反思积累。家长自身成长，孩子向好发展，在优秀家长评选活动中，多名家长获得"优秀家长"称号。家长获得肯定，学习积极性高涨，在教育孩子时有法可用，共育效果良好。

（二）学校发展

在家校共育体系的辐射作用下，学校逐步形成一支素质过硬、共育能力强的德育教育队伍，在家校共育工作中取得良好的成绩。

（三）学生发展

学生是家校共育体系实践的最大受益人。家长能将学习的教育方法应用，学生能从日常亲子沟通交流方式、家长问题处理方式、家长抚慰学生心理不适等方面感受到家长的变化，更能感受到被尊重、被信任、被认可的幸福感。学生健康发展，才会在学校生活中取得优异的成绩。

四、反思总结

反思学校共育体系构建的过程，能够在乡村将共育体系初步建立并取得一定的成效，离不开学校层面巨大决心和稳步推进落实的工作部署。通过前期调研，发现问题，积极寻找解决方法，解决问题，部署体系构成。申请专项资金、寻求社会资源，不遗余力解决三方困境，单个途径不能满足，马上查漏补缺，就这样摸索探寻，才有现在的共育体系。我们深知解决共育难题才能促使学校进步、教师成长、学生发展。可以说，作为南口学区的大校，南口学校对家校共育不回避问题、不怕解决问题、迎难而上的态度，辐射到整个学区，起到良好的引领作用。

当然，在目前技术支持下，学校构建的"互联网+新家校"共育体系并不完美，在实际推广过程中，也遇到一些困难。学校也不断地寻找解决方法，联合社区建立家校工作站，创造机会举办家校活动，邀请家长走进校园携手共育，将互联网、大数据等信息技术融合到家校沟通中，降低操作难度，提升体验感。精心打磨家长课程，不说教、不指责，让内容更贴合实际，让家长听了有收获，促进部分家长转变思想观念，全面形成以部分家长带动全体家长、教师与家长共同成长的共育模式。继续多方面开展评价活动，从精神和物质上给予家长激励。扩大社会实践活动面，线下课程不能只局限于讲座培训，应继续探寻更丰富的课程形式，促进学生成长。

正如习近平总书记在全国教育大会上的讲话中所强调的，办好教育事业，家庭、学校、政府、社会都有责任。只有学校、家庭、社会能够在统一精神引领下有序开展共育工作，才能形成面向未来的家校共育，才能教育出有品质而饱满的人。

参考文献

[1] 习近平. 坚持中国特色社会主义教育发展道路培养德智体美劳全面发展的社会主义建设者和接班人［N］. 人民日报，2018-09-11（1）.

[2] 郭建斌. 家庭教育、学校教育和社会教育的共生关系研究［J］. 终身教育研究，2018（2）：40-43.

[3] 马晓丽，白芸. 家校社协同育人的基本内涵、关键要点与过程机制［J］. 福建教育，2021（24）：6-9.

"数字化"护航助力农村家校社共育

李海瑛

北京市密云区溪翁庄镇中心小学

摘 要：随着"双减"的推进，家校社协同育人得到广泛关注，学校教育、家庭教育和社会教育共同促进学生的全面发展，是时代发展和教育改革的迫切需求。数字化转型为家校社协同育人提供了重要契机，可以通过促进深度互联、整合多方教育资源，加强资源的明晰共享，为家长和孩子搭建更广阔的沟通平台与交流空间，促进家校互通互融，积极推动家校社协同育人。

关键词："双减"；数字化转型；家校社协同育人；学生全面发展

一、案例背景

《中华人民共和国国民经济和社会发展第十四个五年规划和2035年远景目标纲要》和《关于进一步减轻义务教育阶段学生作业负担和校外培训负担的意见》的先后出台，都意在让教育回归育人本质。

由于农村家长家庭教育观念的不同，对学生学习的指导力度有强弱，对学生未来发展的规划有差距，体现在家校协同育人的工作中，个别家长与学校、教师的配合方面出现不重视、不理解、不主动等各种问题，甚至出现"劲儿往两头使，一加一小于二"的奇怪现象。

在这样的政策和社会背景之下，"双减"要真正落地，离不开家庭、学校与社会的通力合作，帮助学生适应新政策下的教育变化。作为教师，如何有效地加强农村学校家校社协同育人？"数字化"为家校社协同育人提供了重要契机，可以通过促进深度互联、整合多方教育资源，加强资源的明晰共享，为家长和孩子搭建更广阔的沟通平台与交流空间，促进家校互通互融，积极推动家校社协同育人。

二、实践过程

(一) 寻找问题根源

1. 工作需要造成教育缺位

通过调查发现，学校超过 15% 的学生，父母均外出工作，或在密云，或在北京市内，甚至在外省工作。他们只有周末能够回家与孩子团聚，有的甚至一两个月与孩子见一次面。孩子或者在校住宿，或者由爷爷奶奶或姥姥姥爷照顾教育。父母是孩子的第一任老师，这样的责任是隔辈人无法替代的。如果说照顾日常起居勉强还可以，但提到教育、培养习惯，父母的"缺位"，是爷爷奶奶很难"补位"的。我们都相信，没有哪个家长是不愿意自己的孩子养成好习惯、学出好成绩的。如果可以，他们也是愿意陪伴孩子一起学习、一起成长的。但是为了生计，背井离乡也是不得已而为之。

2. 隔代陪伴造成教育缺管

隔代的陪伴造成溺爱现象严重，对孩子的要求一味满足。只有爱没有管，听之任之，这爱也就变了味儿。放纵的后果是学生的习惯不好、意志品质不够坚强、遇事爱逃避、缺乏责任心。这里有思想观念的原因，也有想管但是管不动、管不住的现实问题。他们受教育的水平不是很高，对于教育孩子更谈不上有什么经验和方法。加之心力、体力的不足，确实很难在家校协同育人上承担更多的责任。

3. 单亲家庭造成教育缺角

在调查中发现，单亲家庭在学生中达到 12% 的比例，家庭的分裂导致学生父爱或母爱的缺失。现代心理学认为，孩子的情感能力主要是从母亲那里学来的，而与人打交道的社会能力，则主要是从父亲那里学来的。所以单亲家庭的孩子在家庭教育上不说缺一半，至少是缺角的。在学校"春风行动"的帮扶活动中，多数是这样的单亲家庭的孩子，胆小、孤僻、人前不敢大声说话，缺乏自信，造成这些现状的本质是缺少来自父母的爱。在家访的过程中，我们发现单亲的孩子有一小部分是跟着母亲生活，而抚养权在父亲一方的，则多数跟着爷爷奶奶生活。这就又回到了隔代陪伴造成教育缺管的问题上来。

4. 学习偏失造成教育缺法

家长教育理念的缺乏或偏听偏信，从而对孩子的教育"无从下手"。"传统"的家长，只关注学生的学习（成绩），学好了什么都不用管；"现代"的家长,追求一知半解的"散养",放得出去,收不回来;因为缺乏系统的学习,使家长对于"快乐教育""给学生减负"等理念产生了片面的理解或错误的认识,从而让学生少吃了该吃的苦,减掉了不该减的合理负担。

以上四方面的原因,每一项可能都只存在于少数家长或家庭中,但是对于学生,我们不能只讲概率,因为无论哪个孩子遇上了,就是百分之百。对于一直追求教育均衡化发展、成功出彩的路上"一个孩子都不能少"的学校来说,这些也是我们亟待解决的问题。

(二)采取有效措施

在现阶段的小学教育管理过程中,如果过度地依赖教师的课堂管理,很难充分发挥教育效果,因为教师面临的学生群体较为庞大,对学生的综合情况无法全面掌握。然而,在互联网信息时代,可以使用网络多媒体技术建立完善的信息交流平台,在进行家校共育过程中,本着问题导向的原则,充分考虑以上四方面原因。我们认为应该通过"关键平台",抓住"关键时机",找准"关键问题",多方合力,引导家长参与到教学管理中,提高对学生的管理效能。

1. 利用微信群聊,抓住"关键少数",提供定制服务

通过微信小程序对班级 28 人进行问卷调查,充分了解后得知:班内有将近一半学生的家长或是外出工作,或是离异,不能陪伴孩子学习、生活、成长。这是家校协同教育的"短板",只有抓住这些"关键少数",补齐这个"短板",才能总体提高家校协同教育的质量。发挥学校的主观能动性,离不开家访,尤其是特殊家庭的重点家访和跟踪家访;离不开学校对这些特殊家庭里的特殊学生的档案建立、重点帮扶;离不开班主任教师与家长建立的常态联系制度。同时也需要社会风气的引导,农村产业的大力发展,让这些外出的家长们,回乡就业有出路,挣钱顾家两不误。明确当下最迫切需要解决的问题,我们通过组建微信群,上传学习上特别是与家庭作业相关的文字、图片或视频等资源,为家长和孩子们提供切实可行的解决策略,让孩子和家长们随时了解并拥有所有相关资源。这样不管是孩子还是家长操作起来就有章可循,有法可依。

2. 利用腾讯会议,做好"关键小事",拉近家校距离

做好学生教育的"关键小事",也能助力协同教育的学校"大事"。因为看似琐碎的小事,有时却能在增进情感、转变观念、激发行动中起到"四两拨千斤"的杠杆作用。利用腾讯会议这一线上直播软件,定期进行周总结、月总结。这样方便每一个家长随时参加活动。对于无法及时参加活动的家长,

还可使用回放功能进行了解，非常便捷。其视频连线与留言互动功能更是拉近了教师与学生、家长的距离，增添了几分亲切感。

3. 利用钉钉软件，选准"关键时机"，汇聚美好瞬间

适时为每个家庭创设周末情境作业。推送适宜学生的一日生活安排建议表，在班级群里开展"我是劳动小能手""运动小达人"等活动，分享"精彩故事或亲子阅读"……每一个活动都先用钉钉小程序发布通知，学生打卡，提醒家长和孩子们将拍摄的照片或视频上传至家校本。待所有资料收集完整后，还可借助美篇小视频，在班级群中分享。此举不但留存了家长与孩子的美好瞬间，增进了孩子和家长的沟通，还能拉近家长与孩子、家长与学校、学校与孩子之间的距离，让家长不断获取新的教育理念，从而改善家庭教育方式，促进亲子关系，提升教学质量，促进学生全方面发展。

三、实施成效

（一）数字化家校社共育，使亲子关系更和谐

随着城镇化步伐不断加快，很多农村学生的家长离开家乡到外地务工或经商。于是，这些孩子在需要爱的抚慰、父母陪伴的成长关键期，没有得到父母的爱和陪伴。通过数字化家校沟通，教师将学生的在校表现拍成照片或视频上传至QQ群、微信群，让外出务工或经商的家长及时全面了解孩子的在校动态、学习生活情况和存在的问题，有针对性地对孩子进行教育。这样一来，孩子和父母之间的感情更浓了，亲子关系更和谐了。

（二）数字化家校社共育，使师生关系更密切

在学校里，教师利用信息技术平台上传教学微视频；学生在家里观看微视频，进行自主学习，并且与教师及时交流，解决一些疑难问题。同时，教师还利用信息网络的便捷特点，时刻关注学生安全方面的问题。例如，在暑假里，向学生发微信，提醒他们防溺水和安全出行；春节期间，提醒他们不燃放烟花爆竹，文明过年。就这样，师生关系也变得密切了。对教师的这种做法，学生家长十分赞赏，并且佩服不已。

（三）数字化家校社共育，使家长更重视教育

家校社的进一步沟通，使得孩子的学习态度有所改善，家长从被动告知、不闻不问到主动询问、经常询问。有的学生家长时常与教师保持家校联系，

家校联系册上经常还能看到父母充满鼓励的话语。家长参与学校活动的次数也多了起来，还经常和其他家长参与到班级活动的策划中，为班集体出谋划策、贡献智慧。父母与孩子之间也不再是单纯的关心教育，更是融洽的朋友关系。在提高解决问题针对性和有效性的同时，也帮助班主任更加直观地了解家长的诉求，通过这样和谐解决问题的方式，家长更加信任教师，教师也更加自信。

四、反思总结

实践证明，充分利用现代信息技术和网络技术，做好农村教育信息化发展的各项工作，已成为我们一同追逐的方向，我们将理论与实践结合，不断挖掘平台的功能，发挥网络的优势助力课程发展，有助于全面推进农村家校社合作育人。总而言之，只有充分认识到家、校、社协同育人的重要性，才能使得教育途径更为通畅有效，教育教学才能收到更大的实效。在新时代发展背景下，在"双减"政策的推动下，教育工作者应将促进家校社有效共育作为教育教学的一个不懈追求！"家是最小国，国是千万家"，希望家、校、社多方的协同发力，让家校社协同教育真正能扎实、有效、顺利地开展。

参考文献

[1] 储朝晖. 家校社协同育人实施策略 [J]. 人民教育, 2022 (8): 33-36.

[2] 傅维利. 论家校微信交流冲突中教师的角色担当 [J]. 中国教育学刊, 2017 (10): 26-30, 40.

[3] 何瑞珠. 家庭、学校与社区协作 [M]. 香港: 香港中文大学出版社, 2022.

[4] 张春. 基于"互联网+"家校共育的新样态学校建设 [J]. 现代教育, 2020 (1): 29-31.

培育提升师生信息素养案例

"人工智能+大数据"赋能教师数字素养和技能提升的策略

于晓雅[1]，胡淑均[1]，秦　昆[1]，俞　瑶[1]

[1]北京教育学院

摘　要：按照"免费优先，收费求精"的软硬件系统设计和选择原则，权衡人工智能赋能"备教学考评管"六环节的需求与期望效果与学校现实环境条件的矛盾，重点关注智慧教研、大数据学情分析、教学过程调优、作业智能批改四个突破方向，通过在四所实践校的教学实践验证和迭代优化，形成从免费到收费的"人工智能+大数据"赋能教与学的体系化软硬件三层推荐应用策略，供"双薄弱"、"单薄弱"及"双促进"三类学校师生根据实际情况选择、学习、应用。在此过程中，通过"专家指导+教师教学实践+学生学习探索（UTS）"的实验推进策略，全面提升教师数字工具选择能力、信息处理加工能力和技术与教学深度融合的能力，在实践实战中，全面提升教师的信息素养。

关键词：人工智能；大数据；赋能；数字素养和技能

一、案例背景

教育数字化转型的初期阶段面临着空前的机遇和挑战，通过考察学校实际发展状况，我们发现，当下教育数字化转型的实践与所期待的价值取向还有一定差距。

课题组在人工智能赋能教师信息素养提升大课题下，仔细遴选甄别，针对这种差异和差距，提出教师信息素养的测评指标框架模型，并给出了教育教学应用技术和策略的三层架构，分别适应"双薄弱"学校、"单薄弱"学校及"双促进"学校,从2019—2022年开展了三年的实践验证,证实了策略的可行性,对不同学校的教师数字素养和技能以及教育教学数字化转型起到了有效的推动和落实。

二、实践过程

(一) 可用的人工智能技术分析

国内外已有学者提出人工智能支持教育的应用场景,并提出教育人工智能的新范式和应用框架。在分析国内外文献的基础上,本文参考祝智庭教授的教育人工智能相关理论,研究人工智能对教学各环节的支持(见图1)。

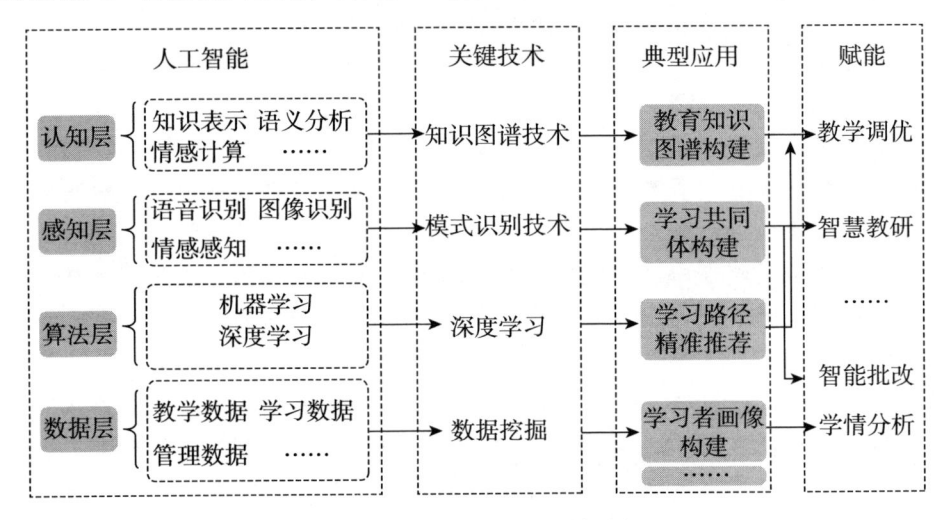

图1 人工智能技术的支持分析

教育系统内部结构是相互联结的整体,"备教学考评管"六环节是具有逻辑联系的系统整体,各部分结构和要素是相互依赖的关系。经过多轮实验和验证,将这些应用从是否免费、是否易学、是否实用三个方面,对应将实验校分为"双薄弱"学校、"单薄弱"学校及"双促进"学校三类,给出了教育教学应用技术和策略的三层架构,开展实验和验证的教学实践。

(二) 人工智能赋能的四个突破点

1. 备——智慧教研

在北京师范大学高精尖中心的支持下,我们免费把人工智能赋能教研的

"听课本"引入所有实践校的日常教研活动。充分利用"听课本"数据信息的全程采集与分析,刻画教师个性化发展轨迹,精准推送资源等精准校验功能,跟踪日常教研,"听课本"支持教师在线分享、研讨和协商,群体分享教师教学智慧和教学资源,助力教师协同成长;基于观察量表,自动汇聚、提取群体课堂建议,生成课堂分析报告,帮助教师科学分析;同时实现听课记录的数字化存储,支持图片、音频和视频等媒体信息的实时记录;实现教师随时随地进行听课、评课等日常教学活动;最后自动生成听课报告,解放教师的同时,引导教师关注更深层次的问题。

基于上述数据分析,能够发现教师个体在教学实践过程中存在的问题点,教师空间后台具有与问题点相匹配的资源,从而基于教师个体的问题点向其推荐与之匹配的学习资源。另外结合所有听课教师记录分析、研讨和建议等数据,生成的报告中也包括群体反馈、改进建议。

2. 教——深度融合的课堂教学

三年两轮的行动研究中,引导实践校教师基于 PDCA 循环(计划、行动、观察、反思)采用"四步骤"(问题导向、教学实践、效果检验、反思调整),经历深化应用、转变方式、融合创新"三阶段",从最初的工具论、整合论等浅表认知,到理解"深度融合"的实质是教与学方式的转变。

"深化应用"阶段,学习希沃白板 5、XMIND、剪映、班级优化大师等软件,在信息化环境中实施课程教学活动,将微课、互动课件、电子白板应用在实际课堂。

"转变方式"阶段,利用希沃白板 5 加强课堂互动,通过 XMIND 丰富展示方式,基于剪映制作微课,借助班级优化大师强化过程性评价,选用适恰智能工具为教师课堂赋能,协同教师开展教学,提升课堂教学效率。

"融合创新"阶段,微课已从会做到智用,实践了翻转课堂、双师课堂、研究性学习、探究性学习等多种教学模式。充分利用智能工具和虚拟仿真实验室等,支持疑难知识理解和复杂问题探究。

依托智能教育平台系统,探索"双师课堂",帮助解决区域、学校、城乡教育不均衡难题,帮助新建校或偏远地区缓解师资力量薄弱的问题。如实践了基于北京市数字学校及基于 CLASSIN 学习资源中的名师云课的翻转课堂、与"手拉手"学校主题为"同话家乡景共叙京蒙情"的"双师"项目式学习实践活动,探索了"双减"背景下课后服务中"双师课堂"的实践。

3. 评——大数据学情分析

首先是在北京师范大学附属中学开展智学网的人工智能赋能批阅试卷和

畅言网的课堂互动系统教学实验，作为条件较好的学校开展典型课程开发和研究课示范，进行人工智能支持的考试学情分析和课堂学情分析。随后在大兴一小，以教师信息素养尚可但是学校一无所有的学校典型，组合利用问卷星、UMU、学习通、每日交作业等信息技术手段提升教师进行学情分析的能力，使学情分析更加精准。两种策略面对不同建设情况的校园，都取得一定的效果，在一定程度上能改变教师对学情分析的认识，提升教师的信息技术素养，把信息技术助力小学教师学情分析的方法应用到常规课堂中，能在一定程度上提高小学教师将信息技术与学科内容融合创新的能力。

4. 学——学生作业智能批改

智能作业批改主要依托批改网的云笔进行，该产品以智能纸笔为特色，围绕课堂互动、课后作业及考试三大主场景，实现学生作业的实时同步、智能批阅及智能分析，自动化生成学生错题本，助力教师高效教学，促进教学管理的数字化和智能化。作业模式支持学生纸笔作答，全面采集做题过程数据，支持作业实时批阅，分析学情大数据，自动生成作业报告。学生写作业时，书写数据自动存储在智能笔离线数据中，打开终端设备，连接智能笔，作业书写数据自动上传平台，教师通过平台可以即时查看作业数据。考试模式支持传统纸笔答题，个性化制作答题卡，设置考试时间，支持学生答题数据即时采集，支持全学科客观题及英语主观题智能批阅，生成学生错题集，大数据分析考情，智能推送考试报告，为教师的个性化教学和因材施教提供数据支持。最后，系统能够根据学生答题数据自动生成学生个人错题本和班级共性错题集，并根据全体学生的答题数据生成数据报告，供教师参考。这种方式，不改变学生当前书写习惯，不改变教师当前授课方式，不改变教师当前批阅方式，也不改变学校考试组织方式，特别适用于数字技能不强的教师。在北京中学和北京师范大学附中的实践中，以英语组和道德法制组为主要实验教研组，突破了课堂主观题数据无法采集分析的技术难题和答题过程无法回放分析、普通作业需要扫描上传才能批阅的问题以及突破英语主观题智能批改的问题等。

三、实施成效

（一）实践校实施人工智能教学的总体情况

实践校实施人工智能教学的总体情况如表 1 所示。

表1 实践校实施人工智能教学情况

学校类型	学校名称	教学情况
"双促进"学校	北京市西城区A中学	以新兴信息技术支持的跨学科教学为引领,进行信息技术与教育教学深入融合的课例设计与项目开发,探索教师数字素养提升途径和策略
	北京市海淀区B中学	整校推进新兴信息技术支持的跨学科教学实践研究及信息技术与学科教学深度融合的课例设计与实施
"单薄弱"学校	北京市西城区某中学	以中学人工智能教学实践研究和新兴信息技术对教育教学的支持为引领,探索人工智能视域下在信息技术与教育教学深入融合的课例设计与实施为途径的中学教师数字素养提升策略
	北京市东城区某中学	人工智能教育及新兴信息技术引领的信息技术与教育教学深入融合的课例设计与实施
"双薄弱"学校	北京市通州区某小学	深化智能软件在课堂教学中的应用,转变课堂教与学方式,提高课堂效率,探索翻转课堂、双师课堂及融合课堂,通过深化应用、转变方式、融合创新的三级策略提升师生数字素养
	北京市大兴区某小学	以新教师为主的信息技术与学科教学深入融合的教学实践

(二) 部分实践校的实施效果

1. 北京市西城区A中学

(1) 完成调研、访谈、测评,确定实践基地校的主要研究方向,课题组有STEM科技组、信息技术和英语教学深度融合研究组、技术促进学习研究组。

(2) 引进人工智能环境。引进科大讯飞智慧学园、英语100、批改网等建设智慧环境,初步完成人工智能批阅试卷、学生成绩统计、个性化自适应练习、作文批改等功能。全体师生听取了集中授课阶段的内容和要求,参加了公共培训,并在未来打算人人支持某两项技术的方式帮助该校教师提升数字素养。

(3) 开发在线学习课程。共同开发了用于本校初一、初二、高一的选修课程"防疫抗疫，健康有道"的 STEM 项目式在线学习课程，解决了孩子因疫情居家的亲子关系以及学习的目标性和效果性。

（4）合作完成本校信息化建设现状调研和诊断，设计了本校信息化建设三年规划，合作设计了本校教师校本培训的信息技术应用能力提升策略和实施方案。

2. 北京市朝阳区某中学

完成师生信息素养调研、访谈、测评，结合本校实际情况确定研究方向。基于本校的实际制定项目推进的各项工作，包括教师研究课观摩课、集体研讨、成果梳理等。以技术促进学科教学、在线课例研究、STEM 科技组的发展为方向协同创新。

3. 北京市西城区 B 中学

该中学是最早最全使用人工智能技术助推教育教学管理和教学评价的学校，拥有一套完整的人工智能管理系统和评价系统，积累了完备的学生实验室，人工智能教学方面也已经走在北京市前列。2020 年顺利完成北京市信息技术应用能力 2.0 先行示范校工作。

4. 北京市大兴区某小学

完成培训前后教师对学情分析的认识对比和应用信息技术水平的对比。

四、反思总结

在"备教学考评管"一体化思考下，先从备、教、学、评四个方面做了重点实验，并将四个方面软件的获得和应用，基于坚决不等靠要、不埋怨、不浪费的原则，分门别类地梳理，并按照学校实际情况进行有差别的推荐。这样做的效果，无论是智慧校园建设有待完善的"双薄弱"学校，还是虽有硬件但教师数字技能有差距的"单薄弱"学校，或者是智慧校园建设好还有一群数字素养好的"双促进"学校，都能积极开展技术赋能的教学实践和有步骤的教学实验。未来不同类别技术之间的相互依赖性会增加，教育生态中各种数字技术趋于系统化，新技术将处于一个更大的数字学习生态系统之中。本案例就是对建构数字生态系统的一个初期但使用和效果良好的尝试。

参考文献

[1] SEPULVEDA A. The digital transformation of education：Connecting schools, empowering learners [DB/OL]. (2021-11-01) [2023-06-02]. https://unesdoc.unesco.org/

ark：/48223/pf0000374309.

［2］EUROPEAN COMMISSION. Digital education action plan 2021 – 2027：Resetting education and training for the digital age［EB/OL］.（2020 – 09 – 30）［2021 – 11 – 01］. https：//ec. europa. eu/education/education – in – the – eu/digital – education – action – plan_ en.

［3］UNESCO. Reimagining our future stogether：A new social contract for education：Proceedings of the 41st session of the UNESCO General Conference, November10, 2021［C］. Paris：UNESCO, 2021.

［4］胡姣，祝智庭. 技术赋能的教学微创新：教师教育智慧的实践场［J］. 中国电化教育，2021（8）：99 – 109.

［5］祝智庭，韩中美，黄昌勤. 教育人工智能（eAI）：人本人工智能的新范式［J］. 电化教育研究，2021，42（1）：5 – 15.

［6］钟卓，钟绍春，唐烨伟. 人工智能支持下的智慧学习模型构建研究［J］. 电化教育研究，2021，42（12）：71 – 78，85.

以教师队伍建设为本推动教育全面数字化转型

程 莉

北京市西城区现代教育信息技术中心

摘 要: 教育全面数字化转型中起到决定性作用的是能够传递数字化理念和方式,能够推动构建智慧教育发展新生态,能够持续支持教育教学中长期创新实践的精、尖教师人才。西城区现代教育信息技术中心以培养信息化兼职教研员队伍为抓手,在多年探索实践中,取得积极的成效并形成深刻思考。

关键词: 教育数字化转型;信息化相关工作教师;队伍建设;教师信息素养

一、案例背景

(一) 培育提升信息化相关工作教师信息素养刻不容缓

学校信息化相关工作教师承担着各校信息化工作的统筹规划与应用管理、组织其他教师信息化培训等与信息化相关的各项工作,其人员构成复杂,专业性要求高,亟须增强对信息化相关工作教师的培训工作,进一步完善相关教师队伍建设,从而引领区域教师信息化能力的整体提升。

(二) 以培养兼职教研员队伍为抓手,推动信息化相关工作教师信息素养整体提升

西城区现代教育信息技术中心(以下简称"西城教育技术中心")一贯重视对西城区各校信息化相关工作教师的培训,从2006年起就草创组建了一支以网管教师为主要组成的信息化兼职教研员队伍,并持续组织相关教研培训工作,促进精、尖力量的形成。

2019年教育部启动实施中小学教师信息技术应用能力提升工程2.0，发布了《中小学教师信息化教育教学能力发展框架》，使得上述相关培训工作依据和目标更加清晰和透彻。依据发展框架，同时结合信息化相关工作教师专业性强、需求涉及面广的特点，西城教育技术中心深入调研教师需求，制定了《西城区教育系统信息化相关工作教师培训方案》，并通过实践推动西城区教师信息素养整体提升。

本案例将以兼职教研员队伍的建立、培养、实际工作成效、反思总结为主要脉络，介绍西城区信息化工作相关教师队伍全面数字化转型的情况。

二、实践过程

推动教育的数字化转型，对教师数字化能力的培养是关键支撑，需要着力培养能够传递数字化理念和方式，能够推动构建智慧教育发展新生态，能够持续支持教育教学中长期创新实践的精、尖教师人才。应对这个课题，我中心进行了如下实践和探索。

（一）组建西城区教育信息化兼职教研员队伍

2019年，为贯彻落实《西城教育现代化2035》文件中"适应科技变革，实现信息化与教育深度融合"的战略任务，提升西城区域信息化整体水平，西城教育技术中心出台了《北京市西城区中小学教育信息化兼职教研员聘任及管理办法》，创新教育信息化兼职教研员队伍的组织管理。在全区教师申报范围中，遴选出涉及中小学、职高共27位教师组建第一届西城区教育信息化兼职教研员队伍。

（二）加强对兼职教研员的培养

队伍组建以来，西城教育技术中心面向兼职教研员组织了一系列培训活动。培训的主要目的是夯实兼职教研员的技术储备，拓宽兼职教研员的视野、思维，通过国家平台、区级平台、校级平台、企业平台的多维组合，涉及人工智能、大数据、云计算、5G、教育云、智慧校园、校园网络建设管理、网络安全等多个技术领域。

加强对兼职教研员培养、培训的同时，西城教育技术中心要求兼职教研员参加面向信息化相关工作教师的全面培训，并对培训提出有建设性的意见和建议，促进培训安排的完善及全体相关教师信息素养的整体提升。

（三）着力促进"以点带面"局势的形成

按地域划分，西城教育技术中心构建了以兼职教研员任小组长的分组工作机制。当有区级应急工作时，兼职教研员将协助区级工作，做到积极响应，发挥上传下达的纽带作用；日常工作中，兼职教研员带领小组组织分组活动，互助解决工作中遇到的各种问题。经过几年的实践，"以点带面"的工作机制基本形成。

在所开设的多节直播课中，兼职教研员、骨干教师纷纷介绍自己学校的解决方案，带动更多教师踊跃参与，"以点带面"的工作氛围基本实现。同时，西城区信息化相关工作教师的培训工作也正式走向数字化转型。

（四）全力做好全员培训提升整体教师信息化素养

面向西城区全体信息化工作相关教师，西城教育技术中心组织了多类型的培训内容，在课程设置上充分考虑政策与前沿技术、理论与实践，设置了政策指引、教育教学理论指导、前沿趋势、网络安全主题或其他专项培训模块；在形式上，政策性、时效性强的课程内容通过直播课的方式进行，专家讲座、精品课等采用录播在线课堂的形式，方便学员深入及反复学习、体会。

同时，西城教育技术中心为了保障培训效果，在以考核保障学习效果和以竞赛促进学习效果方面也做了尝试。直播课通过学员登录情况、在线时间、互动情况进行考核，录播课根据平台完成录播课情况、完成作业情况进行考核，并依据这些考核情况，评选优秀学员，促进形成学习大比拼的良好氛围；同时，西城教育技术中心组织了各种竞赛活动，激励教师学习的积极性，促进教学效果的达成，也为教师提供了展现自我成绩的渠道。

三、实施成效

在北京西城数字学校教师培训平台、西城云课堂有效支撑下，西城教育技术中心的相关实践和探索取得一定成效。

（一）兼职教研员提升明显，取得客观实在的工作成绩

北京师范大学附属中学姚茜老师主持探索智慧校园建设，通过智学网、智慧课堂、教师研修平台全面统计和分析学生学习及相关数据，形成教学资源精准标注、智能推荐和搜索方案，构建了智能校本云知识库，沉淀多维度教师工作。

北京第三十五中学王舰老师主持建设管理 18 个信息系统，涉及学校教育管理、教学的方方面面，并在有限资源下自主再次开发，创新出适应教育教学场景的应用系统。

西城区师范附属小学赵岱松老师形成了完善、系统的一整套信息技术支持方案和多渠道、多层面的信息技术保障方案，从容完成学校教师居家、部分学生居家、大规模居家学习、大型校园活动等情况的直播教学任务，据统计，仅 2022 年 4—5 月就支持 8140 次直播，覆盖 29 余万人次。

（二）带动了全员发展，中心辐射教师的数量及信息素养双提升

通过前文所述的一系列工作，西城区已建成一支稳定的、系统的信息化工作相关教师队伍，"以点带面"的工作思路所取得的成效初步展现。

信息化工作相关教师队伍得到极大扩充，参与常规教研培训的信息化工作相关教师由 2006 年的 50 人发展到 2022 年的 160 人，组建西城区教育信息化培训群组，上传下达响应速度快。

2022 年 10 月组织的西城区教育系统网络信息安全知识竞赛，参加教师数量达到 748 人，教育信息技术和网络安全意识得到广大教师的重视，相关活动参与度高。

2014 年起组织西城区知讯杯论文竞赛，历年收集作品平均不到 50 份。"2022 年西城区信息技术教育与教育信息化征文活动"，共征集作品 400 余篇，涉及信息技术与教学的融合创新、教育信息化建设与应用方面内容的征文尤为突出，并从中发现了众多优秀案例，征文数量和质量实现了双提升，也验证了西城区教师数字化转型达成了阶段性目标。

（三）在线教学平台经过了实践检验

西城教育技术中心以西城区云课堂、北京西城数字学校为依托，组织开展多种形式的培训活动，西城区信息化相关教师的培训工作走向数字化转型。同时，在线教学平台提供直播在线课堂、录播在线课堂、微课慕课教学三种模式，保障各种教学情景及目的。

四、反思总结

通过这几年的探索和实践，总的来看，笔者认为平台功能尚有待进一步开发完善，如开发大数据功效；应该更为深入地调研信息化相关教师培训需求，并紧抓其反馈；信息化相关教师教研培训的激励制度还不够完善，培训

形式不够多样化；需要专家更深层次或更多维度的引领培训内容；需要进一步挖掘多渠道的丰富资源。按此，将在以下方面继续探索和前进。

（1）进一步完善平台建设，依托大数据支持建设更全方位的评价维度，通过数据分析清晰地了解信息化相关教师学和用的特点和需求，开展科学的、个性的研修模式，推进常态化应用。

（2）要坚持做到准确识变、主动求变、积极应变，立足以学校需求为牵引开展各项培训工作，促进教师交流互鉴，为教师提供联通合作的沟通平台。

（3）随着国家智慧教育平台的上线，积极探索并充分利用国家提供的优质资源，为信息化相关教师提供更丰富、更全面、专业性更强的课程内容，为信息化相关教师的终身数字学习提供更好的服务。

（4）创新开展面向信息化相关教师多样化的竞赛活动，完善奖励机制，建立一支专业、创新、稳定的信息化工作相关教师队伍，带动全体教师向数字化教师转变，大力推动教师队伍建设的数字化转型。

参考文献

［1］黄荣怀. 加快教育数字化转型推动学校高质量发展［J］. 人民教育，2022（Z3）：28－32.

［2］顾小清. 教育信息化步入数字化转型时代［J］. 中小学信息技术教育，2022（4）：5－9.

基于混合式教学的教师信息素养提升研究与实践

李 敏[1]，尉 捷[1]

[1]北京城市学院

摘 要： 北京城市学院以创新推广理论为指导，从提升混合式教学课程设计能力、课程实施能力、课程评价能力出发，按推广混合式教学改革的获知、说服、决定、实施和确认五个阶段开展师资培训，配套信息化环境建设，形成具有学校特色的"三能力培养，五段式推进"教师信息素养培养体系，推动了学校信息化教学改革的不断深入，在师资队伍建设、课程建设、教学研究方面取得成效。

关键词： 混合式教学；创新推广理论；信息素养

一、案例背景

互联网、人工智能等新技术的发展不断重塑教育形态，导致知识获取方式和传授方式、教和学关系发生深刻变革，也对教师队伍发展提出新的更高的要求。2018年1月，《中共中央、国务院关于全面深化新时代教师队伍建设改革的意见》要求教师主动适应信息化、人工智能等新技术变革，积极有效开展教育教学。2018年4月，教育部发布《教育信息化2.0行动计划》，要求实现从提升教师信息技术应用能力向全面提升其信息素养方向转变。

（一）学校教育信息化过程中存在的问题

2013年以来，北京城市学院以推动网络课程建设为中心促进教师信息技术应用能力提升，在实施过程中发现如下问题。

1. 学与用未能紧密结合

大多数网络课程只是依托网络教学平台，按教学内容上传课程PPT和其他教学资料，作为教师课程资源库存在，未能应用到课堂教学，学生很少登录平台进行线上学习，且平台课程资料长期不更新，存在"为建而建""建而不用"的现象。

2. 教师信息化教学创新能力不足

未能形成信息化社会的思维方式和行动方法，对于课程教学的研究还停留在面授环境下的备课、反思等经验总结层面，尚未对信息技术融入课程教学的分析、设计、开发、实施和评价全过程开展精细化研究，借助信息技术创新教学模式能力有待提升。

3. 学校支持服务体系不够健全

学校信息化改革激励机制不够健全，难以调动教师积极性；平台功能不完善，信息化教学环境建设水平不高，难以有效支撑信息技术与教学有效融合。

（二）以推动混合式教学为核心，全面提升教师信息素养

基于此，2018年以来，学校以创新推广理论为指导，以混合式教学课程建设为核心，构建"三能力培养，五段式推进"的教师信息素养培养体系，配套信息化环境建设，确保信息化改革深入推进，教师信息素养有效提升。

（1）选取混合式教学新模式进行创新推广，开展混合式教学课程建设和认定工作，培养教师混合式教学课程设计能力、课程实施能力、课程评价能力。

（2）以创新者和早期采纳者为主要对象，按照获知、说服、决定、实施、确认五个阶段组织开展培训，逐步推广应用到早期采纳人群及晚期采纳人群。

（3）加大投入推进配套建设，营造混合式学习良好环境，保障教师混合式教学的实施。

二、实践过程

（一）强化"三能力培养"

教师混合式教学课程能力是直接影响课程活动目标达成及其成效的能动力量，包括设计能力、实施能力、评价能力等，课程能力提升对课程建设起着决定性作用。

1. 强化混合式教学课程设计能力培养

学校研究制定混合式课程整体设计模式，形成前期分析、课程整体设计、课程单元设计、线上SPOC设计四阶段设计流程图。开展理念培训、信息技术培训、课程设计思路与方法培训，通过专家讲座、平台技术团队培训、开设混合式课程设计研讨班、组织混合式教学工作坊、开设《混合式课程设计》

线上课等方式，促进教师课程设计优化。

2. 强化混合式教学课程实施能力培养

学校设计基于 SPOC 的翻转课堂互动型混合式教学实施流程图，发布混合式课程教学指南，提出课程实施具体要求，规范课程实施过程。通过组织开展混合式教学经验研讨会、教学沙龙、示范课观摩、专家听评课，举办智慧教学大赛，发布混合式课程经典案例和成果集等，促进教师课程实施改进。

3. 强化混合式教学课程评价能力培养

学校构建混合式课程评价体系，将线上参与讨论、在线测试、在线作业、阅读观看学习资源等与参加线下教学活动评价连贯完整。注重过程评价和学习效果评价，设计学习过程记录表和评价反馈要求。鼓励运用口试答辩、技能测试、文本报告、实践报告及总结、作品等方式，设计多元化的评价方案。组织召开研讨会、专项训练会、模拟评价等促进科学评价。

(二) 实施"五段式"培训

学校以革新者和早期采纳者为重点进行培养，以教师获得一门混合式教学课程认定为目标，按创新决策推广的获知、说服、决定、实施和确认五个阶段开展师资培训。

1. 获知

获知阶段是教师接触混合式教学并对混合式教学的理念和实施有初步了解的过程，培训重点是"模式认知"。学校通过两步走方式开展：一是"走出去"，组织课程建设委员会核心成员参加第三十九届清华教育信息化论坛，把握混合式教学的政策要求和其他高校的最新探索与进展；二是"引进来"，邀请清华大学教育研究院副院长韩锡斌副教授、山东理工大学李震梅教授等分享混合式教学经验。

2. 说服

说服阶段是革新者、早期采纳者对混合式教学态度形成的过程，培训的重点是"模式认可"。学校发布《北京城市学院混合式教学课程建设实施方案》并召开实施方案解读说明会。依托清华教育技术研究院，面向教学单位推荐选拔的革新者、早期采纳者，开设为期两周的"混合式课程建设"线上线下混合式课程，举办为期两天的"混合式课程设计研讨班"，开展两期优慕课网络教学应用培训，帮助教师认识混合式教学的优越性，促成建设课程的决心。

3. 决定

决定阶段是革新者、早期采纳者决定建设混合式教学课程的过程，培训的重点是"模式采纳"。学校设立混合式教学课程教研课题专项，编制混合式教学课程申报指南，发布混合式课程整体设计、单元设计模板，召开指南解读说明会，指导教师撰写申报书和开展混合式教学设计；同时学校就课题专项召开立项答辩会，与会专家对申报建设的课程设计提出修改意见和建议。

4. 实施

实施阶段是革新者、早期采纳者建设混合式课程投入实际教学的过程，培训的重点是"评估反馈"。学校组建在线技术支持服务中心，成立专家团队，设立微信群、服务电话，随时解答教师在实施过程中的问题；实施课程专项听课，专家督导团队进入混合式教学课堂"一对一"听课指导交流；组织开展专项学生问卷调查和教师调查，召开专项汇报会，反馈调查和评价结果；选拔优秀教师，组织混合式教学工作坊、经验交流会等方式对共性重点问题进行探讨和交流；鼓励教师自行通过同伴协作、利用项目资金自主参加校外培训等方式解决个性化问题。

5. 确认

确认阶段是革新者、早期采纳者强化混合式教学课程应用，复制推广的过程，培训的重点是"成果推广"。学校组织开展专项课程结题汇报评审观摩会，验收通过的课程认定为校级混合式教学课程，优秀项目则认定为混合式教学示范课程；组织混合式教学示范课观摩课，举办智慧教学大赛，就建设经验进行交流分享；推动课程分类建设，制定《北京城市学院课程分类建设管理规定》，召开分类认定解读培训，引导革新者、早期采纳者据此建设第二门混合式教学课程并进阶建设一流本科课程。

（三）建设信息化环境

1. 升级网络教学平台

学校升级在线教育综合平台并配套移动学习客户端，满足教师开展备课、授课、学习指导等教学活动的需要和学生开展自主学习、协作学习和探究学习等学习活动的需要，为全校师生提供一个可控可管的高水平教学交流空间。

2. 改建、新建教室

学校依托大数据学院建设以学生为中心的主动式学习环境，能满足大规模学生的课程教学、课外交流、创新工作室、企业沙龙等课内外学习需求。同时加大传统教室的改造，基本满足学生混合式学习需要。

3. 建设智慧校园

学校与中国移动通信集团北京有限公司签订战略合作协议，着眼于5G布局基础上的智慧校园建设。

4. 开展教学创新大赛

学校以打造一支适应"互联网＋教育"的高素质专业化创新性教师队伍为目标，每年定期举办教师教学创新大赛，充分发挥大赛示范引领作用。

三、实施成效

2018—2022 年，学校通过线上线下共组织校内外培训 52 场，培训师资 4534 人次。共立项建设 74 门混合式教学课程，15 门课程获评混合式教学示范课程；百余门自建课程通过认定，6 门课程被认定为北京市线上线下一流本科课程，共有 3977 门次课程在学校网络教学平台申请开课。91.5% 的学生对所学的混合式课程满意，89.7% 的学生建议更多的课程采用混合式教学。

教师共发表相关论文 76 篇，其中 5 篇获第十一届北京高校青年教师教学基本功比赛论文奖，8 篇在 2021 年互联网、教育与信息技术国际学术会议等国内外会议做交流分享；10 篇课程改革和建设成果获优慕课在线教育公众号推荐，向全国其他院校教师推广；学校每年度编制《北京城市学院混合式教学课程建设成果集》供学习交流。2 人获北京市高等学校青年教学名师奖，2 人获北京高校教师教学创新大赛一等奖，1 人获第二届全国高校教师教学创新大赛三等奖，9 人获"北京高等学校优秀专业课主讲教师"称号。多项混合式教学成果获北京城市学院 2021 年教学成果奖，大学英语课程获评国家级线上线下混合式一流课程。

四、反思总结

教师信息素养的提升是一项系统工程，必须遵循"以校为本、成果导向、应用驱动、注重创新"的原则，根据新问题、新要求、新定位形成符合校情的校本新模式。

（1）突出以校为本。要立足学校实际情况，以问题为导向，做好学校顶层设计，制定并落实学校信息化发展规划和教师信息素养提升方案，落实各项支持保障举措，整校推进、全员参与。

（2）突出成果导向。要科学选取与教师信息素养提升高耦合的信息技术应用切入点，确定明确的、可测量、可考核评价的目标体系，加强过程的质量监控，以评促学、以评促建、以评促改。

（3）突出课堂应用。要强调信息技术服务教育教学改革，要求教师在课堂教学实践中解决问题，提升能力，以学生学习成效检验教师信息应用能力，避免"学而不用""建而不用"的现象发生。

（4）突出研究创新。要强调教师信息化教学能力发展需经历认识、应用到深化，再到创新的过程，激励教师将信息技术融入课程教学的过程中不断总结、创新，形成符合课程特色的信息化教学模式。

参考文献

［1］王玉明．试论教师信息素养及其培养［J］．电化教育研究，2004（2）：21-24.

［2］宫淑江，焦建利．创新推广理论与信息时代教师的信息素养［J］．教育发展研究，2002（Z1）：64-67.

［3］桑国元，董艳．论"互联网+"时代教师信息素养内涵演进及其提升策略［J］．电化教育研究，2016，37（11）：108-112.

［4］何克抗．如何实现信息技术与教育的"深度融合"［J］．课程·教材·教法，2014（2）：58-62.

［5］吴砥，周驰，陈敏．"互联网+"时代教师信息素养评价研究［J］．中国电化教育，2020（1）：56-63，108.

［6］马欣研，朱益明，薛峰．教师信息素养分析框架构建与应用研究［J］．开放教育研究，2019，25（3）：92-102.

［7］马晓燕，郝春东．信息化2.0时代下教师信息素养能力提升路径［J］．创新创业理论研究与实践，2021，4（23）：138-140，143.

［8］韩锡斌，葛文双．中国高校教师信息化教学能力调查研究［J］．中国高教研究，2018（7）：53-59.

"互联网+"背景下教师信息素养提升研究

范胜武[1],喻淑双[1],吴 洁[1],郭茜茜[1]

[1]北京市二十一世纪学校

摘 要：在"互联网+"背景下,随着教育信息化的推进,对教师的信息素养提出较高的要求。北京市二十一世纪学校根据新时代教师的发展要求,结合学校的发展现状,提出教师素质培养模型,在开展教师培训、开发数字化教学资源、研究教学模式等方面形成了一些可借鉴的经验,并取得了良好的实践效果。

关键词：教师发展；教师培训；"互联网+"

一、案例背景

(一) 国家"鼓励学校逐步探索网络化教育新模式"

随着当今科学技术的不断发展,教育已经进入"互联网+"时代,云计算、大数据等新的信息技术不断涌现,翻转课堂、微课、慕课等现代信息化教学模式方兴未艾,对当今教育产生深远的影响。2015年5月,习近平主席在"国际教育信息化大会"的贺信中强调："因应信息技术的发展,推动教育变革和创新,构建网络化、数字化、个性化、终身化的教育体系,建设'人人皆学、处处能学、时时可学'的学习型社会。"2015年7月,《国务院关于积极推进"互联网+"行动的指导意见》颁布,进一步明确提出"鼓励学校逐步探索网络化教育新模式"。在北京市教育委员会颁布的《北京市中小学教师信息技术应用能力提升工程2.0推进指导方案》中提出的总体目标为：促进校长信息化领导力、教师信息化教学能力、培训团队信息化指导能力显著提升,全面促进信息技术与教育教学融合创新发展。在数字化时代,教师需要积极适应未来教育与学习的变革,所以提升教师的信息化能力势在必行。

（二）需要实现学生"个性化培养"

二十一世纪学校为十二年一贯制私立学校，学生和家长希望学校为每个孩子提供适合的教育，满足学生个性化学习的需求，全面提升学生的思维能力、创新能力、信息素养等综合能力。虽然学校实施小班化教学，但在传统的教学模式下，教师在有限时间内满足20多位学生的个性化学习需求，仍需要转变传统的教学模式，利用大数据对学生进行分析，实现学生课堂的高效学习。

（三）需要实现教师"精准赋能"

学校在岗专职教师全部本科以上学历，其中国内硕士、博士研究生占40%，留学硕士占29%；从年龄上看，25—35岁的教师占比为70%。由此可见，学校教师队伍结构相对年轻化，对新技术新方法的接受能力较强，但是教学实践经验缺乏。此外，信息化教学资源筛选难度大、迭代更新快，造成教师在信息技术使用中的畏惧心理。因此，学校通过对教师开展相关培训，包括教育理念、软件操作等主题培训，帮助教师利用教育信息技术开展教学改革，促进教师专业发展。

二、实践过程

（一）整体规划，建立多级协同推进机制

学校在2021年6月建立了智慧教育"1+3+8"协同推进机制。"1"指成立保障推进小组。"3"指成立三个工作组，分别为数字教育资源研究小组、信息技术教学模式研究小组、教师信息技术培训研究小组。"8"指将1—12年级所有教师分成语文、数学、英语、科学、社会、技术、艺术、体育8个学科组，并设置学科主任岗位。

（二）开展培训，提升教师信息素养

学校实施双线管理，分为行政层面和专业层面，细化分工，设置不同级别的负责人，研究或开发适合不同年龄段教师、不同学科的线上资源；并采取线上线下相结合的混合式教师研修模式提升教师信息素养，让教师愿意用、会用教育技术。开展多种形式的信息技术培训，这些培训分为以下三类：

第一，专题讲座类培训。由学校统一聘请市区级教研员、高校教授等专家，为教师开展教育技术通识培训和学科教育技术专项培训。

第二，主题研讨类培训。主要指以学科组和教研组为单位，针对具体问题开展的教育技术研讨。如在"北京市中小学教师信息技术应用能力提升工程2.0"项目中，学校15个教研组将信息素养提升与日常校本教研工作相结合，分别制订本组的研修计划和研讨主题。

第三，实践应用类培训。主要指教师通过听课、评课、上课、赛课来学习如何在课堂教学中使用教育技术。如在2021年12月的锡华杯课赛中，学校以教育技术应用作为比赛评价指标之一，要求教师在教学设计中说明本课应用了哪些信息技术；学校每学期开展每人一节公开课活动，鼓励教师在公开课中使用教育技术。通过教师自磨、教研组二磨、大学科组三磨、校级课赛、专家点评、赛后反思等方式，层层递进，打造精品案例，形成教师专业成长的闭环。

(三) 开发资源，避免教师走"弯路"

1. 形成App推荐表

目前应用市场里各种教育软件种类繁多，质量参差不齐，任课教师筛选难度大。因此，学校成立数字资源研究小组，组织教师分学段分学科对教育软件进行研究，研究每种App的优缺点及使用建议，再经过课堂教学实践后，最终生成《常用教学类App推荐表》。

2. 建设学校资源库

李伟在《试述学校资源库建设对中小学教师专业发展的优势作用》一文中，分析了学校资源库的构建和使用给一线教师教学及自身发展带来的便利。老师需要一个能够打通资源流动渠道的平台。据此，学校在2018年9月搭建"21CS教学资源库"，成功接入学校云平台，为学校开展混合式学习提供便利条件。

(四) 研究模式，以课题助力教师成长

为了让技术更好地为教师课堂教学赋能，学校开展了3项课题研究，分别是"基于移动学习终端的小学课堂教学模式研究""'互联网+'背景下的混合式学习实践研究""基于项目式、体验式学习下（PEBL）的高中英语课堂教学实践研究"，定期组织汇报，分享研究成果，让全校老师受益。

三、实施成效

(一) 优化教师素质培养模型,有效转变教师理念

学校以"四有教师"理念为基础,贯彻《关于全面深化新时代教师队伍建设改革的意见》及《新时代基础教育强师计划》中提出的培养"教育家型教师"的精神,参考借鉴徐红对"专家型教师素质模型"的研究,提出具有本校特色的教师素养培养模型,该模型从健康的从教身心、优秀的从教品格、先进的从教观念、丰富的从教知识、过硬的从教能力五个维度进行构建(见图1)。

- 仪表端庄
- 精力充沛
- 人格健全

- 热爱教育事业
- 热衷教师职业
- 恪守教师伦理
- 坚定的意志品质
- 良好的态度品格
- 优秀的理智品质

- 教学研究能力
- 课程开发能力
- 资源整合能力
- 数据分析能力
- 知识学习能力
- 德育管理能力
- 教育科研能力
- 自主发展能力
- 教育感悟能力
- 资源分享能力
- 设计课堂能力
- 师生关系能力

- 扎实的所教学科知识
- 丰富的教育实践性知识
- 完备的教育理论性知识
- 广博的通识文化知识
- 强大的网络教学知识
- 先进的信息技术应用

- 个性化教育理念
- 国际化教育理念

图1 "互联网+"背景下教师素质培养模型

(二) 成功构建教师培训机制,有效提升教师技能

学校开展的一系列教师培训,形成了"2+3"教师培训机制,即通过线上、线下两种形式开展讲座类、研讨类、应用类三类教师信息技术培训,并形成系列的培训课程。

教研组、备课组等灵活应用"希沃云平台""钉钉""腾讯会议"等软

件，定期开展教育技术交流会，实现线上教学和教研。目前已形成"钉钉使用宝典"，涵盖几十个常见的问题解决方案和钉钉使用技巧，并配有配套的操作视频，能让新手教师尽快学会使用。从近百个使用信息技术的教学设计到百余节公开课，再到日常教学中的课堂，都可以感受到教师信息素养的提高、教学理念的转变。如在英语教学中，将 iPad 和希沃白板相结合，学生自主进行课堂检测，系统自动批改、统计，教师及时进行有针对性的指导，大大提高了教学效率。

教师教学能力和信息素养的大幅度提升，让教师在多项市区级各类教学基本功比赛中取得佳绩。基于智慧教育研究的多篇论文发表，学校还积极参与区级信息技术成果分享与展示活动，分享成果获得好评。

（三）形成多种教学资源，助力打造高效课堂

通过课题研究、教师锡华杯课赛、公开课展示等，形成包含近百种 App 的《常用教学 App 使用推荐表》，对每个 App 都从功能介绍、使用建议、费用三个维度说明；形成 17 种基于移动学习终端的课堂教学模式；形成包含 60 个信息技术教学应用"设计"案例的《信息技术 2.0 优秀教育教学案例集锦》及包含 58 个教学设计的《基于移动学习终端的小学课堂教学案例集》。

（四）提升课堂教学效果，技术助力的高效课堂受到学生认可

在课堂中使用信息技术后，资源共享、合作学习更便捷，教师可以通过后台的大数据，对学生情况进行精准分析，发现学习难点和痛点，保证"高效高质"课堂，同时使用 iPad 等移动学习终端还有助于启发学生思考、提升时间管理意识、培养学生的总结归纳能力等。在 2021 年秋季学期，校外第三方诊断团队对学校的教育教学诊断结果显示，学生对教师的满意度较上学期有较大提升，而该学期主要推进的就是技术赋能下的高效课堂建设。

四、反思总结

（一）校本资源库建设有待升级

在 2020 年 9 月，校本资源库已经完成试用和集中测试，完成小学部所有学科资源目录建设和上传。但在使用中发现，对于资源库的维护工作量大，老师的使用积极性不高。所以接下来需要进一步细化管理，用量化的奖励机制鼓励教师使用。同时，还要对校内资源库平台进行升级。

（二）贯通式教师信息素养课程体系需要进一步优化

目前，学校已经形成丰富的教师信息素养提升课程，但这些课程在培训内容上还需要进一步优化，进一步明确学校、学部、学科组、教研组等各级培训的侧重点，使学校的贯通式教师信息素养课程体系更加完善，能满足不同教师的多样化学习需求。

（三）理性看待信息化教学方式变革

在"互联网+"背景下，技术与教育的进一步融合带来了多样化的教学方式。在提升教师信息素养，鼓励教师应用信息技术时，一定要提醒教师理性看待信息化教学方式的变革。信息化教学方式的变革，其根本目的是更好地促进学生的成长，绝不是为了使用技术而改变教学方式。教师要根据具体情况合理地使用信息技术，学校也不能强制要求老师必须在每一节中都使用信息技术。

参考文献

[1] 李党伟．浅谈"互联网+"背景下教师自主发展模式的构建［J］．中学课程辅导（教师通讯），2018（5）：5.

[2] 易凌云．互联网教育与教育变革［D］．武汉：华中师范大学，2017.

[3] 李伟．试述校本资源库建设对中小学教师专业发展的优势作用［J］．齐鲁师范学院学报，2013，28（4）：13－15.

[4] 范胜武．"互联网+"背景下的混合式学习探究［J］．北京教育（普教版），2020（8）：70－71.

[5] 荀渊．未来教师的角色与素养［J］．人民教育，2019（12）：36－40.

[6] 周卫东．有机融合　赋能学习：线上线下融合式学习的增值策略［J］．新教师，2022（5）：30－32.

[7] 柏宏权．助力混合式教学　促进个性化学习：探索名师空中课堂的建设与应用之路［J］．江苏教育，2021（94）：26－27.

[8] 李倩．计算机多媒体教学中网络教育资源存在的问题与对策［J］．无线互联科技，2022，19（6）：144－145.

[9] 孙悦．"互联网+教育"背景下中小学教师角色转型研究［J］．科学咨询（教育科研），2022（3）：5－7.

[10] 徐红．新政策背景下专家型教师素质与行为标准研究［D］．武汉：华中师范大学，2012.

教科研引领大数据驱动促进教师信息素养提升

吴颖惠[1]，刘建琦[1]，肖　明[1]，江　虹[1]，高　洁[1]

[1]北京市海淀区教育科学研究院

摘　要：本文介绍了海淀区以教科研为引领，以教师队伍建设为抓手，立足课堂教学主阵地，基于课堂教学行为大数据探究与总结区域教师信息素养提升工程的实施路径与方法、实践经验与成果，以期为北京市乃至全国其他地区提升区域教师素养提供理论与实践参考。

关键词：教科研引领；大数据驱动；教师信息素养

一、案例背景

信息技术的发展推动了教育的发展进程，尤其是以大数据为代表的新一代信息技术应用于教育领域对提升教育质量、优化资源配置、实现个性化学习、推动科学决策提供了巨大的便利和机遇，同时也对教师的信息素养提出新的挑战和要求。教师是教学质量的关键因素，教学活动的有效性和学生发展的关键在于教师。以大数据为代表的新一代信息技术正在逐渐改变着教育生态系统的每一个细胞，进而颠覆教师传统的教学和研究模式。具备良好的数据素养成为对教师信息技术应用能力更高层次的要求，如何立足课堂教学主阵地，以信息化引领构建以学习者为中心、以教师为主导的教育新生态，促进教师信息素养提升，成为所有教育者面临的一个时代命题。

海淀区作为北京市乃至全国的教育高地，尤其作为教育部"智慧教育示范区"和"基于教学改革，融合信息技术的教与学模式试验区"（以下简称"双区"）创建区域，历来重视区域教师的信息素养提升工作。为更好推进"双区"创建工作并回应时代对教师信息素养提升的迫切需求，海淀区开展了以教科研为引领，立足课堂教学主阵地，基于课堂教学行为大数据，采用项目式的管理方式开展区域教师信息素养提升工程，在海淀区教育科学研究院（以下简称"海淀区教科院"）的推动下，协同海淀互联网教育研究院，充分发挥得天独厚的区位优势和资源优势，联合区内高等院校、科研院所、中小学及国内顶尖的教育科技企业，积极推进大数据等新技术与教师队伍建设的融合，以期科学、快速提升区域教师信息素养与应用能力，服务海淀区教育高质量发展。

二、实践过程

（一）建立多层次协同管理机制

在实践过程中，为更好协调、推动各方参与主体的一致性、积极性，确保在教科研引领和大数据驱动下教师信息素养有效提升，整个推进过程采用项目式管理模式，形成海淀区教科院、项目学校以及项目助学服务团队多层次、多主体的协同管理服务机制。

1. 行政管理与业务管理联动的协同机制

确立了由海淀区教科院牵头负责的项目管理架构。其中海淀区教科院设置项目实施负责人，负责项目的整体协调，各项目学校设置负责人负责具体的行政推动。除此之外，海淀区教科院与项目助学服务团队建立了一系列的规范制度进行项目管理，如考勤制度、交流制度、教师激励制度等，其中教师激励制度提出对教师的个人成果进行评选，对其中的优秀作品颁发证书，提升教师参与的积极性。

2. 区级课题与校本研修联动的融合机制

为确保教师信息素养提升能够切实高效地服务于教学实践活动，建立了区级课题与校本研修联动的融合机制，将教师信息素养的提升工作与教师的教学实践紧密结合。在海淀区教科院的指导下，结合学校的发展需求，项目学校共申报了 22 个区级群体课题，开展了 4 个主题的校本研修活动，包括对话深度对发展学生高阶思维的影响、合作学习教学方法的优化与改进、基于大数据的教师反思能力提升和基于课堂教学行为大数据的问题结构改进。

3. 立体化的专业助学服务质量管理机制

为了更好地服务项目学校，组建助学服务团队、质量管理委员会和技术支持团队，建立多层级、立体化的专业助学服务质量管理机制。其中，助学服务团队负责及时快速响应项目学校需求并提供丰富的学习支持服务；质量管理委员会主要从团队管理、工作流程、文字规范、数据挖掘和项目绩效报告等方面开展项目质量的形成性评估，并且对助学服务团队提供改进建议和指导；技术支持团队主要从平台运行、数据安全和功能开发等方面支持保障教师的线下线上的专业学习。

4. 全流程循环式信息反馈与评价机制

在实施过程中，助学服务团队每次面授前向质量管理委员会汇报工作计划，获得质量管理委员会和技术支持团队的多方位支持。每次面授结束后，向质量管理委员会提交活动总结与反思，梳理助学服务经验，反思不足并明确后续工作重点。此外，助学服务团队每月向项目学校反馈本校教师参与情况，为每所项目学校设计适合学校的校本研修活动，每学期形成一份区级绩效评估报告，每学年对参与项目的学校形成一份校级绩效评估报告，运用数据证据链反馈项目的执行情况，寻找下一阶段的突破点。

（二）提供多元化教师发展服务

1. 主题丰富的集中参与式培训

集中参与式培训面向项目学校校长和全体研修教师分别开展。项目实施以来，面向全体项目学校校长开展了12课时的校长论坛培训，面向研修教师共开展了36课时集中参与式培训（其中有24课时采用了线上直播形式开展）。培训内容包括校本研究的方法与技术、微教学研究方法与技术、专题教学改进方法与技术、教学的设计与优化等；培训形式包括专题讲座、案例学习、小组合作学习和体验式学习等。

2. 基于数据的课堂观察与诊断

基于课堂教学行为大数据的课堂观察与诊断采用记号体系分析方法和编码体系分析方法对课堂教学行为进行观察记录，然后基于课堂教学行为数据证据链，结合课堂教学情境进行综合诊断与分析，并提出改进意见和建议。项目实施以来，助学服务团队为20所项目学校提供了76节课、114课时的课堂观察与诊断服务，建立海淀区课堂教学行为大数据常模。课堂教学行为大数据为研修教师的教学行为改进提供了有力的数据支撑。

3. 面向实践性知识的网络研修

网络研修以非正式知识治理为主，根据研修教师专业发展的需要，以教师信息素养提升为目标，通过为研修教师提供优质的学习资源、丰富的研修活动以及针对性的咨询服务，促进不同群体研修教师的互动交流，解决教育教学实践中的实际问题。在助学服务团队的设计与指导下，研修教师共完成9个主题68课时的网络研修活动。通过基于网络的个别化学习、团队学习、同侪互助等多种学习方式，促进不同群体研修教师的互动交流。

4. 促进可持续发展的校本研修

针对目前校本研修中广泛存在的缺乏专家引领、研修资源相对匮乏、研修内容脱离校本实际、难以培育校本研修团队及缺乏有效的评价与管理机制等实际问题，在海淀区教科研的指导下，按照各项目学校发展需求，一起设计契合北京市海淀区区级课题的校本研修活动，并通过提供校本研修设计方案、方法与工具、实地指导等形式组织20所项目学校开展50课时校本研修，帮助项目学校建立起科学范式的校本研修模式，形成一定的校本研修成果，实现研修团队高效的知识管理与知识共享。

三、实施成效

（一）培育了一支具有较高数据素养的教师队伍

在实施过程中，助学服务团队与研修教师以教师的常态课堂为研究场域，联合运用系统的课堂观察方法与技术，进行基于课堂教学行为大数据的课堂观察与诊断，并以课后反思会的形式与授课教师及参与课堂观察的教师展开深入对话与反思，从而发现课堂教学的特色与短板，利用课堂教学行为大数据的分析结果进行教学决策，为课堂教学改进提供具体的方向。

通过研修，各项目学校的校本研修团队增强了数据价值意识，掌握了数据的采集与分析能力，能够将数据分析结果应用在教学改进及教学研究中，为海淀区培育了一支具有较高数据素养的教师队伍。

（二）探索了一条高质量教师信息素养发展路径

海淀区教师信息素养提升工程以库伯先生提出的经验学习圈为基础，在长期的实践研究中，建构了实践性知识建构循环、实践性知识应用循环及实践性知识调节循环共三个循环的教师成长路径模型。教师成长路径模型是一个多路径的非线性模型，它由三重循环组成。第一重循环由"在线学习—知识建构"构成，主要解决教师实践性知识的发展与培育问题；第二重循环由"知识建构—反思性实践"构成，主要解决用实践性知识指导教师的教学改进问题；第三重循环是由"在线学习—反思性实践"及"反思性实践—在线学习"两条路径构成，主要解决教师专业学习与专业实践之间的矛盾。

（三）沉淀了一批高质量的教师专业发展资源库

首先，海淀区教师信息素养提升工程实施过程中，运用系统的课堂观察方法与技术，对海淀区 376 节中小学现场课或视频课例的课堂教学行为进行客观、系统的观察与记录，初步建立了海淀区不同学段的课堂教学行为常模数据。其次，构建了海淀区教学研究数据资源库，包括海淀区课堂教学行为大数据资源库、优秀课例视频资源库、教师反思数字故事资源库、校本研修案例资源库以及教学研究案例资源库等，从而构建并完善海淀区中小学课堂教学资源库。最后，自海淀区教师信息素养工程开展以来，研修教师共有 19 篇教育科研论文获奖，共获得 104 项教学竞赛等活动奖项，产出这些成果的过程中，形成了一批优质教学研究资源，包括课程及教学案例、教学设计、教师反思数字故事（DST）和学术论文等。这些资源引领并示范了数字化资源应用的新范式，成为全区共享的优质资源，助力全区教师的专业发展。

四、反思总结

首先，要深刻认识到课堂是落实立德树人根本任务和实施核心素养教育的主阵地，而改进课堂教学的关键因素是教师。其次，要科学理解教师的信息素养提升是一个渐变、复杂且较为困难的过程，要求多主体围绕共同发展的愿景，在一定的组织结构中建立较为持续、固定的治理机制，实现治理主体的多元化、各主体间的协同性、行动的程序性、管理的规范性和目标的效益性，其本质是实现共同行动、耦合结构和资源共享。此外，还要高度重视完善学校教育质量评价的重要作用，着力引导有意义的学习、减少机械式操练，引导增值评价、淡化绝对结果，使每所学校成为学生愉悦学习与健康成长的场所，具有应对未来社会与生活变化的学习能力。最后，还要着力培养学校形成不断自我更新、自我完善的"造血式"自主发展模式，激发教师信息素养提升的内在动力，进而促进区域教师信息素养的全面提升。

参考文献

［1］张进良，何高大．学习分析：助推大数据时代高校教师在线专业发展［J］．远程教育杂志，2014，32（1）：56－62．

［2］张斌，刘三女牙，刘智，等．面向大数据的师范生数据素养课程体系构建研究［J］．中国远程教育，2018（4）：62－68，78．

［3］教育部办公厅关于"智慧教育示范区"建设项目推荐遴选工作的通知［EB/OL］．(2019－01－03)［2023－05－28］．http：//www.moe.gov.cn/srcsite/A16/s3342/201901/t20190110_366518.html.

人工智能助力科技课程创新

赵立双[1]，路玉宝[1]，朱向彤[1]

[1]北京市昌平区巩华学校

摘　要：人工智能作为一项新兴技术，能够在支持教育教学实施的同时成为一项重要教学内容，让课堂成为技术支持、技术学习、技术应用的场所。在实践中，以科技课程为载体，开展以人工智能技术为支持与教学内容的活动，是信息科技课程与时俱进的重要举措。研究实践发现，小学阶段开展人工智能教学，要从学生的认知发展水平入手，基于学生个性特征，针对性地设计教学目标、教学环节、教学内容，利用现有人工智能设备、资源，通过引导让学生在自主、合作、探究、体验中去形成认知。

关键词：人工智能技术；科技课程；目标；内容；创新

一、案例背景

（一）政策背景

《2019年教育信息化和网络安全工作要点》指出，在基础教育阶段应添加人工智能课程。在2022年版义务教育信息科技新课标中，也明确了信息技术课堂要注意新的思想、新的理念的学习，其中更是将人工智能界定为信息科技课程内容的"六条逻辑主线"之一。

在"双减"背景下，学科教学任务、作业的设计也有了新要求，特别还提出了"学生电子产品使用不得超过课堂教学时间的三分之一"之要求，基于此，以往信息技术课堂教学"讲操作"及"任务驱动"式的教学模式则需要转变。落实到新的信息科技课程人工智能技术教学与学习中，就要深入探究，做出教学目标、内容等方面的创新，切实落实新课标、"双减"之要求。

（二）学校基础条件

昌平区巩华学校作为北京市中小学科技教育示范校、北京市中小学人工智能教育实验校，以机器人、创客等为代表的科技课程具备一定特色。学校建设了人工智能创新实验室项目，2020年学校申报了北京市教育网络和信息中心课题"基于人工智能教育培养小学生创新思维的实践研究"。

（三）教学背景

在"人工智能"进校园号召下，以"为学生减轻作业、学习负担"为原则，借助学校资源优势，依托信息技术（科技）课程开展了"走进人工智能时代"的教学实践。"走进人工智能时代"系列课程，是在学校人工智能实验室项目资源支持下的一项以人工智能为教学内容，在相关技术支持下开展的系列教学活动。课程以学生了解体验为主，从培养学生创新思维发展角度出发，立足于学生核心素养，结合多学科知识，旨在让小学阶段的学生了解人工智能、体验人工智能，为学生兴趣培养、增长见闻服务。

二、实践过程

（一）充分考虑学情，精心设置教学目标

通过半个学期的教学实践，基于课堂访谈、调查发现：本校学生（四年级，320人）具备了基本的信息意识、数字化学习与创新等核心素养，大多数学生都具备图形化编程基础（占到了80%以上）；绝大部分（95%以上）学生家里都配备有一些智能化设备（如"天猫精灵"等）。进一步后交流发现：学生对于人工智能的理解还是停留在"机器人"领域，理解存在一定偏差。

考虑到小学生知识基础与认知特点，小学阶段对于人工智能教育的目标应该设定在"体验、认知、应用"领域，以"走进人工智能时代——语音合成"一课为例，其教学目标设置如下：

（1）使学生初步了解、体验语音合成技术，知道语音合成技术的用途、价值及简单原理。

（2）通过技术的体验，感受人工智能的领域各项技术的奇妙，产生这一领域观察、学习的兴趣。

（3）在合作交流中锻炼学生探究、解决问题等能力，同时培养互助、分

享的意识。

通过实际教学，让学生大体知道"什么是（算）人工智能"，同时在课堂上能够基于各类人工智能技术体验，在交流、探究中可以明确某种特定人工智能技术的实际应用领域，继而形成"认知—体验—应用"的联结，这其实就是在结合学情基础上对课程目标体系所进行的一项创新。

（二）结合目标精选内容，做到课堂教学环节紧密

小学生没有足够的知识与经验去认知"机器学习""神经网络"等领域的内容，因此要借助现有技术条件和设备，从"认知—体验—应用"目标入手，形成内容与目标共通、共融（见图1）。

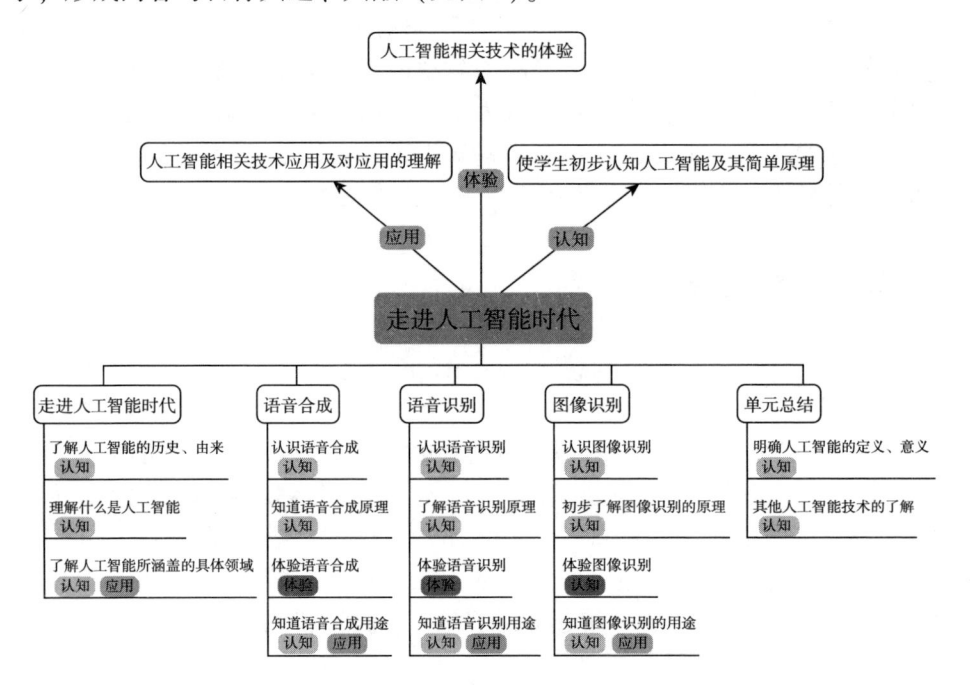

图1 "走进人工智能时代"课程内容与目标体系

以教学内容与目标的体系为基础，以"走进人工智能时代——语音合成"一课为例，其内容主要为语音合成技术的学习，占1课时，具体教学内容包括：认识人工智能中的语音合成技术及其日常应用，体验这一技术等，结合目标与内容，设计了"走进人工智能时代——语音合成"教学流程：

1. 课堂导入，引入新知

（1）利用"小智"智能机器人的门童功能实现一段语音播报。

(2) 引导学生思考"小智"机器人播报的语音是从何得来的。

引导学生认知即"小智机器人能够说话所借助的技术就是语音合成"。而利用人工智能"小智"机器人迎宾（门童）功能也较好地激发学生的兴趣与热情，为后面展开主题的学习、探究做好铺垫。

2. 明确概念，加深认知

(1) 通过"小智"门童模式设置过程，呈现人工智能机器人语音合成流程，在具体教学中利用科技社团学生预先录制好的语音合成操作过程视频，让学生明确从文字到语音播报这一语音合成的过程。基于这样的引导，让学生从具体"小智"机器人门童模式应用的主要流程来认知人工智能中语音合成是什么；学生观看后就会了解到语音合成的基本涵义：将文字转化为语音。

(2) PPT 呈现语音合成的概念："语音合成是利用电子计算机和一些专门装置模拟人制造语音的技术，简单来说，人工智能领域的语音合成就是将文字转化为语音，其简称为 TTS。"

3. 亲身体验，深入了解

本环节设置了两组亲身体验项目：其一，全体学生利用教师自编的 voice 软件，借助教室的计算机操作体验语音文字—语音文件合成的过程。其二，小组操作实践，分组通过"小智"设定门童模式的过程，合作尝试语音合成。让学生充分体验语音合成过程。

4. 小组交流，解决问题

展示学生语音合成软件的声音，并与正常人声录音对比，基于对比提出问题，针对问题分组讨论，教师参与各小组讨论，给予适当引导。

5. 课堂总结，提出预期

在本课学习基础上进行总结，提出一些新要求，如让学生在以后用所学的图形化编程知识完成一些语音合成小程序的编写等。

（三）充分利用技术手段与条件丰富学生体验

基于体验下形成的视野开阔与见闻增长十分关键，在"走进人工智能时代"系列课程中，学生能够接触到目前较为"流行"的技术，见闻得以增长，而丰富这种体验，要依赖于课堂上所应用的技术、资源条件，以"语音合成"一课为例，在教学中用到了小智机器人的语音播报功能，起到激发学生学习兴趣、引导认知的作用。

当然机器人设备数量有限，为了能够让全员都有机会在有限的课堂实践中参与体验，教师自主开发了 voice 语音合成软件，帮助学生在课堂上去亲身实践、体验语音合成的过程、效果。

值得注意的是，人工智能技术在课堂教学中的作用不仅仅局限于学生体验层面，技术本身就能作为教学内容，其对于整个课程教学的影响可以说是方方面面的。

三、实施成效

（一）人工智能技术为科技课程教学注入活力

人工智能是新时代的"风口"，在人工智能进校园、信息科技教学中渗透人工智能知识等实际要求下，在实践中确立"走进人工智能时代"系列课程，以人工智能为技术依托与教学内容，丰富现有的信息科技课堂活动内容，为课程教学注入新活力。在教学中，具体内容涵盖人工智能知识了解、人工智能常见技术应用等方面。

以"语音合成"一课为例，语音课合成技术在人工智能技术领域是较为基础的一项技术，学生在日常生活中都见识过TTS这项技术，以此作为教学内容，从课堂效果上看学生是感兴趣的。课堂上学生在提到TTS的用途时也提出"可以作为聋哑人与人沟通和交流的工具""人类与机器人进行语音沟通的桥梁之一"等观点与建议，可见通过技术的学习、认知，学生已然知道语音合成技术的具体形式、价值，形成一定的信息意识素养。

（二）实践中形成针对性的目标体系

人工智能教育的开展是大势所趋，但相对而言，小学阶段人工智能教育实施面临的问题更为突出，主要是目前小学阶段人工智能教育实施的目标其界定存在很大"争议"。没有明确的目标体系，必然影响实施的成效。当下，目标体系的构建是小学阶段人工智能教育有效实施的"重中之重"与"当务之急"。

教学目标方面，考虑到小学生的认知水平，以体验为主、体验技术本身带来的乐趣是最主要的教学目标。整个"走进人工智能时代"系列课程体系的目标都放在了技术认知、体验、应用三个领域，三个领域的目标相互融合。以"语音合成"一课为例：教学实践中借助了"小智"智能机器人、语音合成软件等让学生有机会在课堂上亲身体验技术，在体验中做到了技术的应用。

从实施效果上来看，认知、体验、应用的达成目标均在95%以上，说明这样的实施模式（包括目标设定、内容选择与环节设计等）是具备一定成效的。而"认知、体验、应用"这三项主要目标是符合小学生特点的。在课堂技术体验上，学生整体感观达成率为96.6%，人工智能技术本身确实为"认知、体验、应用"这三项目标的达成提供了便利。

四、反思总结

"走进人工智能时代"课程主要以人工智能技术为内容,从"认知、体验、应用"三项目标出发,探究课程教学的新路径。从一线教学实践经验来看,对于小学生而言,人工智能技术系统、全面、深入的学习是很难实现的,但以"语音合成"等具体技术为依托让学生在学习中"认知、体验、应用",也就是"依托技术、认识技术"是可行的。人工智能教育的普及是大势所趋,小学生接触到并对人工智能及相关技术有一定的了解,有利于其日后的学习与发展。

当然,本案例实践的内容、目标的落实仍十分有限,对于成效论证也缺乏一定的数据支撑,在教学实践中,也存在学生参与度不足、评价不灵活等问题,这些问题的解决还有待日后不断去探索与实践。

参考文献

[1] 蔡洁茹. 人工智能时代小学生智能素养的现状研究 [D]. 上海:上海师范大学,2022.

[2] 武欣,李云文. 小学人工智能教育目标探究 [J]. 中国信息技术教育,2021(24):77-80.

[3] 许遵照. 小学阶段开设人工智能教育的教学设计研究 [J]. 亚太教育,2021(24):10-12.

基于智能小车进行人脸识别的应用探究

徐启发

北京市丰台区怡海中学

摘　要：目前关于人脸识别的书籍和案例，有的过于理论化，学生学起来感觉味如嚼蜡，晦涩难懂，且很难应用到实际的鲜活案例中；有的过于简单化，封装人脸识别过程，从而导致人脸识别重要原理的缺失。学生对人脸识别的人工智能教学，呼唤有一种既有趣又能知晓人脸识别步骤和过程的软硬件教具做辅助，能够帮助他们学习底层 AI 的原理，从而在这些原理基础上进一步地学习和创新。本文中提到的智能小车是一种能够满足学习人脸识别、手势识别、语音识别等 AI 项目，既简单又生动的 AI 教具。通过使用智能小车完成人脸识别实验，可以让学生带着高昂的兴趣，充分理解机器学习、神经网络背后的人脸识别秘密，激发学生创新的欲望。

关键词：人脸识别；人工智能；智能小车；智能积木平台；python

一、案例背景

当前，人工智能教学在中小学开展得如火如荼，许多优秀的人工智能教育教学成果得以呈现。但是在进行人工智能教学时会遇到很多困惑，例如在讲解人工智能的图像识别部分，有很多教师不知道如何下手。目前人脸识别中的书籍和案例中，有的过于理论化，比较注重详细剖析深奥的 AI 理论，学生学起来感觉味如嚼蜡，晦涩难懂，且很难应用到实际的鲜活案例中；还有的人脸识别内容，只是简单调用了 AI 接口，封装人脸识别过程，虽然操作简单，但是学生并不清楚里面的人脸识别原理，从而导致人脸识别重要原理的缺失，造成和实践对应 AI 理论的缺失。学生对人脸识别的人工智能教学需求，呼唤有一种既有趣又能知晓人脸识别步骤和过程的软硬件教具做辅助，能够帮助他们学习底层 AI 的原理，从而在这些原理基础上进一步地学习和创新。

本文中提到的智能小车就是一种能够满足学习人脸识别、手势识别、语音识别等 AI 项目，既简单又生动的 AI 教具。通过使用智能小车完成人脸识别实验，可以让学生带着浓厚的兴趣，充分理解机器学习、神经网络背后的人脸识别秘密，激发学生创新的欲望。

二、实践过程

（一）精讲理论

对于人脸识别涉及的理论进行精讲，让学生明白能够完成人脸识别实验背后的原理。比如，在进行人脸识别前先进行人脸数据采集，为后续数据训练做准备。人脸识别中的机器学习主要是进行数据训练，要想实现这样的功能，用纯代码会比较麻烦，很多学生由于程序基础偏弱，容易造成望而却步的情境。但是如果使用独创的智能积木平台，让学生用搭积木的方式搭建成功，让他们体会每块积木发挥的巨大作用，之后再按照需要设置每块积木的参数，就会化繁为简，让学生抓住重点，提纲挈领。在搭建积木的时候，尤其是神经网络和学习网络积木，里面蕴含了比较多的卷积层、全连接层等知识，学生可以在设置参数的同时，了解卷积层的基本含义、特征和方法以及全连接层的基本原理，这样对机器学习和神经网络的构建就有了深层次的理解和探究。

（二）实践操作

在进行实验操作前，要明确实验操作对应的科学原理，这也是信息科技新课标所提倡的。知其然，知其所以然，提醒学生在操作前确实弄懂每一步操作的科学原理。和之前其他软件不同，本文所述人脸识别把实践操作分解为三个基本步骤，分别描述如下。

1. 采集人脸数据

这一步为之后进行的平台训练做准备。只有提供丰富的数据支持，在后面识别的时候，才能保证比较高的准确率。在采集的时候，要找背景单一的位置例如白墙，录制人脸面部视频，要采集正脸，不要采集侧脸。采集完后，拷贝到人脸识别文件夹，然后开启 python 环境，运行 face – video – for – train.py，这样可以从视频中采集人脸图片，完成从人脸视频到人脸图片的采集。对于有瑕疵的照片，比如极个别采集的图片不是人脸而是人脸附近的其他部分需要删除，否则会形成数据的噪声，导致数据训练的准确率降低。

学生们非常喜欢人脸采集的过程，他们很喜欢观看程序把视频进行逐帧抓取，生成一个个人脸图片。有的学生要求非常高，不满足 20 秒的拍摄，而是采用更长时间的拍摄，使采集的人脸图片总数量达到 100～150 张左右，这样训练的效果会更好。当然，学生也注意到了机器学习的过度训练问题，不是训练越多效果越准确，因为随着训练的增多，噪声的影响可能也越来越大。

2. 搭建积木并进行训练

通过输入正确的用户名和密码，进入积木平台。在新项目中选择机器学习，并将项目命名为"人脸识别"。在左侧积木平台选择合适的积木进行搭建，积木名称和顺序不能选错，否则翻译成代码时会报错。选择积木的顺序为"数据输入积木"→"人脸识别积木"→"图像预处理积木"→"神经网络积木"→"学习方法积木"，把这五块积木正确搭建，让学生感受人脸识别所要经历的过程和步骤。积木是 python 代码的浓缩和凝练，可以让学生在乐趣中感受人工智能的魅力。

将前步骤采集好的人脸图片的对应路径写入平台的训练地址中，做好机器学习的准备工作。在保存平台积木后，进行训练，训练时间随着图片的多少会有所不同，生成正确函数和损失函数的曲线图。将两个训练好的模型文件分别拷贝到本地服务器端的指定路径，然后开启本地服务器的应用程序 test.py。

3. 安装手机 App 并测试

在手机上安装智能小车 App，填入智能小车的 mac 地址和计算机 IP 地址，并进行测试。这样手机通过蓝牙连接小车，手机也通过 IP 连接计算机，由计算机、智能小车和手机组成人脸采集系统。用户只需要在 App 上点击人脸识别按钮，就可以启动人脸识别程序，注意人脸识别时一定要在光线充足、背景单一的位置采集图像。

三、实施成效

运用智能小车硬件进行人脸识别学习，有利于激发学生的学习兴趣，学习效果非常显著。学生不仅学懂了比较深奥的人脸识别理论，比如学会了人脸识别过程中包含的机器学习、神经网络等比较前沿 AI 理论知识，还能触类旁通，创新地做出许多人工智能作品，参加各种科技大赛并获奖，因而赢得家长和学生的一致满意。

（一）激发学生浓厚兴趣

学生兴趣空前高涨，对人工智能充满了憧憬和希冀，变被动为主动，积极主动探究人工智能知识。通过智能小车拼装搭建环节，可以锻炼学生的动手实践能力；通过积木平台的搭建和设置参加参数，可以让学生明晰机器学习的步骤和搭建神经网络的步骤；通过积木平台进行人脸图片的训练，可以让学生学习机器学习的过程，更加清楚监督学习、非监督学习以及强化学习的不同特点，并深刻地铭记在脑海中；通过安装手机端的智能小车软件，可以让学生更加深刻地了解神经网络的分类识别功能，更进一步认识神经元的基本组成和神经网络不同网络层的构成，从而夯实他们对机器学习和神经网络的理解。由于在人脸识别的全过程中，不管是智能小车动手搭建，还是人脸视频录制、采集成人脸图片，再到把人脸图片放到智能积木平台训练，抑或到智能小车 App 实现人脸识别，都是学生亲自参与、亲自实践，这种基于项目式的过程，非常能激发学生的兴趣，学生全程带着浓厚的兴趣参与其中。

（二）开拓知识视野

通过智能小车学习人脸识别，学生学到了丰富的人脸识别理论，丰富了知识和技能，开拓了视野，学到了很多方法，掌握了知识和技能，习得了丰富的人工智能素养。例如，学生在进行人脸识别时，明白了机器学习和神经网络原理，尤其是神经元的结构，给学生们很大的启迪。神经元所有的输入信号都可以经过整合函数整合后变成一个输出信号，并且这个信号还必须要经过激活函数激活才可以输出，学生们感觉到非常神奇，继而引发他们对激活函数的探究，进一步了解激活函数的不同特征、不同用途，以便在积木平台能够进行更优化的设置。再比如，对于神经网络层，卷积层用于提取图像的特征，这个参数该如何设置？如何进行最优化的设置？这些问题都引发了学生深深的思考，他们边探究边实践，通过积木平台作为"脚手架"，步步为营，深入探究神经网络的搭建和设置参数的方法，以期训练出更为优化的数据，极大程度开拓了学生的人工智能视野。

（三）培养信息科技的核心素养

通过基于智能小车人脸识别的学习，很多学生有了自己创新的想法，培养了他们的创新思维。例如有的学生基于图像识别进行思考：既然智能小车能够实现人脸识别，里面的主要思想是进行机器学习对采集的图片进行训练和利用神经网络进行分类，那么其他类似的事务是否也可以用这个系统实现？大家突发奇想、发散思维，创新的想法不断出现，于是学生研究的课题一下子从单一的人脸识别变得丰富起来，比如有的学生的课题为"利用智能小车进行中草药辨识的研究"，模拟人脸识别机器学习的原理，把中草药分成若干类进行采集，并放到积木平台进行训练，利用神经网络可以将这些中草药照片进行识别。还有的学生利用后面学到的语音识别原理，开展了"利用智能小车进行动物叫声辨识的研究"，采用和上述学生相似的原理，把动物叫声从声音文件转换为频谱图，然后放到积木平台进行训练，并利用神经网络进行识别，取得非常好的效果。孩子们惊奇地发现，自己的研究成果竟然能够在实践领域派上非常的用场。一石激起千重浪，又有更多的学生通过智能小车有了自己全新的想法，可以说，人脸识别唤醒了孩子们埋藏在内心深处的对人工智能学习的渴望，智能小车训练法为孩子们提供了人脸识别的可行操作路径。

（四）在各项大赛中取得比较好的成绩

（1）获得北京市教委主办的智能机器人大赛北京市冠军。

（2）学生通过人脸识别探究并应用到具体的人工智能项目上，获得全国NOC大赛一等奖、全国学生信息素养提升活动创新之星、全国未来工程师大赛二等奖等好成绩。

（五）家长和学生一致满意

通过深入开展人脸识别理论，并触类旁通地学习人工智能理论，把在人工智能课上学到的 AI 理论用于解决学习和生活中的问题，极大地锻炼了学生的动手实践能力和人工智能素养，赢得了学生和家长的一致赞扬。

四、反思总结

（一）将继续优化人脸识别等项目

通过采用智能小车进行人脸识别，并能用手势对小车进行前进、后退、左转和右转的控制，把抽象难懂的机器学习和神经网络通过操作智能小车的方式物化、生动化，让学生从枯燥的理论学习中解脱出来，让高深的理论变得通俗易懂，让学习变得更有趣，学生更容易接受。

（二）后续开拓更多、更有趣的人工智能项目

后续会把人脸识别、手势识别、语音识别、交通灯识别、语音合成、语音转换、自然语言理解等不同人工智能项目，都用智能小车硬件和智能积木平台软件实现出来，让更多的学生享受学习人工智能的乐趣，进行数字化转型，让更多学生感受人工智能的魅力，为祖国人工智能教育的腾飞发挥最大的力量！

信息技术支撑下的历史线上教学探究

李知红

首都师范大学附属云岗中学

摘　要：新时代的历史教师在传授知识的同时，更要注重涵养学生高尚品德，通过优秀的人类文化历史来陶冶学生心灵，帮助学生提高人文素养，逐步形成正确的价值取向和积极向上的人生态度。本文根据初中历史学科的教学实践，阐述了充分发挥信息技术融合优势，增强线上课堂教学效率，培育学生的家国情怀，促进历史课堂减负提质，助力"双减"政策行稳致远，提升"以史育人"价值。

关键词：信息技术；历史学科；育人价值

一、案例背景

（一）"时时可学、处处能学"的信息化时代

在互联网背景下，随着家庭和校园的 Wi-Fi 全覆盖、智能手机和电脑的普遍使用，"时时可学、处处能学"的信息化学习时代已经到来。在网络时代，将信息技术大胆应用到现代教育教学管理中，能够大大促进教育教学的发展和进步。2018 年教育部制定了《教育信息化 2.0 行动计划》，提出要加快教育现代化和建设教育强国新征程，落实立德树人根本任务，坚持信息技术与教育教学深度融合的核心理念，推动我国教育信息化整体水平走在世界前列，真正走出一条中国特色的教育信息化发展的道路。在信息技术与教育教学深度融合的大背景下，每位教育工作者都需要思考如何利用信息技术优化学科教学，通过学科教学落实立德树人根本任务。

（二）"学生为主体、教师为主导"的课程标准

《义务教育历史课程标准（2022 年版）》要求：树立以学生为主体的教学

观念，注重学生自主探究的学习活动，鼓励教学方式的创新；提倡选择多样化的教学资源，探索多样化的教学方式和方法，鼓励将现代信息技术与历史教学深度融合。根据历史课程标准，教师在历史教学中应用现代信息技术，一方面有利于学生自主学习，现代信息技术有利于学生方便、快捷地查阅自己想要的历史资料，当这些资料通过图片、文字、声音、影像等多种形式呈现出来，学生能够在丰富的历史信息的基础上进行自主学习；另一方面也有利于教师指导学生学习，教师能够充分利用大量的数字化形式储存的历史教学资源，借助现代信息技术将学生难理解的内容采用视频、图片、示意图等方式展现出来，既可以充分调动学生的积极性，也可以将抽象的历史知识直观化，达到化繁为简、化难为易的目的，便于学生理解和掌握相关内容，提高教学效果。现代信息技术的有效利用能够切实落实"学生为主体、教师为主导"的历史课程标准的要求。

二、实践过程

在线上教学期间，笔者根据经验，选择了六款软件保障线上教学：希沃白板、腾讯会议、班级优化大师、微信工作群、企业微信小程序和问卷星。在信息技术的支持下，在课前、课中和课后三个环节，采取九项措施提升历史教学效果。

（一）课前环节：学习赋能、集思广益、观摩研讨

1. 云充电

基础教育课程改革的发展和2022年义务教育新课标的出台，给教育教学带来了全新的理念。北京市也为一线教师提供了充足的线上资源，组织了各类讲座。为了更好地把握新课标理念，了解历史学科教育教学规律，笔者珍惜这些机会，认真进行云充电，为教学赋能。这些讲座都是利用"腾讯会议"进行，在听讲座期间，认真记笔记，积极思考，撰写心得体会，收获颇丰。

2. 云备课

在线上教学期间，备课组每周定期相聚云端，集思广益，充分共享团队智慧，不断探索并改进教学模式。我们坚持提前备课，提前做好教学计划，利用微信工作群随时进行交流，分享资源。在每节课结束后，我们也会及时交流自己的上课体会，并针对出现的问题共同出谋划策。大家倾囊相授教学经验，共同提升教学效果。

3. 云听课

为了更好地了解学生的学习状态，笔者经常进入班级腾讯会议听其他学科的课，也经常听历史教研组其他教师的课。听课时，认真做好听课笔记，汲取他人先进的教学理念和课堂教学经验，同时也将自己在听课过程中的思考随时记录下来，在课后大家进行总结反馈、研讨交流，共同成长。

（二）课中环节：互动教学、正向激励、沟通交流

1. 云授课

学校采用"腾讯会议"授课，由班级统一预定会议号，严格按平时的课表上课。在课前发挥小组长的职责，对学生的出勤情况进行统计。上课时，师生都打开摄像头，这样有利于巡课者随时了解师生的上课情况。每堂课都精心打磨课件，力争每个知识点循序渐进，化难为易，深入浅出，让学生形成历史知识体系，同时结合习题加强学生知识掌握、理解和运用。在云授课中，主要使用希沃白板进行授课，因为希沃白板有丰富的资源，并且有强大的视频播放功能，在课堂上播放一些精彩的微课非常方便。

2. 云评价

学生得到教师及时、正向、中肯的评价有助于形成持续的学习动力。在上课过程中，用心设计一些小活动，引导学生参与课堂，尽量多提问学生，争取全面覆盖，给积极回答问题的学生加分，在加分时采用"班级优化大师"。班级优化大师是智能班级管理工具，具有"课堂管理、家校管理、班务管理"三大功能，学生和家长不但能够看到教师对学生课堂表现的评价，还能对学生的各项加分进行统计，这种评价方式对学生有很强的激励作用。

3. 云沟通

为了加强和学生的沟通，笔者在上课之前，总是提前进入直播间，和同学们聊聊天，了解他们的感受。通过这些聊天，进一步把握学生特点，在课上可以根据学生个性激发他们的学习热情，提高课堂参与意识。在教学中，时时关注学生的动态，虽然是面对屏幕，也始终面带微笑，创建宽松、和谐、民主的学习氛围。为了使线上教学达到预期的效果，争取家长的支持和配合也是非常关键的。注重与家长随时沟通，对于网课期间注意力分散的学生，及时与家长联系，请家长监督孩子在网上学习的状况，鼓励家长引导孩子自我管理，提高学习自律性，培养良好的学习习惯。云沟通拉近了师生距离，畅通了家校共育渠道，提升了线上教学效果。

（三）课后环节：巩固提升、测试评估、个性辅导

1. 云作业

主要运用"企业微信"的小程序进行作业布置与批改。通过云作业，对学生的作业进行具体指导，巩固提升所学的知识。对已交的作业进行评价反馈，还经常向全班分享优秀作业，对还没上交作业的学生发出提醒消息，这样可免去教师一个个催交作业的烦恼。

2. 云测试

为了指导学生落实历史学科基础知识，将初一年级下册的历史知识进行整理，通过五个专题的问卷星试题，分批发布，对学生进行测试。利用"问卷星"强大的数据分析功能，一是反馈学生的"学"，通过对学生答题情况及时反馈，起到表扬先进、鼓励后进的作用；二是反馈教师的"教"，通过查看答卷详情获取每个学生每次答题的详细数据，帮助自己根据学生的实际情况调整教学策略，改进教学方式。

3. 云辅导

学校的党建工作创新推行"红色1+N"工作机制，由党员进行"一对一"学生帮扶，从学习生活、学习习惯、品质培养等方面指导学生。针对学生居家的特殊情况，作为一名党员，笔者不但联系自己帮扶的学生，还联系其他学生，对学生进行具体辅导。针对学困生的知识弱点，为每个学生单独制作课件，将每个学生的错题进行整理，并且针对学生的错题提供相应的知识点回顾和复习题，然后对学生进行线上个性化辅导。

三、实施成效

"双减"背景下，充分发挥信息技术融合优势，在助力学生成长、促进教师发展和增强家校合作三个方面能够取得良好效果。

（一）学生成长的新阵地

信息技术的广泛使用让互联网成为学生成长的新阵地。学生通过有效的历史线上学习和查找网络资源，获取历史知识，提升唯物史观、时空观念、史料实证、历史解释和家国情怀五大历史素养，促进个性化、全面化的发展。在利用信息技术学习的过程中，在教师的引导下，学生注重探究式学习，利用网络收集资料，独立思考，通过线上的小组合作，交流学习心得。这些历史实践活动，培养了学生灵活运用现代信息技术的能力。

（二）教师发展的新空间

信息技术的广泛使用让互联网成为教师发展的新空间。开放、交互、动态的网络教研平台非常利于实现资源的交流与共享，能够提高教师的工作效率，促进教师的成长。通过利用信息技术开展线上教学，组织学生开展网络学习，我们认识到只要敢于面对新挑战，勇于接受新理念，善于运用新技术，定能创造新辉煌。

（三）家校合作的新桥梁

借助现代信息技术，网络成为家校沟通、协同育人的新桥梁。在家校沟通中，班级微信群、班级优化大师、腾讯会议等信息技术发挥着重要的作用。家长有机会观看直播授课，了解孩子的学习状况。网络连着家长、教师与孩子们的心，促进了家校协同培育学生成长。

四、反思总结

在信息技术与现代教育融合的新时代，现代信息技术有利于增强线上教学效率，促进历史课堂减负提质，助力"双减"政策行稳致远，提升"以史育人"价值，实现培养学生历史学科核心素养的教学目标，落实立德树人的根本任务。

参考文献

[1] 负照平. 信息技术与课堂教学的深度融合 [J]. 教育，2020（8）：61-62.

[2] 黄怡华. 初中历史育人价值与实践探微 [J]. 现代教学，2019（Z3）：136-138.

[3] 徐蓝. 明理、增信、崇德、力行——义务教育历史课程标准（2022年版）解读 [J]. 基础教育课程，2022（9）：37-46.

[4] 郑林. 把握新课程理念，深化历史教学改革 [J]. 历史教学（上半月刊），2021（9）：3-9.

推动教育优质均衡发展案例

基于教师能力提升的东西部协作实践[*]

高立军[1]，张晓蕾[1]，杜　刚[1]，赵力颖[1]，李媛媛[1]

[1]北京信息职业技术学院

摘　要：本案例以北京信息职业技术学院2013年以来在推动职业教育均衡发展方面的研究实践成果"智慧学研云平台"向西部院校推送师资培训课程，并以专业名师工作室形式组织基于网络的虚拟教研活动，实现东西部职业院校教学资源共用共享、教师互帮互学，推动东西部职业院校协作交流、协同提升、协调发展，探索东西部协作的数字化转型新途径，形成了基于"云平台精准课程推送＋工作室教研活动"的数字化东西部协作模式。

关键词：虚拟教研；职业院校；职业能力；东西部协作

一、案例背景

职业教育扶贫作为我国脱贫攻坚战略体系的重要环节，其重要性不断显现，虽然成绩斐然，但是仍存在职业教育的协作效果并不明显，高水平教育支援不具备可持续性，没有充分利用信息化的手段从根本上解决西部院校教师能力不足和教学资源匮乏等问题。针对以上问题，北京信息职业技术学院组织建立了由东西部职业院校、行业领先企业、云平台运营企业、行业指导委员会和行业协会等组成的职业教育东西部协作联盟。通过智慧学研云平台，精准推送西部职业院校亟须的各类优质教学资源，开展虚拟教研活动和远程同步授课，探索东西部职业教育协作的教育数字化转型新模式。

---

[*] 本文曾发表于《教育科学》2024年第3期，收入本书时有修改。

二、实践过程

（一）概述

北京信息职业技术学院设计研发了职业院校教师职业能力的标准体系，并依据标准体系建成培训课程体系和课程教学资源。以此为基础，建设"一机制，一联盟，一平台"（一机制：运作方式与管理机制；一联盟：东西部协作联盟；一平台：智慧学研云平台），以"联盟"为支点，以"云平台"为工具，以"运作方式与管理机制"为路径，充分利用东部地区的优质教学资源和优秀师资队伍、企业的技术资源和实践资源、行业协会的专家资源和推广能力，开展虚拟教研活动和师资培训，最终形成了基于"云平台精准课程推送+工作室教研活动"的东西部协作教育信息化教学应用模式。实践过程如图1所示。

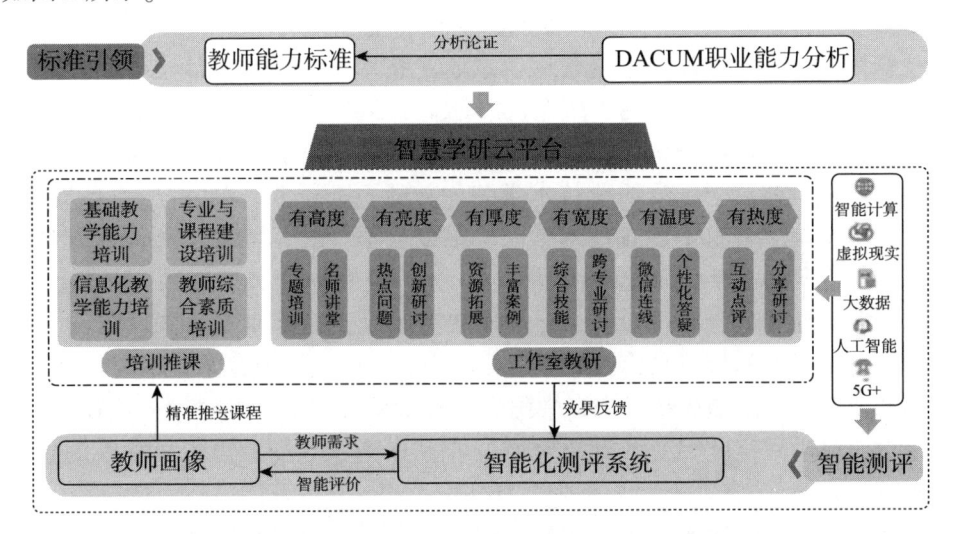

图1 "云平台精准课程推送+工作室教研活动"的东西部协作实践过程

（二）开展教师职业能力提升模式研究与实践

学校于2013年开展教师职业能力提升模式研究与实践，设计开发了教师职业能力框架，制定了教师职业能力标准，开发了13本校本培训教材和126门课程资源。面向全国，开展信息化培训万里行活动，累计培训388753人次，覆盖全国近30个省、市、自治区。2015年教育部签报表扬学校的培训为"重点服务，送教上门；按需服务，订单培养；协同服务，共谋发展；科学服务，标准引领"。研究和实践成果获得2021年北京市职业教育教学成果奖一等奖。

（三）设计开发基于互联网的东西部协作共享云平台，搭建虚拟学研环境

学校以教育部职业院校信息化教学指导委员会培训平台为基础，于2020年开始设计开发了东西部共享平台——"智慧学研云平台"（以下简称"云平台"），通过云平台向西部职业院校教师精准推送培训课程（学），带领西部职业院校教师开展基于网络的工作室教研（研），实现东西部职业院校教师能力共同提升、协同共进。

（四）建立东西部协作联盟，构建组织协作平台

建立由东西部职业院校、行业领先企业、云平台运营企业、行业指导委员会和行业协会等组成的职业教育东西部协作联盟（以下简称"联盟"），搭建东西部协作组织机构，全方位参与、支持、指导实践过程。

院校：东部职业院校包括北京信息职业技术学院、常州信息职业技术学院、广州番禺职业技术学院3所东部"双高计划"建设的职业院校。西部职业院校包括内蒙古电子信息职业技术学院、西藏职业技术学院、兵团兴新职业技术学院、石河子工程职业技术学院、新疆石河子职业技术学院、铁门关职业技术学院、塔里木职业技术学院、临夏县职业技术学校、西昌民族幼儿师范高等专科学校9所院校。

行业指导委员会和行业协会：全国工业和信息化职业教育教学指导委员会、教育部职业院校信息化教学指导委员会、中国电子教育学会职教分会等。

科研院所：联盟聘请了来自中国教育科学研究院职业与继续教育研究所、北京教育科学研究院职业教育研究所的专家作为指导专家，指导联盟的建设和运行。

企业：北京中软国际教育科技股份有限公司负责云平台的建设和运行保障。

（五）建立健全联盟组织管理机制，规范运行和管理过程

会商机制：确定联盟运行方式，明确组织结构、沟通机制等内容，定期举行联盟工作推进会议，实地走访、研究东西部协作帮扶的重点任务，研讨教师教学团队的协作内容、协作模式等，以此推动联盟具体工作。

建立章程：章程规定组织结构及成员职责、权利和义务、运行原则、合作领域等内容，确定联盟的基本准则，保障运行的规范性。

专业名师工作室建设与管理实施方案：明确专业名师工作室的工作目标、组成与选拔要求及流程、工作室负责人及成员的职责与任务以及工作室的管理方式。

（六）建立专业名师工作室，开展虚拟教研活动

建立专业名师工作室，并以此为单位，开展网络虚拟教研活动，建立东西部职业院校与行业企业、行业协会交流、共享的合作机制。推动联盟成员发挥各自优势，在专业建设、课程建设、资源共享、师资培训、教学等方面加强合作，开展优质资源共享，利用云平台，实现网络虚拟教研活动的常态化。虚拟教研活动采用示范课展示、教学片段交流与研讨、专题座谈、教学技能培训、教学资源应用分享、政策与教学文件解读六种形式开展。

东部"双高"职业院校的优秀教师，依托"双高计划"建设的骨干专业，在专业与课程建设、1+X师资、名师讲堂、基础教学能力培训、信息化教学能力培训和教师综合素质提升培训等方面与西部职业院校的教师组成教学团队，每个东部的高职院校以自身的一个骨干专业（群）与西部职业院校的帮扶需求进行对接，采用"一对一"、"一对多"或"多对多"的模式，依托云平台，向西部职业院校师生精准推送课程，开展远程同步授课。

三、实施成效

（一）形成基于"云平台精准课程推送+工作室教研活动"的模式，实现职业教育东西部协作的模式创新

借助云平台，以专业名师工作室为单位，开展虚拟教研活动，结合虚拟教研活动对教师实施教学指导，精准推送培训课程。

主要产生如下成效：

大规模培训：组织4万名教师的信息化教学能力提升培训。

小班互动教学：学校对新疆教师开展思政课程教学研讨。在长达2年的时间里，通过云平台对新疆500余名教师开展思政课程教学指导，满足了新疆职业院校思政课程教师能力提升的迫切需求。

大规模培训+小班互动教学：开展创新团队培训、1+X证书培训、信息化能力提升培训。培训采用万人大规模同时报告的形式，辅以小班互动教学的形式。

网络虚拟教研：建立专业名师工作室，开展网络虚拟教研活动，取得良好效果。

（二）形成"互联网+六度"引领的虚拟教研理念，对教研活动数据提供理论支持

将DACUM职业能力分析方法、大数据技术、人工智能技术融入教师职业能力分析、课程体系优化等各个环节，构建课程体系优化及教师职业能力提升协同机制，进行"有高度、有亮度、有厚度、有宽度、有温度、有热度"即"六度"引领。"有高度"指聘请教育部和全国知名专家引导，从高度视角促使教师对职业教育的文件理解，对新技术、新产业等前沿领域的深入把握。"有亮度"指通过虚拟教研活动凸显出来的教师关切的热点和创新性问题进行指导。"有厚度"指通过丰富的在线资源的供给和在线研讨以及拓展资源、案例，兼顾教师的普遍性和个性化需求。"有宽度"的网络教研既包括专业知识、技术技能，也包括课程、专业、专业群、资源库、精品课、教学能力大赛、课程思政、师德师风等建设，通过跨专业的研讨和分享，不断提升教师的综合能力。"有温度"是指对于个性化问题对教师采取"一对一"沟通方式，让每一位教师能力提升的过程都能感受到指导教师的耐心与温暖。"有热度"指每次网络教研都精心设计互动点评和分享研讨活动，使得每次网络教研互动的参加者积极参与、收获满满。

云平台目前已经建立了林广梅名师工作室、大数据名师工作室、计算机网络名师工作室3个专业名师工作室，开展了面向东西部职业院校的课程推送和网络虚拟教研活动。

（三）新一代信息技术赋能教师职业能力提升机制，实现个性化与精准化培训的兼容创新

针对个体和群体教师，创新了基于教师职业能力标准的精准培训机制，整合教师群体的需求，打造面向群体教师职业能力提升的定制化培训，借助云平台，利用人工智能、互联网技术为其精准推送培训课程，并针对重点和难点问题开展虚拟教研，实现了"学"与"研"的有机结合。

四、反思总结

案例的实践过程为职业教育东西部协作搭建了"一机制、一联盟、一平台"，形成了基于"云平台精准课程推送+工作室教研活动"东西部协作新模

式，通过信息技术手段解决区域教育资源配置和发展不均衡的问题；通过云平台提供的同步/异步课堂，使西部职业学校教师能够获取更多的培训资源，解决西部职业学校师资能力提升问题；通过云平台由东部职业学校教师直接为西部职业学校的学生开展课堂教学，解决西部职业学校师资力量不足的问题。

后期，我们将继续发挥该案例的成果作用，依托全国工业和信息化职业教育教学指导委员会、教育部职业院校信息化教学指导委员会、中国电子教育学会职教分会等组织，定期组织职教专家、学者、行业企业、东西部职业院校，开展专题报告、讲座、经验交流等活动，推广东西部协作联盟的典型案例、示范研究成果，吸引更多的职业院校、行业企业等加入"智慧学研云平台"，助推职业教育东西部均衡发展。

参考文献

[1] 教育部、国务院扶贫办关于印发《职业教育东西协作行动计划（2016—2020年）的通知》（教发〔2016〕15号）[Z]. 教育部，2016.

[2] 国务院关于印发国家职业教育改革实施方案的通知 [J]. 中华人民共和国国务院公报，2019（6）：9-16.

[3] 教育部、财政部关于实施中国特色高水平高职学校和专业建设计划的意见 [J]. 教育科学论坛，2019（15）：6-9.

[4] 教育部关于印发《全国职业院校教师教学创新团队建设方案的通知》（教师函〔2019〕4号）[Z]. 教育部，2019.

跨校云课程创新大中小协同育人实践路径

王海燕[1]，陈天翌[1]，杜 娟[1]，廖尉辰[1]

[1] 首都师范大学

摘 要：首都师范大学坚守姓"师"为特色的初心使命，积极落实国家教育发展政策精神，面对数字化教育的混合式学习方式转型和"双减"政策对中小学课后服务学习资源供给新要求，以师范生跨学科主题课程研发与实施的跨校云课程教育实践活动直接服务中小学生的课后学习生活，实现了师范大学卓越师范生教育实践途径拓展与丰富中小学生课后学习资源供给的有机融通，建立起大学生与中小学生协同共促学生成长的一体化育人新机制。

关键词：服务"双减"；跨校云课程；大学与中小学协同育人

一、案例背景

2021年，"双减"政策提升了全社会对课内课后教育生活的整体关注度，"师范生教师职业能力标准"为未来教师的培养指明方向；2022年，"强师计划"成为高质量学校的重要抓手。基于此，师范大学如何创新卓越教师培养模式实现未来高质量发展？中小学如何优化课程体系满足学生全面与个性化发展需求？围绕这些问题，首都师范大学作为"双一流"建设高校，主动回应"双减"政策下学生、家长和学校对于优质丰富教育资源的强烈需求，聚焦卓越教师培养，以"服务式学习"创新师范生教育实践方式，以需求导向丰富中小学课后服务学习资源，以跨校云课程路径系统创设面向未来学校建设的大学与中小学协同合作育人新模式，实现中小学生"双减"落地与师范生卓越培养的同频共振。

二、实践过程

面向2035中国教育现代化的高质量学校教育，对高等教育或基础教育而言，都要主动把握发展趋势、自觉优化完善人才培养的目标与过程。首都师范大学与基础教育学校通过共建教师发展学校、教师教育共同体、区域教育合作等项目已有近20年的合作。近几年来，伴随着社会数字化转型带给教育生活的影响，"强师计划""双减"等政策实施呼唤着师范教育、基础教育都要超越边界、结构重组、规划未来，学校主动谋划积极推进，以师范生"服务式学习"教育实践与中小学生"双减"课后学习融合共育，着力实现面向未来培养卓越人才、促进大中小一体化协同育人同频共振的自觉行动。

（一）"云课程"项目"三段式"运行构建大学与中小学一体化育人新机制

1. 现状调研

2021年8—10月面向中小学做了抽样调查和访谈，了解中小学校落实"双减"要求的具体举措，确定以丰富中小学课程供给为着力点服务中小学现实需求。

2. 试点先行

11—12月，以初等教育学院师生面向北京密云、延庆、房山、怀柔区的6所山区学校举行"面向山区小学课后服务跨校云课程"——"我和我的祖国"主题学习活动为"试水课"。500多名山区小学生在大学生引领下同上一堂课，10名师范生在大学教师技能实训室组织开展合作教学，小学生们在老师组织下在各自学校教室集体在线学习。这次"非常6+1"活动（6所小学+1所大学）不仅给山区孩子们带去全新的艺术学习体验，也让大学生们激发起投身乡村教育的热情和自信。

3. 项目推动

2022年伊始，大学组建起教师教育中心（教务处）牵头策划管理、专业院系研发课程、技术平台支撑保障的"三位一体"课程项目团队，同时成立中小学参与校对接联络组群，实现统筹组织、课程内容、在线平台、学习参与等项目关键要素的周密合作和无缝对接。经过"信息发布—学生选课—云端学习—课后反馈"等环节精准实施，师范生教育教学能力锻炼与服务中小学生课后学习有机结合，构建起跨学校、跨专业大中小一体化课程育人合作新机制。

（二）"四轮迭代"课后学习课程探索师范生"服务式学习"教育实践新路径

"服务式学习"是"将完成一项需要的任务同教育成长结合起来"的学

习活动。"跨校云课程"项目通过试点先行—进阶优化方式，以两轮次假期学习服务、两轮次中小学课后330课堂教学活动，拓展了师范生线上与线下结合的教育实践路径。"云课程"成为大中小学教师团队合作指导师范生经历课程设计与开发、合作教研与备课、线上合作教学、线下团队反思的全新行动。

1. 第一次行动："首师行动·寒假有约"跨校云课程

结合教育部"双减"工作精神，项目组将各院系自主报名的课程信息发布给合作中小学校征求意见，经过沟通和优化，最终推出以音乐、美术、生物、信息技术、历史、语文、英语等学科为基础的8门素质拓展类综合学习云课程，形成了师范专业"师徒同台"齐聚云端，融合见习、研习和实习于一体的"云实践"新模式。

2. 第二次行动："课后330·与美同行——系列美育课程"混合式跨校云课程

本次是在试点课程模式的基础上，围绕卓越小学教师培养，进一步整合专业资源助力师范生教育实践创新的探索。活动以初等教育学院师生为主体，依托小学教育的音乐、书法、美术专业，开发了提升综合素质的美育课程。课程直接进入小学课后服务课程表，每周四下午的三点半，大学师生齐聚在教师技能实训教室进行现场授课，并通过在线平台直播给分布在北京的6所山区小学以及3所远在珠海横琴的附属小学、地处河北阜平革命老区的小学。参与项目的大学生团队借助同步线上观摩开展合作教研活动，让师范生的"三习"实践课程有机对接。自2022年3月至今"与美同行"跨校云课程，成为初等教育学院探索师范生教育实践管理创新的典型案例，也为学校更多院系师生启动"课后330"课程研发树立了样板。

3. 第三次行动："首师行动·暑假有约"跨校云课程

2022年7—8月暑假期间，更多师范专业的师生加入"云实践"行动，参与院系达到14个，跨学科主题课程多达19门。项目的持续推进带动了不同年级本科生、研究生参与线上线下相结合的课程研发与教学实施，在合作、探究、反思中，师范生的课程意识、育人意识和服务意识更加明确。

4. 第四次行动：服务中学"课后330"教学实践

2022年9月新学期伊始，来自学校13个院系的师生开发出12门深入中学现场的"课后330"主题课程。每周五下午4—5点，大学师生走进中学课堂进行线下教学，所在学校初一年级学生全员自愿参与学习，师范生们经历了特别的教学实践，在服务中强化教育教学的意识，锻炼综合素质。

（三）跨学科"五大板块"课后学习活动创新大中小学生素质提升新课程

围绕服务中小学生全面发展和师范生综合育人能力提升，项目团队充分发挥学校"文、理、艺、教"多学科优势，开展多学科深度合作的教研活动，合作开发综合性素质拓展课程。以培养中小学生人文素养、挖掘艺术潜能、拓宽生活视野、提升创新思维为目标，面向4—9年级的中小学生，逐渐固化了20余门体现学科交叉、内容综合、资源共享、主体多元等学生课后学习课程群。

三、实施成效

（一）效果

中小学校课后服务学习资源明显丰富。跨学科综合课程让中小学生特别是农村、山区、京外学生可以足不出户，在屏幕前、教室里享受到首都高校师生带来的历史、艺术、科学等学科魅力。有教师反馈："开放多样的课后反馈形式，告别了机械抄写和盲目背诵，训练了学生的观察能力、语言组织能力和绘画能力，真正提高作业效能。"有家长说："孩子每次上完课都特别兴奋，课后会去拓展阅读、收集资料或者干脆动手操作，然后满心期待下一次的课程。"有学生说："我一直都对考古很感兴趣，所以在这个课程推出的时候，我毫不犹豫地报了名。"

师范生教育实践"三习"顺利实现转型升级。大学直接将师范生参与课后服务的课程开发与教学实践纳入师范生的"三习"，让师范生更为全面、深入感受基础教育改革以及学校教育教学多样态。无论是云课程还是"课后330"课程，都让来自大学各个院系的师范生（也包括研究生）深入研读课程标准、学科知识和学生成长发展规律，在技术平台的辅助下，为来自全国各地的中小学生奉献丰富生动的学习指导，也从服务中小学生学习的过程中提升自己的职业认同和专业信心。

从"寒假有约"9门课到"暑假有约"19门课的跨校云课程，从一个学院1门到十多个院系参与的12门"课后330"课程，仅仅一年的时间，跨学科、跨学段的主题式课程群建设，显示出师范大学师生服务基础教育的课程研发能力，也让师范生教师能力培养的路径创新具有可行性、应用性和推广性。

（二）影响

两轮次的假期"云课程"实践，直接服务北京、河北、安徽、江西、福建、广东、海南及内蒙古等地区60余所中小学校，为15万人次中小学生带来了丰富的课程学习体验。这些综合类课程资源，帮助很多学生家长缓解了"双减"政策实施第一年寒、暑假期的"培训"纠结。有些家长与学生一起在线学习，在开阔视野、激发兴趣中经历了别样的假期，增进了亲子关系。两轮次的"课后330"课程实践，直接为中小学生在校生活送上了13门日常课后学习选择，帮助中小学校特别是山区学校、普通中小学解决了课后服务师资不充足、课程选择不够多、课程内容不丰富、课程质量不够高等燃眉之急，有助于促进教育优质均衡发展。从2021年11月到2022年10月，首都师范大学近700人次的师生分别参与课后服务教育实践，项目事迹先后得到《现代教育报》《北京教育播报》的宣传和推送。

四、反思总结

（一）建立大学与中小学协同育人机制是未来学校高质量发展的有力保障

以项目为纽带建立起大学与中小学的协同育人机制，可以让学校"深综改"获得扎实有力的社会支持。首都师范大学以助力"双减"课后服务为契机，将师范生教育实践与促进中小学课后服务质量的整体提升有机结合，成为中小学高质量课程建设的有力支撑，也成为大学与中小学协同育人的关键着力点。

（二）师范大学在高质量服务基础教育中实现育人特色转型升级

师范大学作为教师教育的"工作母机"，只有在不断跟进和引领基础教育改革创新中才能彰显培养卓越教师的育人特色。本项目的实施过程让大学师生在减轻义务教育阶段学生"过重课业负担"和"过重校外培训负担"中感受基础教育深刻变革，回应时代要求。师范大学社会服务职能与卓越师范生培养结合，直接激励更多学科专业教师投身师范生培养的合作研究。项目激活了大学基于实践、服务实践、在实践中育人的教师教育新样态和内在活力，促进了师范大学教师教育人才培养转型升级。

(三) 大学与中小学一体化协同育人有待更加持续化和精准化

一年的服务"双减"课程实践，在焕发大学与中小学师生课程参与积极性的同时，也亟待加大中小学教师参与课程研发的力度，以更好规避学校课程在课内与课后学习脱节现象。因此进一步精准化大学基于中小学校及其学生发展需求的教育支持，增进师范生课后服务实践与中小学课内教育实践的有机关联，都有待继续完善。如何更好地开展混合式课后服务学习活动、更多赋权学生的学习选择、让技术赋能教师的"教"以及学生的"学"，这些都有待本项目在继续推进中深入探索和总结。如何持续增进师范大学与中小学的深度合作，如何更好地开展混合式课后服务课程学习活动，都有待在实践中做出回答。

参考文献

[1] 游柱然. 美国高校服务学习的起源与发展 [J]. 复旦教育论坛, 2009 (3): 73-77.

[2] 联合国教科文组织. 共同重新构想我们的未来：一种新的教育社会契约 [M]. 北京：教育科学出版社, 2022.

双师课堂教学实践研究推动区域教育质量优质均衡发展

梁一凡[1]，吕宝新[1]，桑笑语[1]

[1]北京市房山区教育信息与现代教育技术中心

摘　要：基于双师课堂建设的教学研评管一体化区域建设案例是房山区"基于教学改革、融合信息技术的新型教与学模式"国家级实验区建设的重要组成部分。目的是探索基于"互联网+基础教育"推进教育双线供给，线上线下融合推进育人方式变革，扩大优质教育资源的辐射作用，推动教学改革，提升教学质量，建设具有房山区特色的双师课堂教学模式，探索区域教育优质均衡发展的路径。通过建设双师课堂，推进房山区教育现代化进程，以新技术激发教育活力，培育教育发展新动能，构建房山区教育现代化新样态。

关键词：双师课堂；优质均衡；教育质量

一、案例背景

2020年，《教育部关于加强"三个课堂"应用的指导意见》中提出要促进信息技术与教育教学融合应用、探索信息化背景下育人方式和教研模式，积极推进"互联网+教育"发展，针对基础教育阶段促进教育公平、提升教育质量的现实需求，在各地实践探索的基础上，进一步加强"专递课堂"、"名师课堂"和"名校网络课堂"。2021年，北京市教育委员会印发《关于推进"互联网+基础教育"的工作方案》的通知，工作目标是发展"空中课堂"、"双师课堂"和"融合课堂"，其中"双师课堂"的发展目标是基于优质微课丰富教育供给，提升教师教学水平，促进优质资源均衡。

目前，房山区教育城域网建设较完善，所有学校基本都实现了数字化进校园，但在优质资源均衡方面仍存在比较明显的梯次差距。"基于双师课堂建设的教学研评管一体化实践研究"是房山区"基于教学改革、融合信息技术的新型教与学模式"国家级实验区建设的重要组成部分。目的是探索基于"互联网+"推进教育双线供给，线上线下融合推进育人方式变革，创新教学模式与方法，扩大优质师资和优质教育资源的辐射作用，推动教学改革。房山区建设双师课堂，力求重点解决乡村学校、乡镇寄宿制学校师资和教育资源不足的问题。

二、实践过程

双师课堂是基于智能录播、互联网远程传输和多媒体远程交互技术支持的线上线下混合式教学方式。双师课堂教学打破学校壁垒，线上和线下教师"1+1"分工协作。主讲课堂的教师负责本地学生授课，同时在线为异地课堂学生同步直播互动教学。听课课堂的教师与线上主讲教师合作，负责辅助本地课堂学生的学习指导，探索"1+1+N"的双师模式，即1个输出校确定年级和班级、主讲教师及课表等主要信息，输入校的1个班级进入直播课堂，利用双师教学平台开展共享资源、教研备课、互动学习、共同作业与评价等N项活动。

（一）组织管理统筹

项目建设和研究初期，建立项目建设实施组、教研指导组和运维保障组。随着建设完成、培训开展和研究的深入，建立教学设计教研指导组，成立课题研究指导组，将教研指导组细化为中学、小学双师课堂教学研究组，双师课堂建设学校组成双师课堂实践研究共同体。进一步加强了团队建设，完善保障机制。在实践研究初期，建立了周计划、月汇报制度，强化了信息宣传制度，制定学校双师课堂教学计划安排表，落实常态化教学的实践要求。

（二）建立成效标准

从两个角度建立成效标准：一是学生维度，以学习质量检测结果和深度学习投入（认知投入、行为投入、情感投入）为衡量标准；二是教师维度，以教师专业成长为衡量标准，检测双师课堂实施效果。分别从国内外相关研究的量表进行改编研究，构建符合北京双师课堂实践特色的量表。以成效标准为导向，推进双师课堂持续深入发展。

（三）多样类型统筹

坚持育人为本、行政主导、学校主体、教研指导，聚焦课堂改革、突出数据应用的原则，房山区双师课堂研究包括教研双师课堂、校际双师课堂、跨区双师课堂、校内双师课堂。

（四）双师协同提质

2021年建设房山区"双师课堂"应用平台，学校通过直播、互动开展双师课堂教育教学活动。房山区双师课堂教学实践研究以学校在应用平台上传课表，开展常态化双师课堂教学实践为基础，以房山区双师课堂教学研究工作坊专家组深入一线指导骨干学校、骨干教师开展教学管理、教研和教学实践为重点，不断累积优质资源，逐步形成具有校本特色、区域特色的课程资源和教研成果。

1. 课前沟通，磨课备课

双师课堂授课的两位教师，利用平台中提供的教学资源结合学生学情进行备课，优化教学设计，要求教师从双师课堂的导入、互动环节的设计、主讲和辅助教师的分工、课上关注学生的哪些问题以及备课的重点等方面有深入的思考。通过教学设计的有效沟通，促进两位授课教师流畅高效协作，提升教学质量。为更好地促进两位教师共同备课，项目组为学校双师教师统一下发房山区双师课堂教学设计模板。

2. 课上协作，便捷授课

通过平台预约课表，一键启动课堂互动，两位授课教师共同参与到课堂活动中，共同承担教学任务与责任。如协同教学，两名教师共同担任课堂内的教学角色，共同分担讲授和示范的教学活动。平台全过程自动录制直播互动，课后视频自动回传。教学中，构建双师课堂应用平台、视音频传输环境以及师生教与学智能终端的信息技术与教育教学融合的环境。真正做到借助信息技术将不同空间的两个课堂融合成为一个数据及时可靠、互动充分有效的高效课堂。

3. 课后反思评价

课后，两位老师可以针对课堂效果进行课后反思总结，了解听课端学习效果，共同布置作业，改进教学设计。做到课前共同备课、课中协同教学、课后共同反思。课堂上同步完成课堂任务，主讲端老师要关注听课端学生的反馈。

4. 丰富教研活动

借助双师课堂教学平台将以往在线下开展的示范课、公开课、教学研讨等活动在线上同步直播、点播，实现线上线下相结合的可实时互动的教研形式。满足了听课、评课、同课异构等不同类型的教研活动的开展，让教师的参与更便捷、教研活动的开展更高效，同时教研过程数据全记录，实现用数据说话，做到活动有迹可循。通过教研活动的常态化开展，逐步形成双师课堂共建校每月上传一次优质资源包（包括备课视频、双师教学设计、反思）、双师课堂教学研究工作坊骨干教师每两周上传一次优质教学资源包、每年组织一次教学观摩的区域协同教研的工作机制。设计了研制双师课堂教学课堂研究听评课表（初稿）。

5. 实现区域平台管理

通过逐步建立区域优质课程资源库，形成房山区特色精品资源。学生可以根据教师建立的 PPT 知识点索引，进行个性化学习；教师也可建设在线精品课程，精准推送给学生学习，平台自动统计学生学习效果，教师基于学习反馈数据改进课堂教学。管理者可借助平台的在线巡课功能实现在线巡课，了解区内双师课堂开课情况、结对组数量等。通过大数据看板的数据，直观展示房山区双师课堂的建设成果。通过可视化数据对区域内的设备状态和运行活跃度等进行统计与把控，进行设备集中管理与运维，辅助科学决策，支撑精细管控。

（五）多种模式统筹

房山区统筹设计多种双师课堂教学模式，并在多个学校开展实践布局，力求做到每种模式都有实践覆盖，从而在系统全局层面探讨实践效果。具体做法是利用"一师一表"形式进行统筹。通过下发此表，帮助双师确定本校需要解决的教学问题，宏观层面包括：教育均衡、教学质量、师资短缺、青年教师成长；具体层面包括教学设计经验不足、教学效果不好、英语单词发音不准、课文解读不深、思维能力培养不够，等等，从而在教学中发现问题，研究和解决教学实际问题。

三、实施成效

（一）项目课题引领凸显房山研究特色

依托信息化技术建设双师课堂，为基于学科核心素养的课堂教学研究提供空间环境，为大数据的汇聚提供途径。构建大数据环境下具有智能预测的多元化、智能化、个性化的学情分析与课堂教学模型，使学生核心素养在课堂更好地落地，使课堂教学更加精准化和个性化。目前共有 10 个单位 16 个课题参与研究，其中有一个为北京市重点课题。

（二）完善教育教学研究，稳步推进双师课堂高质量发展

在房山区双师课堂教学实践中，以小步走原则为基准，逐步在集团校开展相关实践，最终实现整体区域的布局发展。目前初中双师集团校开展以复习课为主进行双师课堂教学，小学组以常态课教学入课表为主进行全学科的双师课堂教学研究。双师课堂教学实践还有利于教师改善教学模式和课堂设计，提升了课堂教学能力，为课堂教学高质量发展奠定了基础。

四、反思总结

在双师课堂教学研究中，结合房山区统筹规划和整体布局，凸显房山区课题研究和深度应用，提出了房山区实践案例方案，初步研制了房山区双师课堂教学行为标准，构建了"双师课堂实践规范"。在双师课堂的推进中，通过总结双师课堂建设经验，围绕双师课堂教学应用需求，不断优化建设方案，提升双师课堂教学应用实效性。

（一）紧扣国家级实验区目标提升整合意识

紧扣国家级实验区的目标，提升项目之间的整合意识。做好双师课堂教学平台优质数字资源与学生发展大数据融合平台的对接设计与实施；探索智能平台和学习工具项目的学习终端与双师课堂教学环境的技术融合；整合智慧校园的实验校校内双师的研究，探索多种形式的双师课堂教学研究。

（二）建立"龙云课"品牌引领实践走向深入

"龙云课"，即在房山区多种形式双师课堂建设基础上，能够即时开展"一对一""一对多"直播式、录播式双师课堂教学。并进一步建设双师课堂本土系列优质资源，支持学生、教师任意时间、任意空间回看教学；支持停课不停学在线学习。

（三）着力解决具体问题的基础上，突破宏观问题

教师成长方面的问题：一是青年教师教学经验不足，缺乏对课标、教材的深入学习把握，对课堂的掌控驾驭能力不足，教学水平和教学质量有待提升；二是教师专业发展问题，包括教师充分掌握双师课堂的教学模式、教师专业化水平提高、提升教师信息素养，落实学科技能训练。

学生发展方面的问题：一是城乡学生思维发展的不均衡性问题；二是学

生参与学习的热情不高，需创设真实的情境，拓展学生视野，激发学习兴趣。

教学问题：一是教学预设和生成的关系处理不够得当的问题；二是在双减背景下，如何利用好双师课堂设计。

教育发展方面的问题：一是解决教育均衡问题，突出解决教师资源不足、缩小城乡教学质量差距的问题；二是创新教学模式，提升教学质量的问题。

双师课堂为实现城乡教育优质资源共享提供了新途径，并在房山区第一批实践过程中通过了初步检验。相信随着双师项目的进一步实施，"双师课堂教学"这一新型教育模式将会在大数据、智能分析技术的支持下发挥不竭的动力和生机。

参考文献

[1] 韩荣荣.信息化助力县域内义务教育均衡发展："双师教学"模式实践 [D]. 武汉：华中师范大学，2018.

[2] 陈玲，余胜泉，杨丹.个性化教育公共服务模式的新探索——"双师服务"实施路径探究 [J]. 中国电化教育，2017（7）：2-8.

利用信息技术加强作业个性化推送的典型案例

汤佳佩[1], 任炜东[2], 戴伟明[3], 丁 鉴[3], 白文倩[1]

[1]北京市朝阳区教育科学研究院
[2]北京市第八十中学
[3]北京市朝阳区项目发展指导中心

摘 要：为推动基础教育与人工智能深度融合，通过数字化、智能化引擎，依托区域优质资源供给，助力提升作业设计与作业管理水平。借助互联网化的产品体验，提升学生兴趣、家长信任。为作业、课后服务、教学、家校协同等场景提供一整套技术装备与工具。本案例利用人工智能技术，加强作业设计与管理，减轻学生学业负担，应用个性化推荐的智能作业服务，在提质增效方面已取得了阶段性成果。

关键词：信息技术；个性化作业；个性化学习

一、案例背景

（一）"科技赋能促'双减'行动"，企校联合促进技术应用

按照北京市教育委员会《关于推进"互联网+基础教育"的工作方案》和教育部"基于教学改革、融合信息技术的新型教与学模式"实验区指导意见，2021年底朝阳区开展"科技赋能促'双减'行动"，并成立朝阳区教育科技研究院，深化政企合作。朝阳区教育科学研究院、朝阳区教育技术研究院，形成"1+1"合力推进，致力于配合区域教育发展规划，本着服务朝阳教育发展和推动创新实践发展为战略，统筹朝阳区优质教育资源，成为展现朝阳特色、贡献智慧、具有科技前沿水准的教研智库，在区域教育师资培养的版图中打造面向未来、贴近民情的教育研究成果的策源地。同时，发力于理论研究，提出科技赋能在教师教育中的主体性，总结出朝阳区加强教育科技应用的适恰模式。

（二）深入"科技企业"合作，开展"技术赋能"研讨

朝阳区教育科学研究院与飞象星球多次针对"自适应学习系统"及"学生场景个性化"进行问题研讨；针对相关的数据模型及评估手段进行适恰论证；计划针对相关评估能力；评估模型及技术支持；针对"自适应学习系统"及"学生场景个性化"模型问题进行研讨；针对小学数学的知识图谱构建进行研讨，其中知识图谱构建中涵盖朝阳区教育科学研究院资源库，数字化《新目标检测》等优质资源建设。

（三）借助国家课题申报，深化"科技赋能"研究

朝阳区教育科学研究院积极筹备参与申报全国教育科学规划课题"智能技术赋能区域中小学课堂教学评价研究"。通过课题申报找准"科技赋能"课堂教学的最终落地点问题。经过组织线上线下的联合研讨，构建出本研究的框架，包括战略背景、构建"一体两翼"智能技术赋能课堂教学评价的路径、构建智能技术支持课堂教学自我评价操作模型、以学为中心的区域中小学课堂教学评价标准、智能化评价平台的研发升级、建立课堂教学与作业设计问题库和问题诊断模型、智能技术支持区域课堂教学评价实施、促进教师自我评价常态化的区域教研策略8个方面。

（四）"科技"应用为王，依托"赋能"供给试点校

教育科技企业具有优质资源积累与人工智能技术，经过一段时间试点推进研究，已建设区域、学校、教师多级作业资源体系库，结合朝阳区本土题库资源及前期研究基础，将优质题目资源构建标签样本结构、知识点相关知识图谱模型及智能推荐算法的研发等工作。本着应用为王的行动观，前期技术储备已累计完成结构化题目上亿道，针对典型题目，录制完成题目讲解视频超百万道，以"赋能"供给试点校，本着将"科技应用"配送到校、到师、到生的精准、个性化教育服务。第一批试点学校有8所（含九年一贯制学校5所，独立完小3所），其中小学8所，初中5所；使用平台的有6378名学生，其中小学生4714名，初中生1664名。已在首批试点学校开展智慧作业试点，学生和家长对利用信息技术手段加强作业管理表示支持与肯定。寒假应用实践期间，整体满意度9.17分，81%的学生每天使用，96%的学生愿意继续使用。试点应用涉及预习作业、随堂作业、习题课、日常作业、寒假

作业、复习作业等各场景，落地了统一作业、分层作业、个性化作业、错题作业等多种作业形式。

（五）助力"两区"建设，多维实践课程开启

在做好"基于教学改革、融合信息技术的新型教与学模式研究"工程和北京市"互联网＋基础教育"推进工作中，通过在线教育实践与探索，区教研员协同区域教师联合开发全学段、全学科、全覆盖的课程资源，推进线上线下教育融合的应用推广。2021年度教育部教育司颁布的信息技术与教育教学深度融合示范案例公示中，朝阳区荣获提名；在线云课程资源相关成果荣获2022年北京市数字化项目优秀成果奖。在市、区级大型活动中尝试开启"飞象星球"双师素质课堂的教学实践，在试点校开展"双师课堂"的示范课"应县木塔"课例展示。"政企联合"＋"1＋1"合力推进为"两区"建设注入了线上课程资源支持、线下学具随材支持、教研磨课支持、课堂拍摄等技术与服务支持等多方位支持。

二、实践过程

（一）需求牵引，总结作业应用场景与需求

结合朝阳区的实际需求，挖掘需求，发现痛点、堵点，总结了九大作业应用场景。聚焦教育应用场景，找到教育与科技的契合点，推进技术应用及场景落地实践。构建以学生为中心的作业新样态，数据驱动精准教学，开发学生潜能。

（二）应用为王，依托区域优质资源供给与人工智能技术，设计作业全流程应用

依托优质资源积累与人工智能技术，已建设区域、学校、教师多级作业资源体系库，将优质题目资源完成知识点及标签结构化处理，映射至知识图谱。截至2023年4月已累计完成结构化题目上亿道，针对典型题目，录制完成题目讲解视频超百万道。形成区级资源研究与流动机制，将优质资源配送到校、到师，实现区级、校级、教师级教育资源信息互联互通。

使用人工智能在图像识别、自然语言处理、深度学习、知识图谱方向在教育场景的技术落地与实践经验，完成作业的全流程管理与减负提效（见图1）。

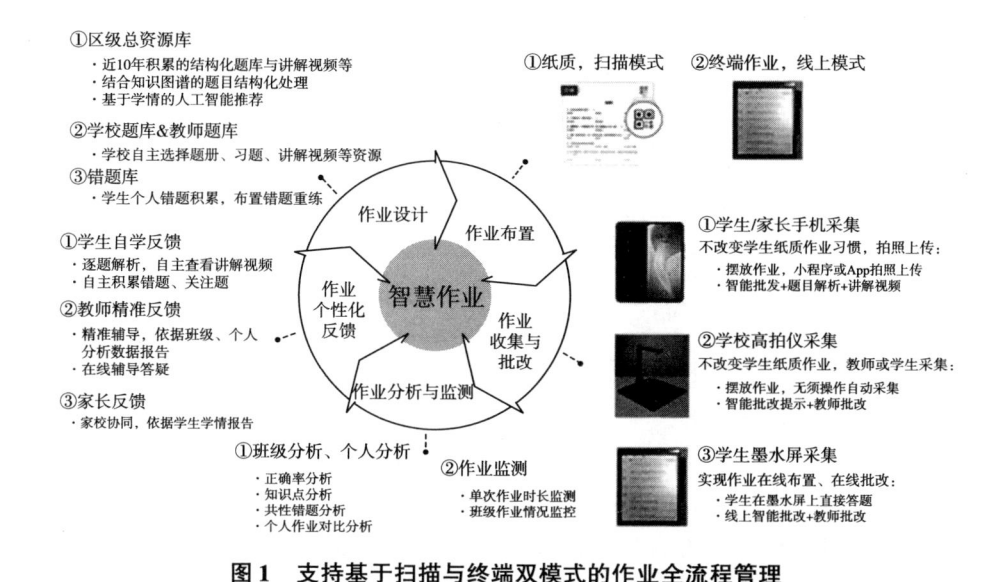

图 1　支持基于扫描与终端双模式的作业全流程管理

（三）服务至上，搭建面向学校、教师，面向家长、学生的全渠道服务能力

在日常作业与假期作业场景，前期试点学校的实践中已建立并运行了面向学校、教师，面向家长、学生的全渠道服务能力，服务时间覆盖工作日与休息日，服务方式覆盖微信、小程序、学生客服热线电话、学校专属热线电话、在线手册及答疑、在线微视频等。

（四）示范引领，在首批试点学校使用，丰富作业场景与应用体验，逐步扩大试点范围

截至 2023 年 4 月，已在首批 5 所试点学校，开展智慧作业试点，在预习作业、随堂作业、习题课、日常作业、寒假作业、复习作业等各场景开展试点，落地了统一作业、分层作业、个性化作业、错题作业等多种作业形式。学生和家长对利用信息技术手段加强作业管理，表示支持与肯定。

三、实施成效

（一）作业布置方面

学校可使用飞象星球智慧作业平台，利用猿辅导十年来小猿搜题、猿题

库、猿辅导积累的题目和试卷资源与练习大数据，结合区级优质资源、学校校本题库、教师个人题库，实现作业设计，并实现统一作业、分层作业、个性化作业布置。

通过教师人工智能助手，为教师智能推荐匹配教学进度与学生学情的题目，推荐相似题、变式题，并结合题目难度、练习大数据与学情分析，由系统预估学生作业完成时间，平台有超时预警提示，控制作业总量。

（二）作业设计方面

教师借助人工智能技术，实现教辅作业、校本作业形式，统一作业、分层作业、个性化作业设计。

1. 区级、校级、教师多级作业资源动态流动与反馈机制

形成区域、学校、教师多级作业资源体系库，教师在题库中可自由搜索、筛选、使用、分享，让优秀的资源流动起来。学生题目的作业时间、作答正确率、观看解析自学等数据也可以反馈到教师、学校、区域，基于此以学生为中心开展教学。多级作业资源体系库可以自上而下流动，也可以自下而上流动；教师间可分享优秀作业设计成果，促进优质资源流动。

2. 支持教辅作业与校本作业多种形式

支持朝阳区教育科学研究院编制《新目标检测》等各类教辅，充实作业布置形式。支持教师使用平台题库、校本题库、教师个人题库，灵活设计作业，并可借助教师人工智能助手，进行题目智能推荐、相似题变式题推荐。

（三）作业推送方面

实现分层作业、个性化作业灵活应用，不断积累学生作业数据，通过人工智能技术、机器学习和数据挖掘，结合知识图谱、学生知识点掌握情况设计分层作业，也可通过智能推荐生成个性化作业，针对性精准作业，减负提质。

（四）作业个性化应用

平台收集数据后，自动分析生成学生学情报告、班级共性错题报告，教师可结合学生错题、薄弱点进行针对性错题布置与个性化作业布置。学生、家长也可通过小程序，管理个人专属作业本，管理重点题、个人历史错题、存疑错题、需老师帮助难题。做到学生自主学习、教师精准辅导，减负提质。

1. 作业报告：学生学情变化报告

关联知识点，形成多维度分析报告，查漏补缺。

2. 针对性、个性化作业：布置错题作业、个性化作业

支持布置错题作业、个性化作业，为教师提供教室精准答疑、直播答疑场景的共性错题等分析报告。

四、反思总结

明确行动方案。按照区委部署及区教委部署，制订"政企合作，科技赋能'双减'"的工作行动方案，争取精准发力打好科技创新赋能的组合拳，助力朝阳区"两区"建设，助力朝阳区教育质量发展。

注重技术研发。以"两区"建设为总目标，结合教育教学需求跟进技术研发研讨，计划突破教育智能应用的关键技术问题，特别关注研究成果导向，注重中小学教育智能推荐关键技术的优化问题，力争为学生个性化学习提供智能教育服务的技术研发支持。

拓展服务试点。以第一批试点校引路，政企合作加快形成赋能类相关的研究成果，包括应用模式、应用案例、应用技术及应用经验等。按照区委、区教委的整体规划，从智慧教研引领、赋能试点引路、全面拓展试点等方面，优化智慧教育、科技赋能产品的拓展服务应用。

参考文献

[1] 教育部办公厅. 教育部办公厅关于公布"基于教学改革、融合信息技术的新型教与学模式"实验区名单的通知 [EB/OL]. （2020-08-06）[2021-02-06]. http://www.moe.gov.cn/srcsite/A06/jcys_jyzb/202008/t20200814_478080.html.

[2] 陈丽华. 中小学生作业负担监测机制思考 [J]. 人民教育，2021（Z1）：19-21.

[3] 郑东辉. 融入作业过程 提高作业质量 [J]. 人民教育，2021（Z1）：31-33.

依托双师课堂探寻普校师生共成长有效路径

周 育[1]，张 冉[1]

[1]北京市东城区革新里小学

摘 要：本文基于学校教师普遍年轻化、专业发展相对受制约的现实情况，重点研究双师课堂环境下区域薄弱校教师实践共同体构建的效果及问题，并针对问题提出相应的解决策略，归纳出教师实践共同体活动开展的模式；通过与教师、学生的访谈、实践研究等方式，试图以学生资源优化课堂生成，强化有效师生互动，以期为构建全方位的"双师教学"互动实践模式、实现更加高效的师生互动提供参考。

关键词：双师课堂；新型教学模式；师生共成长

一、面临的困境：教师科研能力有待增强

东城区革新里小学创建于20世纪30年代，隶属于史家教育集团，现有24个教学班，学生800余人，教职工85人。其中市级骨干教师3人，占全校总教师人数的3.53%；区级骨干教师7人，占全校总教师人数的8.24%；高级职称教师7人，也仅占全校总教师人数的8.24%。由于缺乏相关专业引领，教师的理论知识和科研能力相对不足，使得教学研究相对比较浅显。

二、破困寻策，构建双师课堂教研机制

（一）平台设置

在落实北京市"双减双升"的改革实践中，革新里小学纳入史家教育集团一体化建设管理。通过落实干部教师交流轮岗、强化集团教研等措施，充分激发了学校的办学活力和改革革新力。2022年9月，在集团整体统筹、推进中，基于提供现代化优质教育的理念，革新里小学也实现了ClassIn平台的

融入,最大化专家型教师资源的覆盖面,提升学生学习的效率;进而探索单学科内容广泛、多学科联系紧密的大课程体系,探索多元教学改革模式,生成教学设计、课件/动画、微课、教学实录等形式的数字教学资源,作为优质公共资源辐射、分享,提高学校课程品牌提升教学质量。

(二)建构教学研究路径

建构教学研究路径,即"提出问题—确定目标—双线教研—双师成长"。以在线云平台为技术支撑,将教师教研的基础信息网络化,实现资源聚合,构建跨场景、跨空间、跨校际的教研生态环境。同时,基于同步课堂的同步教研实践分为同步备课、同步教学、同步反思三个阶段,满足教师的"参与"体验,成为教师专业成长的"催化剂"。

(三)基于实践共同体的双师课堂实践

1. 基础化设施建设

集团以学校教室为基础,对4间教室进行硬件改造,增加音视频设备,以达到良好的教室互联的效果。本着优先复用的原则对教室设备设施进行整合,并在所有终端上安装教室互联的应用软件,同时,组织学校信息技术团队开展全面整改及完善工作,保证网络稳定、畅通,为双师课堂顺利实施提供基础保障。并在课堂教学中积极推进教室互联的应用,实现课前学生自主学习、课中合作探究学习、课后拓展延伸学习,教师全程观察指导。

2. 双师课堂运行机制

在每周1—2次的双师课中,主讲老师(或者双主讲)能够与不在同一物理空间的学生实时音视频互动,几乎无延迟;通过ClassIn数字黑板进行基于板书和课件的互动和课堂活动,积累了大量的课例素材,为日后持续的双师教学模式研究做好了准备。

3. 把握在线教学特质,开展多元互动

(1)借用"优质资源",提高教师研究力,突破重难点互动。

传统教学模式下的师生情感交流是直接的,而"双师教学"模式下,主讲教师与第二现场的学生因时空分离,只能借助录播设备将教师的面部表情和神态进行传递,对第二现场学情进行分析后代替学生将交互反馈精准地传递给线上主讲教师,缺少了很多即时性的师生互动,使得师生交互中容易出现现场感缺失和弱交流等问题。这就要求课前"双师"加强协同备课机制,优化课堂设计与组织。备课内容包括交流反馈两端师生的教情及学情,探寻交互的突破点；探讨恰当的教学策略及重点难点的突破方式，设计同步互动的融合点；根据两端学生不同层次的认知水平及学习能力，设计多元化的教学活动，挖掘学生学习生长点。

在与特级教师韩老师共研四年级数学课"常见的数量关系"时，张老师提前对学生进行了前测和访谈。因为有之前的做题经验以及生活基础，几乎100%的学生都能正确计算单价、数量和总价三个量的简单问题。但对于单价的理解都是"一个东西的价钱"。笔者的前期思考是：由于学生解决相关问题的能力大部分停留在乘除法意义和具体情景中，而对为什么这么列式，大部分学生用乘法和除法的意义来解释，比如"因为有几个几，所以用乘法"，可是在教材呈现解题的过程中，又经常出现利用图示来分析数量关系，但极少学生能利用画图的方法帮助分析题意，解决问题。特别是简单的问题，学生往往用算术方法解答，并没有积累多少利用图形等式来分析解决问题的经验。所以笔者思考能否通过画图，为单价概念从"一个"过渡到"每个"增加深刻的体验。然后再通过生活实例引导学生从"每个商品的价钱到每种商品，再到每份商品，最后到每件商品"，逐渐提炼完善单价本质。

（2）借助学生内驱力，引发自主学习的互动。

围绕"你喜欢这种线上双师双生互动的形式吗，为什么？""对于'双师'课堂你有什么想法或建议？"这两个开放性问题，对参加过双师课堂的学生进行调研，我们发现学生对于"双师"课堂的喜爱程度很高，认为可以听到更多样的答案，形式新奇，但78.9%的学生提出的建议都是希望自己有更多发言的机会，或是作为第一现场的学生，有更多互动的机会。学生用质朴的语言，反映出他们渴望有更好的表现，特别是对于双方学生的互动，他们有更多的期待。这也无形中在学生间形成一种学习动力和竞争意识，学生会更乐于展示，表现自己。

在特级教师万平老师作为主讲教师的"我是一个好学生"的一年级"童蒙养正立规正范"启蒙教育课中，为了培养学生的自理能力，万老师设计了让学生剥鸡蛋的活动，万老师执教班的一位学生刚开始信心满满地上台剥鸡蛋，但是没剥好，遇到困难后便要退缩了，作为第二现场的学生却很顺利地剥好了，万老师便巧用"隔空成果"，实现零距离互动，引导学生克服困难，提高自理能力，巧用学生资源优化了课堂生成，实现了两个现场的师生高效互动。

为了提高学生课堂参与感与投入度，结合教学内容，学校开展了以学生自主笔记的记录、指导和分享交流为抓手，贯穿整个教学活动的师生、生生互动，引发了学生基于双师课堂的深度自主学习。

(3) 借鉴"小讲师制"协同解决问题的互动。

为应对一些学科"一师多班"、师生互动受限的现实问题，建立"小讲师制"，让学生进行跨班互动研讨。这一形式突破了隔屏互动的瓶颈，不但加强了学生之间的互学互助，让更多的学生在做"小讲师"中获得成功感，也让教师对学生的发展差异与个性化发展需求有更清晰的把握。

三、创新实践，增值教研效益

（一）资源先行，提供支撑

集团在各校区之间开展融合双师课堂的探索和发展过程中，从最初的一拖一班的双师模式，逐步延伸到一拖二班的教学场景尝试，以及下一步进行一拖多班的课堂场景拓展。目前依托于 ClassIn 平台，对学校现有教室硬件环境充分利用，结合学校现有的教学一体机，同时增加配备拍摄全体学生画面的前置摄像头、拍摄主讲教师画面的后置摄像头（或者临时架设的摄像机），以及收取教师和两个班学生声音的麦克风设备。依托"互联网+基础教育"的教学发展，通过 ClassIn 软件，低成本、快速、高质量地完成双师环境的搭建，为实现双师教学或者一拖多班的教学教研模式打好基础。

（二）教研跟进，优化样态

教研部门牵头，以"理论培训、主题研讨、基地研学、实践修正"为主要步骤，基于线上研讨、线下实践，促进教师互助、互启、互补，满足不同水平教师的"自适应"教学要求，达到示范引领、共建共享。多位学科坊主在参与双师课堂实践研究后，将备课、研课模式，拓展到了自己学科，坚持"发现问题、确定主题、协作磨课、合作授课、反思改进、生态成长"的思路，以月为单位，开展小组研究，推动本校教研"破土"发展，实现"因地制宜，生态发展"。

（三）常态化教学中培养学生树立积极意识，明确学习动机

通过制定课堂学生观察表，围绕学生的"专注"与"绽放"进行训练，引导学生站立在课堂中央，摆脱消极、懒散的学习态度，充分发挥自身学习的主观能动性，在双师课堂中对自己的学习进行规划，在教师的指导下真正参与到师生互动中，提高课堂参与度，自觉、自律地管理自己的学习。

四、融合双师课堂的实践成效

（一）教师提能催化发展愿景生成

在特级教师、名师、骨干教师引领下，聚焦"双师"、聚焦"互动"的备课研讨，教学目标更加明确，教学板块更加清晰，教师间互动交流更具实效。通过双师课堂的实践研究，打开青年教师的学习和锻炼空间，使其密切追随骨干教师、名师的课堂，进行沉浸式观摩助讲，全方位学习锻炼，快速培养和提升团队中青年教师的专业能力。

（二）学生主体发展不做课堂配角

新的技术辅助，实现远程互动，形式新颖，让课堂更加鲜活、灵动，激发了学生的学习兴趣，学生参与热情很高，专注度更高，能够积极主动融入课堂活动。打开学生学习空间，双师课堂让孩子们结识了新的共同学习的伙伴，学生非常愿意与远程端的伙伴交流，自主学习能力得到提升，思维变得更加灵活，思路也拓宽了，学生成为学习的主体。

更多的学生享受到更加优质的教育资源。2021年9月1日，"双师课堂"的推进和落实情况，在北京新闻中进行了报道，学生家长观看电视后非常惊喜。在学生和家长的反馈中，家长对学校的认可度与支持度大大提升，家校合作也进一步加强。

五、总结与反思

双师课堂是推进区域教育帮扶的重要手段，是"互联网+教育"的深度融合，是积极贯彻全国教育大会精神的生动体现，是深入践行《教育信息化2.0行动计划》的创新实践。双师课堂作为创新型教学模式，在原来传统的教学结构中引入了两位教师共同讲授的课堂教学模式。为了更好地融合双师课堂项目经验，构建优质教育资源共享的双师教学，强化有效师生互动，才能更好地发挥骨干教师引领作用。在引导学生方面，我们首先要做的就是保护和激发孩子的热情和好奇心，提供发展个性的土壤和环境，提高学生在线课堂参与度，帮助学生自觉、自律地管理自己的学习，更好地构建全方位的"融合双师课堂"。

双师课堂辐射范围毕竟有限，所以需要区域薄弱校做好成果、经验的收集,并开展相应的教研工作,促使学习成果在常态化授课中得以落实,从而促使教师的理论水平、专业素养、课堂教学能力以及应用现代信息技术能力进一步提高,从根本上实现学生、教师和学校三方的共同发展,促进区域教育均衡发展。

参考文献

[1] 教育部关于加强"三个课堂"应用的指导意见[EB/OL].(2020-03-05)[2023-06-30]. http://www.moe.gov.cn/srcsite/A16/s3342/202003/t20200316_431659.html.

[2] 乜勇,高红英,王鑫."双师教学"共同体模式构建:要素与结构关系分析研究[J].电化教育研究,2020,41(12):65-70,78.

[3] 张巧文.基于"互联网+"的"双师教学"模式在乡村教师培训中的运用[J].中小学教师培训,2017(5):20-24.

[4] 陈玲,余胜泉,杨丹.个性化教育公共服务模式的新探索:"双师服务"实施路径探究[J].中国电化教育,2017(7):2-8.

[5] 乜勇,闫慧聪,穆萍."双师教学":一种促进基础教育优质资源均衡发展的新模态[J].数字教育,2020,6(1):15-20.

推进教育治理能力建设案例

构建基于数据服务生态化网络教育场的创新与实践

董随东[1]，马智勇[1]，王 琦[1]

[1]北京市信息管理学校

摘 要：教育信息化是加快教育现代化的必然选择，本文以促进信息技术与教育教学深度融合，推动教育、教学、管理模式变革为核心，创新实践构建基于数据服务的生态化网络教育场。

关键词：智慧校园；生态化网络教育场；数据服务

一、案例背景

（一）教育信息化建设是"互联网+"时代发展的迫切需求

近年来，国家对教育信息化建设越来越重视，教育部《教育信息化2.0行动计划》的发布，充分反映互联网背景下教育信息化的重要作用。学校是以信息技术为主要发展方向的职业学校，一直将信息化建设作为学校发展的战略支撑，学校抓住机遇求发展，在原有信息化基础上探索构建生态化网络教育场，推进教育现代化。

（二）"互联网+"时代教育信息化建设是学校教育教学模式改革必然选择

随着"互联网+"时代对教育信息化提出新要求，学校综合发展面临新挑战。学校信息化与教育教学改革深度融合还有待加强，移动校园建设滞后，校园网安全保障、运维保障无法支撑师生应用需求。构建全面、系统、安全、稳定、绿色、可良性循环的生态化网络教育场是支撑学校教育教学模式改革的必然选择。

(三) 良好信息化基础条件为生态化网络教育场建设提供有力保障

学校一直将信息化建设作为学校教育教学发展的战略制高点，积累了丰富信息化建设经验，形成校长牵头的信息化建设队伍，构建较强的硬件基础平台，良好的信息化基础条件为学校生态化网络教育场提供了有力保障。

二、实践过程

构建"一个核心、三个体系、四个统一、七位一体"的生态化网络教育场（见图1）。

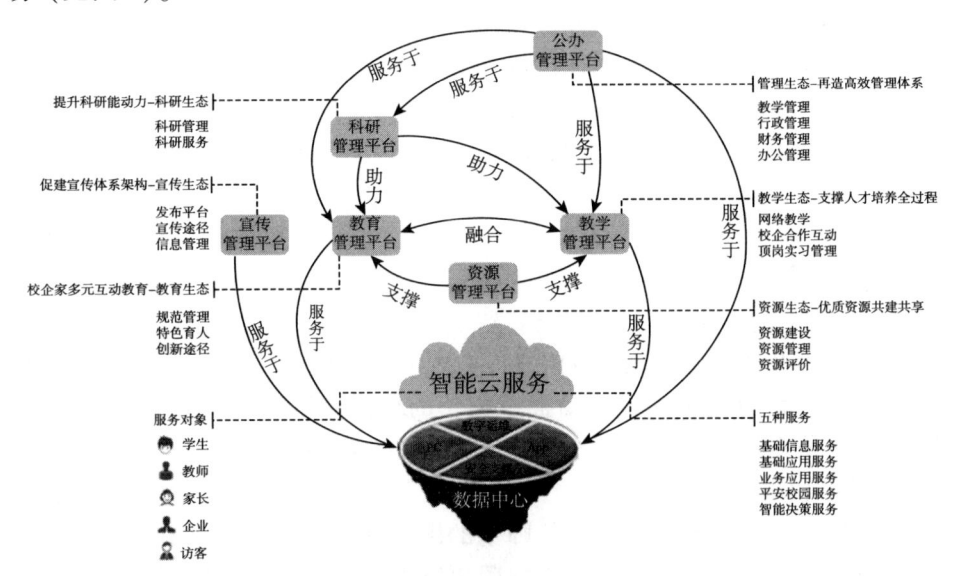

图1 生态化网络教育场体系架构

(一) 构建一个核心

学校制定数据标准，建立数据处理中心。通过数据交换工具，进行数据过滤、清洗和双向传递，实现各类业务系统对数据资源的无缝动态接入和数据实时访问，从而实现数据一处生产、多处共享，为学校决策提供及时、准确、客观、科学的数据基础。

（二）建立三个体系

1. 构建高标准、高起点安全保障体系

学校校区间自有光纤互连，双万兆核心交换；出口采用 BGP 双链路接入，无线校园全覆盖；拥有百余台服务器支持各种应用系统，全面实现服务器虚拟化整合；建有网络存储 300 余 TB；在校园出口装有链路负载均衡、硬件防火墙、上网行为管理、身份认证等安全系统；立体部署数据库审计系、堡垒机等网络云安全设备。

2. 构建"校企联动、分层管理"数字运维体系

学校建立"校企联动、分层管理"数字运维体系，制定"接收问题—测试问题—解决问题—测试结果—反馈结果"五步运维流程。由学校运维团队和企业工程师联合运维，提高了运维效率和师生满意度。同时，运维团队能精准收集用户需求和体验结果，不断完善、拓展运维体系。

3. 构建 PC、移动端相结合的云服务体系

适应移动互联网时代的需求，学校在 PC 端 30 多个业务系统的基础上，建立了移动端 App 和微信端应用，陆续将 PC 端业务系统平滑绑定到移动端和微信端，通过 PC 端和移动端相结合、校内和校外相结合，为师生提供了更加快捷的云服务。

（三）实现四个统一

1. 统一信息门户

建立教师及学生个性化信息门户，实现"一站登录、全网畅通"。门户根据个人身份、角色的不同，自动推送相关的信息和服务，通过个性化体验，帮助师生形成良好的信息化素养，推动学校信息化全面发展。

2. 统一权限管理

建立统一权限管理平台，每位师生的岗位和身份变动，只要在统一管理平台中变更，其在所有业务系统中权限也随之变更，实现了权限管理的规范性和时效性。

3. 统一数据管理

制定数据标准，建立数据处理中心，实现各类业务系统对数据资源的无缝动态接入和数据实时访问，达到数据"一处生产、多处共享"，为学校决策提供及时、准确、客观、科学的数据基础。

4. 统一消息管理

为提高师生体验效果和工作效率，学校构建了统一消息管理中心，将应用系统各关键环节进行消息提醒,通过"企业微信""微信端应用"等途径按需推送,使师生轻松掌握自己的代办事宜。

(四)健全七位一体

1. 构建校—企—家对接式教育管理平台,形成多元互动教育模式

学校依据"规范化管理、特色化育人、动态化提升"三个方面,构建多个功能模块的德育信息化平台。通过信息化手段整合,为学校、家长、企业、学生搭建联系纽带,形成育人合力,构建多元互动教育新模式,促进学生职业成长。

2. 构建全流程在线式教学应用平台,支撑人才培养全过程

依据学生在校三年的培养过程,建立支撑"课前—课中—课后"一体化教学环境的网络教学平台、校企合作互动平台、顶岗实习管理平台。学校基于"PC 端+移动端"网络学习平台空间覆盖率 100%,创建优质数字教学资源超 2.9TB。网络技术专业搭建的"移动终端安全"和"计算机安全"两门系列微课被选入中国 MOOC 大学和 i 春秋两大平台,专业教师开发的 8 个微课获得全国职业院校微课大赛一等奖,10 个精品微课上线海淀区中小学资源平台"中小学网络安全教育"课程。

3. 构建管理服务双结合科研管理平台,提升教师科研能动力

建立科研管理平台,将学校所有申报的课题从开题、中期、结题、成果等进行全流程统一管理;同时,学校引进"中国知网""万方数据"的知识服务和论文检测服务,教师可以随时查阅和下载资料,进行论文检测,全面辅助学校科研工作,提升教师科研能动力。

4. 构建智能化协同办公管理平台,再造高效管理体系

结合学校特色,建立协同办公管理平台,通过信息化手段,倒推学校工作流程规范化、合理化,提高服务和管理效率。

5. 构建共享型开放式资源管理平台,实现优质资源共建共享

建立共享式、开放式资源管理平台,将学校部门资源、专业系资源、教研组资源、行业资源、试题库、数字图书馆、视频点播等各类资源有效整合。同时,搭建精品课共享专栏。整合优质教学资源总量达 19.5 TB、数字图书 35 万册、优质视频资源 1.31 万课时,形成课程资源"十三宝",实现了资源高度集中和共享。

6. 构建灵活易用的信息发布平台,促进信息宣传体系架构形成

学校建立统一信息发布平台,信息可直接推送到外网门户网站、微官网、微信订阅号和服务号等多个对外宣传平台;建立移动端审批功能;各栏目权

限可根据岗位变动灵活配置。

7. 构建校园大数据管理平台，发挥大数据智能决策支撑作用

建立集校情分析、教师分析、学生分析、学情分析、资产分析在内的大数据管理平台，将各业务系统沉淀的数据进行清洗，形成数据存储仓库，通过对数据分析、处理、加工，形成大数据可视化看板。

三、特色与创新

（一）创新形成"专家引领、校企联动"的生态化网络教育场建设模式

创新形成"专家引领、校企联动"建设模式。通过顶层设计的高标准定位、校企专联动的双轨建设机制、"五分调研、二分开发、三分测试"的建设策略、校企携手保障运维，形成了一套适合职业学校信息化建设的创新模式，发挥辐射带动作用。

（二）自主开发"规范适用、注重体验、情怀融入"的模块化应用系统

坚持自主开发、按需定制，建"小而精、接地气"的应用，深刻挖掘师生在学习、工作和生活中的迫切需求和工作痛点，用"小应用"解决"大问题"。将页面风格、温馨提醒、文字措辞等进行精心设计，提升师生体验效果。形成学校特色"信息文化"，从业务系统开发、UI设计、业务推行、系统运维等方面将学校人文情怀融入信息化建设。

（三）构建"基于数据流的工作流"服务学校师生发展

学校一直将数据治理作为信息化建设的首要任务，目前已实现现有所有应用系统的集成，各系统业务数据通过数据中心进行存储、调用，数据不断流转更新，通过数据流优化工作流，使校园大数据服务学校师生发展。

四、实施成效

（一）参与教育部项目建设，辐射全国

学校作为海淀区教育信息化工作先进单位，被选为全国首批教育部教育

信息化试点单位，验收结果为"优秀"；撰写的《"互联网+"背景下的智慧校园建设与应用》成功入选教育部教育管理信息化应用优秀案例并被《中国职业技术教育》杂志发表；"构建基于数据服务的生态化网络教育场的探索与实践"项目获北京市"职业教育教学成果奖"二等奖；信息化建设负责人被教育部聘为教育部专家，参与撰写"互联网学习白皮书"。

（二）牵头北京市项目建设，引领示范

学校牵头"全国中职网络信息安全专业标准建设"，编写的《信息安全素养——移动终端安全》获得首届全国优秀教材二等奖；牵头"北京市中等职业学校信息化教学实践推进项目""北京市中等职业教育专业课程信息化教学资源库建设项目"等，引领中职信息技术类专业和教学资源建设；受北京市教委委托开发北京市职业学校"数字地图管理系统"并负责系统运维工作，受到北京市教育委员会领导好评。

（三）承办数字资源分享论坛，带动周边

学校与神州数码云科信息技术有限公司、河北慧网科技有限公司、河北省40所中职学校开展京冀数字资源分享论坛，签署"京冀职业院校计算机及相关专业人才培养协同发展战略框架协议"，学校开发的网络技术精品课程资源与河北40所院校共享。

（四）成果沉淀积累，内涵发展

学校在教育信息化建设过程中，培养了一批高素质的信息化建设团队，形成的丰硕成果助推学校内涵发展，学校校长及信息化建设负责人作为代表在"第十八届中国教育信息化创新与发展论坛"等全国范围论坛活动中，进行信息化建设经验分享和成果交流；接待全国百余个单位参观交流。

五、反思总结

学校将继续推进教育信息化发展，促进教育与信息化的融合创新，更深入推进大数据挖掘、分析和使用，逐步完善"智慧环境""智慧课堂""智慧管理""智慧服务"建设，尝试用互联网思维、新一代信息技术对学校组织形态、办学体系、教学结构进行再造，更好促进学生全面进步、教师专业成长、学校内涵发展。

校园信息化建设创新实践

畅应云[1]，韩玉斌[1]，李 桐[1]，余敦一[1]，王秀玲[1]

[1]北京印刷学院

摘　要：教育数字化转型对高校信息化建设提出了前所未有的挑战，提供了发展的机遇，本案例依托现有智慧校园平台，发挥互联网、大数据、人工智能等信息技术优势，增强校园信息化对应急管理、数据采集及分析，保障线上工作的支撑作用。重点是加强数据对接及数据统计分析，强化网上办事和网上办公，做好"接诉即办"，建立高效、便捷的平台，全面支撑校园应急防控能力建设。本文介绍了教育数字化转型背景下校园信息化建设的创新实践，展示了信息技术在校园应急能力、线上教学、线上服务等方面的应用效果和价值。

关键词：挑战和机遇；应急防控；网上办公；接诉即办

教育数字化转型对高校信息化建设提出了前所未有的挑战，学校及时提供"互联网+教育"的技术支持和应用服务，充分发挥信息技术对各项工作的支撑作用。

一、实践问题

高校校园人员密集、来源广泛、流动性强，管理难度大，如遇到突发健康危机类应急情况需处置时，所有人员的身份数据都应有完备的台账，并形成闭环式管理。

以校园突发健康危机事件为例，人员确定后，如何精准有效地获知每个人当日的健康状态，这其中既包括主观数据，即人员主动上报的健康打卡数据，又包括客观数据，即通过第三方平台或技术手段实时掌握的健康数据和体温监测数据。

若校园中发生应急事件，如何及时有效提供更精准的人员流调数据，通过与校内师生数据、一卡通数据、Wi-Fi数据、场所码数据、宿舍管理平台等对接，进一步完善学校师生轨迹数据的溯源和流调工作。

如何加强人员出入校审批，规范各种请假流程，强化学生返校后的日常管理；如何科学落实访客入校审批登记制度，实现精准化要求；如何实现校园门禁闸机与进出人员健康状态关联，实现数据自动对接以提高出入校审核效率，这些问题亟待解决。

在应对应急事件同期，还要确保网上教学工作和网上各类系统的稳定运行，推进业务办理线上化、流程化，探索利用"接诉即办"平台为师生做好线上服务工作。

二、方案设计

（一）建设目标

"快"——快速应对。一方面充分利用既有的智慧校园平台和数据，实现快速对接和快速上线，另一方面能够对平台灵活配置，方便紧急情况下快速应对。

"准"——精准数据。在人员基础信息数据收集上要层层压实各部门责任，要以自动化、智能化收集和处理数据，实现人员数据精准上报和多业务系统对数据的精准分析。

"全"——全量数据。所处理的数据应是所有人员的全量数据；信息化平台应是涵盖师生学习、生活各个场景的全方位服务平台。

（二）建设原则

1. 先进性、成熟性和实用性

系统设计不但能反映当今的先进技术和理念，而且要具有发展潜力，主要技术和产品必须具有成熟、稳定、实用的特点，将实用性放在首位，既要便于用户使用，又要便于系统管理。

2. 标准化、规范性和开放性

在原有的智慧校园平台基础上进行建设，遵循校园信息化建设规范、标准，确保各个分系统的有效协调，整个系统能安全地互联互通、信息共享，能与智慧校园平台进行很好对接。

3. 可靠性、稳定性和容错性

应从系统结构、技术措施、系统管理等方面着手，确保系统运行的可靠性和稳定性，达到最长平均无故障时间。与此同时，系统应具备高度的容错性，保证系统的正常运行。

4. 可扩展性及易升级性

应用平台的软硬件环境必须有良好的平滑可扩充性，提供具有高扩展性的服务架构和访问接口，让各种资源可以方便地集成到门户系统中，迅速地为用户提供服务。

5. 安全性和保密性

既要充分考虑信息资源的共享，更要注意信息资源的安全性和保密性，尤其是人员敏感数据的保护和加密传输。

6. 可管理性和可维护性

整个应用平台是由多个部分组成的较为复杂的系统，为了便于系统的日常运行维护和管理，要求所选产品具有良好的可管理性和可维护性。

（三）功能设计

根据健康危机类应急防控能力建设的实际需求，提出了以下四项功能设计。

1. 应急防控信息化平台

应急防控信息化平台采用"开放平台＋多元应用"建设模式，通过 PC 门户、移动 App、智能终端等多样化的服务入口，全面覆盖校内所有人员的信息维护和健康信息采集、密集性场所管控、人员轨迹追溯、人员进出校管控，实施精准防控。

2. 校园人脸识别系统

使用人脸识别技术进行身份核验，同时进行体温测量并核验人员健康状态记录。审核通过后生成准入电子名册，下发至人脸识别测温通道管理系统。人脸识别系统还与学生公寓出入口管控实现对接。通过将人脸识别系统所产生的数据与应急防控信息化平台对接，综合利用人脸识别、一卡通、Wi－Fi、扫码等数据，形成校园内行动轨迹，服务于轨迹溯源、时间溯源和同时间密切接触者溯源。

3. 线上教学支撑

（1）网上教学平台。

公有云与私有云结合部署"印院 E 学堂"、腾讯会议终端，支撑线上教学。

（2）智慧教学环境。

建设智慧教室和常态录播教室，支撑混合式教学模式和互动教学，建设统一的智慧教学云平台。

（3）建设移动评教系统，加强教学评价。

4. 线上服务平台

开展线上服务已成为十分必要的用户服务方式，可以有效减少面对面的接触机会，更加符合应急防控要求。

三、实践案例

（一）应急防控信息化平台

为了实现应急防控的精准化和智能化，学校建立了应急防控信息化平台，主要包括以下功能。

1. 全类人员管理

全类人员管理是为学校各类人员基本数据提供统一收集、标准化存储、集中审核、多向分享的平台，并且为学校提供其基础人员信息的支撑，同时也作为学校主数据平台人员基础信息的采集来源和有效补充，帮助学校逐步建立人员信息标准，并最终分享给各个业务单位，让学校可以识别清楚某段时间范围内学校相关的人员情况。

2. 健康信息上报

针对健康危机类事件，开发出了符合校情的教职工、学生等不同类别人员健康信息每日打卡系统，结合 GPS 定位系统自动获取人员定位，确保上报数据的真实性。同时可依据健康信息档案数据，向上级部门提供校园应急防控报表数据。

3. 校园轨迹管理

借助场所码、人脸识别系统、一卡通、Wi-Fi 等相关数据汇集，实现对校门、学生公寓、教学楼、各类场馆人员行动轨迹的精准定位，做好人流控制和精准追溯准备。通过应急防控平台全面记录人员进出时间、停留时长等轨迹信息，提供实时查看功能。

4. 电子通行证管理

建立电子通行证管理系统，入校审批系统支持 PC 和移动端，实现了对在册教工、学生、校外务工人员及访客多种类型人员的审核功能，并可实现多级审核。审批数据可自动下发到校门管控设备，实现了与健康数据对接。

5. "辅导猫"系统

部署"辅导猫"系统，助力学生管理，对学生返校及返校后实现精细化管理，包括精准通知、返校前信息采集、早中晚健康信息上报、入校审核（二维码签到）、请销假、场所码签到等，大大减轻了学生管理的负担，提高了管理效率。

6. 数据分析及大屏展示

将各种相关数据集成到数据中心，实现对数据的统计分析。通过应急防控信息化平台，学校有效地掌握了校内人员的健康状况和行动轨迹，实现了人员进出校的管控和审批，提高了应急防控的效率和水平。

（二）重点部位全面部署人脸识别及测温设备

根据应急防控的需要，部署测温人脸门禁一体机14台，人脸识别单元100台，测温摄像机24台。

（三）线上教学保障

1. 部署在线教学平台

在应急事件处置同期，保障"停课不停学，停课不停教"，采用公有云和私有云混合方式部署在线教学平台"印院E学堂"及腾讯会议终端。截至2024年6月，平台运行课程1880门，数字教育资源达53TB，每学期访问量超过100万次。

2. 加速建设智慧教学环境

依托人工智能、物联网、大数据等技术，根据学校教学改革发展需求，拟打造六类智慧教室，分别是分组研讨型、互动型教室、精品录播型、常态互动录播型、全自动录播型、个性化型（见图1）。2020年已建成4间研讨型智慧教室、3间互动型智慧教室、4间个性化智慧教室、89间常态互动录播型教室，2022年又建成1间精品课录播教室。

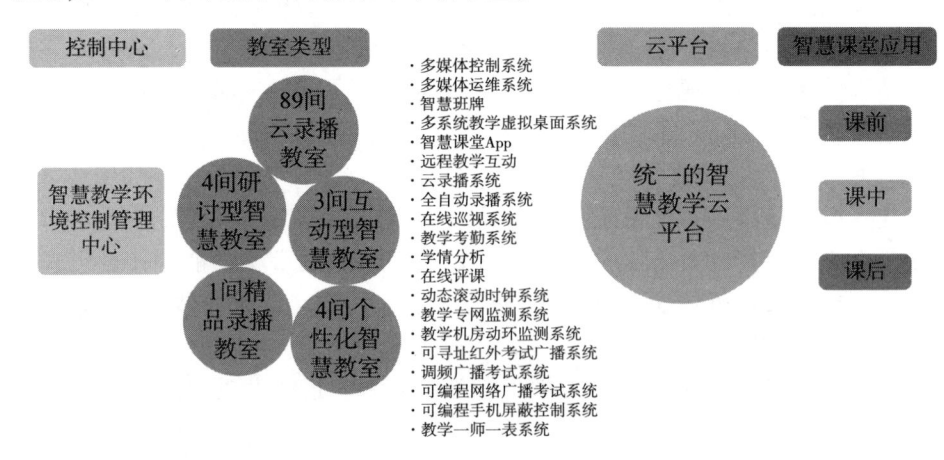

图1 智慧教学环境建设内容

基于人才培养的需要，加强系统整合，打造统一智慧教学云平台，为智慧教室、互动录播教室建立统一的管理系统，实现多系统融合无缝对接，实现资源管理、录制直播管理、在线教学评估、远程互动教学、教学过程数据采集统计分析等功能。同时，与学校教务系统和智慧校园实现数据对接。

（四）线上服务保障

积极探索新模式，创新推出"接诉即办"线上服务，主要开展了以下工作：新建网络服务"接诉即办"平台，按照部门业务线进行梳理，累计完成100条知识的建设。通过"接诉即办"平台由业务老师负责对应业务线的工作，平台使用一年以来，人工服务受理率、办结率和满意度均为100%。

四、实施成效

（1）进一步完善了人员基础数据，完成了一卡通数据、安防数据及应急防控相关数据对接和应用集成，为应急防控奠定了很好的基础。

（2）全类人员管理弥补了对学校非编人员和临时人员的管理。

（3）及时精准获取和掌握师生健康状况，为数据赋予分级授权查看统计权限，极大地减轻了数据筛查、分析、统计工作量，提高了工作效率。

（4）建立电子通行证管理系统，全面实现了线上入校申请和审批。

（5）"辅导猫"系统的部署对学生返校和返校后的管理发挥了重要作用，学生接入比例达98.5%以上。

（6）重点部位全面部署人脸识别及测温设备。

（7）将门禁、一卡通、人脸识别、移动App及扫码数据进行整合，形成了更完整的校园轨迹系统，可通过系统溯源，提供精准的流调数据。

（8）将各种相关数据集成到数据中心，实现对数据的统计分析，为学校应急防控科学决策提供数据支撑。

（9）保障应急事件处置期间"停课不停学，停课不停教"，采用公有云和私有云混合方式部署在线教学平台"印院E学堂"。

（10）2020年以来建成4间研讨型智慧教室、3间互动型智慧教室、4间个性化智慧教室、89间常态互动录播型教室、1间精品课录播教室，并建设了统一智慧教学云平台。

（11）建立网络服务"接诉既办"平台，开展智能问答和人工服务的协同服务模式，提升线上服务水平，提高师生满意度。

技术助力学校形态变革

宋　衍[1]，许贝贝[1]

[1]北京市十一学校

摘　要：北京市十一学校成立云校建设委员会，领导技术助力课堂项目团队，致力于技术助力课堂的深度应用，基于一线教师的实践探索，去伪存真，筛选出易用、对教学效果提升有效的学科工具和应用，推进技术与教学的深度融合。同时学校一直在探索互联网时代的服务购买+个性化应用建设模式，借助云平台以及企业微信，将其作为各类应用服务的接入口。通过三方服务集成功能，满足个性化办公、家校沟通等需求，实现日常办公和沟通效率的提升；同时探索实践在线直播课堂、项目式学习任务模式。

关键词：技术助力；在线教学；服务购买

一、案例背景

北京市十一学校自2011年开始承接国家级教育体制改革试点项目，开启走班选课的课程改革与全员育人自主管理的学校整体形态变革，过往的信息产品已经无法支撑新型办学模式。对此学校采用"应用驱动、统筹规划、分步实施"的发展模式，于2014年成立云校建设委员会，逐步形成"智慧十一"建设规划。

学校一直在践行以学生为中心的发展理念，创造适合学生发展的教育，一直在思考如何让学生能够面对明天的世界，在互联网世界里工作、生活、学习。因此学校也在不断用行动引导和推动线上、线下学习的有机结合。

在不断探索的路上，学校一直保持着"鼓励优先、允许落后"的推进策略，小步进行着各方面试点的深入。2015年成立技术助力课堂项目团队，各学科的项目组也在积极地探索各学科内部的技术支撑教学应用；在技术助力管理应用方面，推进教职员工的技术水平与信息素养提升，提升管理办公效率，同时学校于2016年全面接入微信企业号应用，替代传统OA，开展移动办公；2017年建成校内数据中心，整合了教学平台和一卡通的数据，进一步产生多元化的数据应用；2018年开始进行O2O网络课堂的实践，几名教师共同维护一个在线课程空间，学生可以在这里学习与交流。线上教学期间，学校利用云课堂、企业微信等平台灵活配置各类应用，快速搭建适应疫情时代的在线教学情景模式。

二、实践过程

（一）学校课程与走班选课的平台保障

学校课程研究院负责全校的课程规划工作，逐步开发出包含269门学科课程、60门自主管理课程、34门综合实践课程、12门高端项目研究课程等在内的分层分类课程体系。借助云平台实现了从资源评估到自动排课，最后教务微调的系统化排课流程。

在新高考"6选3"的过程中，构建了学生生涯规划与选课指导体系。通过线下活动、在线生涯测评，科学、有针对性地为学生的生涯规划进行指导。

学校给予学生充分的选课自主权，一种是"方圆星"选课，另一种是"先到先得"模式。"方圆星"选课根据学生选课意愿投星，两种选课模式的组合可以有效提升学校组织选课活动的工作效率，学校也可以掌握课程的需求方向，从而调整课程结构。

（二）过程性评价与综合素质评价

随着走班选课模式的开展，学生没有了班主任的约束，如何激发学生学习内驱力便成了关键。为此学校建立起过程性评价与总结性评价相结合的立体化评价模式，通过过程性评价，将评价贯穿于学习的整个过程，每节课后教师会对学生的课堂及作业表现进行在线评价，过程性评价将会和最终诊断成绩按比例合成为学生的最终期中、期末成绩，以此来帮助学生养成良好的学习习惯，增强内动力；过程性评价还可以帮助学生及时了解自己的学习状态与问题，并作出调整。

从学科教学到学科教育，学校始终重视人的发展，关注学生综合素质的提升。学校设立"志远、意诚、思方、行圆"四个领域综合素质课程。"志远"主要包含名家大师进校园、学长有约等课程，意在培养学生做好生涯规划，树立远大目标；"意诚"包含社团、志愿者、假期社会实践等课程，鼓励学生诚信做人，培养责任意识；"思方"则有策划创意、外国文化日、研究性学习等，帮助学生养成独立思考的习惯，锻炼组织活动能力；"行圆"包含具有学校特色的新生"行圆"通关、文明修养等活动，帮助学生养成良好的行为规范以及强大的自律意识。

（三）大数据教育教学诊断支持

为优化教育资源配置和家校共育环境，提供信息化平台支撑，建设了学习诊断与分析平台。基于平台上优质、丰富的知识云（包含试题、试卷、知识百科、课程内容等），开展考试、测验、作业及练习环节，获取学生的全过程数据，有效连接考试、评价、教学、学习四大环节，为教师和学生提供精准化服务。

（四）提升教师专业水平——技术助力课堂

2015年，在云校建设委员会的领导下，学校组建了包含各学科技术骨干教师、年级技术助理以及信息中心在内的技术助力课堂项目组，旨在培养技术应用于一线分学科教学的骨干力量。项目组中，来自各个学科的骨干教师，致力于探索、推广一线课堂中技术应用于不同学科的案例工具，通过以点带面的方式，带动学科教师的整体提升；年级技术助理主要负责为一线教师提供"陪伴式"的技术支持，切实帮助教师解决实施过程中遇到的难题；信息中心则主要提供支撑和培训，为技术助力课堂生态的形成保驾护航。

为了让技术快速融入课堂，提升教师的应用技能，技术助力课堂项目组每年会举办各种夏令营、培训、讲座等，整理形成学科案例库，逐步推进技术应用。在技术助力的过程中，学校始终秉持"去伪存真"的原则，发掘真实问题与真实场景，找到真正适合学科、真正有用的技术应用点。

如2015年"技术助力课堂"夏令营，主要以软硬件的基础培训为主，通过项目式学习和任务闯关，让全校教师分组合作通关，培训以"做中学"的理念为指导，期待教师初步了解应用方法与场景，当遇到真实问题时可求助技术助力进一步学习，从而最终掌握新工具的应用。

学校长期举办各类沙龙活动，促进教师之间的相互学习、取长补短。学校不定时组织跨学科或年级的教师经验分享会，总结交流教学管理过程中出现的关键性问题和技术运用方法，不断发现有效的技术应用案例与课例，相互交流成长。在企业微信上的"教育家书院"模块面向教师研修发展，提供大量有助于全面提升教师各方面素质的精品课程。包括"读书沙龙""原点课程""教育年会""从教到学""好书推荐""教学沙龙"等9个板块196门不同的课程。将新教师培训和教学沙龙搬到线上，极大提高了工作效率，并定期开展培训和研修活动，邀请名师开讲，提升了教师专业能力和空间应用能力。

（五）移动办公整合、提升日常办公效率

为解决传统OA定制化程度高、使用门槛高、受众面窄等问题，同时方便师生、家长的移动办公和家校沟通应用需求，学校摒弃定制化OA应用，转型为服务购买的模式，借助平台来接入应用，这种方式不仅可以大大节约成本，还可以同时支持PC终端和移动终端。

学校将企业微信作为学校的移动应用整合通道，已集成OA移动办公、常规教务管理、教师培训、一卡通、图书馆等40余个业务，让全校师生的各方面应用更加便利。

例如企业微信上的各类服务应用：

（1）通过集成道一云服务，实现灵活定制的日常办公流程，包括人力资源、设备管理、党办流程等多类型流程自由定制，可以随时随地进行移动审批；

（2）通过集成云平台服务，实现移动端请假、通知、考勤、评价等教务工作和家校协作沟通业务；

（3）通过微盘、收集表、会议等功能，实现日常办公的信息收集、文档协作、线上沟通等功能。教师利用收集表，通过表格统计功能实现对学生知识点掌握情况的汇总分析以及作业在线批改等工作；教务人员利用收集表，实现报名登记、活动签到、接龙、投票等各类信息收集工作。

学校也逐步形成了基于云服务的应用生态，借助互联网中已有的应用服务，在应用的过程中不断磨合，实现双向联动，更加快速地解决学校应用需求，节约资源投入。

（六）在线课程研究建设实践

学校于2016年便成立项目团队基于公共网络在线课程平台进行O2O的教学探索。通过深度的实践研究，学校发现在线学习固然有学生自定步调、个别化学习和被关注的优势，但同样有学习者的学习动机的缺失、较难为学习者提供及时的反馈、需要有针对性地设计活动的问题。

基于研究成果，学校逐步开展云课堂平台的建设，云课堂提供课程创建、教学实施、内容运营等线上全流程支持。在课程建设过程中，遵循以学生为本的原则，从学生的需求出发，建设学生真正需要的课程。根据使用场景，平台中主要包含三类课程。

第一类是围绕学考知识的课程，主要服务于学生学考，其内容与学科知识点完全吻合，学生根据自身情况，哪里不会点哪里，教师可以根据学生的学习情况，有针对性地进行讲授，减少重复劳动。

第二类是专业在线学习课程，针对竞赛学生的高层次需求，建立专业知识库，为学生提供自主学习资源库，并配套日常的课程和解答，满足学生个性化学习需求。

第三类是 PBL 项目式学习，基于云课堂平台，支持发布教学资源、管理小组进度、在线研讨、成果展示和评价等功能，目前学校在各个学科都有大量的项目式学习应用，语文学科在所有年级都开展大单元教学，并有大量的在线课程实施。

学校依托云课堂与企业微信的深度整合，通过线上服务常用工具组合开展线上直播、云课堂项目式学习课程、过程性评价和教育教学诊断等。云课堂中共建设有 674 门各类课程，有 20846 人次学生参与这些课程学习，同时辅助于企业微信直播与线上会议，展开形式多样的线上课程学习。

三、实施成效

教育以促进人的发展为根本目标，信息技术促变教育具有"慢性"特征，需要长时间的缓慢释放。因此，只有当教师拥有先进的教育理念与方法，且技术应用技能达到娴熟时，信息技术与课程的深度融合才可能发生。

经过多年的探索与实践，课程改革已初露端倪：学校内外的课程资源壁垒被打破、课堂上下的边界被模糊；新的技术让学校能够从各类数据去了解学生的学习和成长轨迹，也为学生的教育教学更好地面向个体提供了可能，从而促进学生的全面成长。

四、反思总结

下一阶段学校将进一步通过培训提升教师在教学评价方面以及平台支持下的精准教学能力，提升教师对于平台使用的熟练度，帮助教师基于数据分析与数据可视化方式，有效指导学生个别化学习，提升教学效率。

同时学校将依托数据中心，重点探索大数据支持对教学管理和学生个性化成长方面的能力提升。目前学校平台已收集大量学生过程性评价、综合素质评价、学业发展方面的数据；进一步构建学生在综合素质发展与学科知识学习两大领域方面的模型画像；探索大数据、人工智能技术与教育的结合，在教、学、考、评、管各个细分领域中寻觅和开发落地的应用。

参考文献

[1] 宋衍. 智慧校园建设的"十一经验"[J]. 中小学数字化教学,2019(4): 79-82.

[2] 祝智庭,魏非. 教育信息化2.0:智能教育启程,智慧教育领航[J]. 电化教育研究,2018(9):5-16.

数据治理赋能高校教师管理服务体系建设

朱金保[1]，孙绪华[1]，高士杰[1]，魏楚元[1]，曹晓云[1]

[1]北京建筑大学

摘　要：在高等学校智慧校园的建设过程中，数据治理越来越被重视，已成为教育教学数字化转型的重要方向。为激活数据要素价值，北京建筑大学充分发挥自主研发力量优势，基于数据治理的方法，以数据化、智能化手段赋能学校教师管理服务体系建设。通过完善学校数据治理体系，优化基础信息化平台，建立教师线上职称考评体系等一系列具体措施，以数据治理精准赋能教师管理服务体系建设。学校对教师全量数据的采集、存储、共享和利用，打通了数据壁垒，实现了全校协同下的数据"共建、共享、共用、共维"，使教师管理服务工作迈向新阶段。

关键词：数据治理；教师管理；智慧校园；大数据

一、案例背景

（一）推进教育治理能力建设的动因

高等教育的发展与技术的进步密不可分，随着技术的不断进步，数据治理带来的科学决策越来越受到重视。数据治理对组织发展而言十分关键，是对组织开展管理的一个崭新视角。尤其在我国高等教育领域，数据不仅让学生学习方式方法得到更新，而且逐步让教师教学手段迭代升级，也支撑了教育管理方式的变革。应用数据治理手段，不仅能提高大学决策的科学性，也是提高大学管理效率的需要。

高校数据需求不断增长，数据供给能力严重不足，存在数据缺失、数据孤岛、数据埋藏、数据应用少等"数据饥渴"问题。在高校管理工作中，教师数据的有效采集、整合和分析对于提高教师管理服务工作效率、促进教师专业发展以及优化学校管理决策具有重要意义。

(二) 现状问题

随着高校智慧校园建设的不断推进,高校教师管理工作中的问题逐步显现,增加了教师和管理人员的负担,影响了工作效率。

1. 教师反复填表

教师在参与岗位聘任、岗位考核、职称评审等工作时,需要填写大量的表格,由于不同部门设计的表格在数据要求上差异不大,相同的数据需要教师们反复填写。这种重复填写表格的情况不仅浪费了教师的时间和精力,还会对他们的心理健康产生负面影响。

2. 数据无法有效支撑教师流程事项办理

教师流程事项办理是学校日常工作中非常重要的一部分,但由于系统的碎片化建设,导致存在"软件烟筒"和"数据孤岛"问题,使得数据无法有效地支撑流程事项的办理。这些碎片化系统不仅使数据之间无法实现互通和共享,还导致数据重复录入、数据不一致以及数据冗余等问题。这些问题不仅增加教师的工作量,还影响数据的准确性和可靠性。

3. 基于数据的教师线上考核评价困难重重

当前建设的教师相关信息系统无法有效支撑教师的考核评价工作,导致业务与系统之间存在明显脱节。一方面,当前业务系统无法全量采集教师的工作数据,十几类非科研类项目和成果没有通过系统管理,人事部门因此无法全面掌握教师的教学、科研、管理、服务等方面的工作量。另一方面,教师考核评价的算分规则精细且复杂,由于缺乏有效的系统支持,无法自动计算教师的工作量,进一步加大了管理部门对教师线上考核评价的难度。

如何构建合理的数据治理体系,并结合教师管理与服务这一业务场景,推动学校进行数据治理的实施和数据服务的建设,成为近年来学校数据赋能学校核心工作的重要抓手。

(三) 工作目的

"十三五"以来,北京建筑大学决定实施数据治理工程,统筹规划、分步实施学校教师大数据战略,以释放数据价值作为数据治理的核心目标。通过数据分析挖掘,发现数据中蕴藏的规律趋势,提高学校精细化管理服务水平。包含以下工作目标。

（1）建立完善的数据治理体系，包括组织、制度、标准和团队建设，确保数据质量和安全。

（2）建立全量数据中心，集成与共享校务主数据，实现数据的全生命周期管理。

（3）实施数据治理工程，实现数据与业务的深度融合，提高学校整体信息化水平。

（4）建设多维度数据应用，优化教师考核评价和管理服务，提高教师事项办理便捷度，提升学校教学、科研和管理水平。

学校通过不断完善数据治理体系，加强数据治理上层应用建设，深化业务应用与数据资源的整合，建立业务与数据的协同治理机制，结合具体应用场景，促进数据和业务的互融互通，全面提升学校现代化治理水平。

二、实践过程

学校高度重视数据资产管理和数据价值挖掘，大力实施数据治理工程，完善学校数据治理体系，研制数据标准和数据共享管理办法，建立数据资产管理体系，明确"一数一源、共享使用"原则。打造数据中台，建设全量数据中心、数据集成共享平台、数据开放平台等系统，实现了全校业务数据的全量收集和共享互通，不断激活数据价值。

（一）统筹谋划，持续完善数据治理体制机制

1. 完善数据治理工作组织架构，落实数据管理责任

成立书记和校长担任组长的网络安全和信息化工作领导小组，负责全校信息数据共享工作的统一协调和管理。各二级部门本着"谁产生数据、谁负责管理、谁负责质量"的原则，负责本部门信息化数据的全周期管理。教职工数据由人事处牵头，协同教务处、科技处、研究生院及其他部门，实施"教师一表通"工程，全面打通教职工业务数据应用环节。

2. 制定数据管理办法及信息标准，明确工作制度和流程

制定《北京建筑大学信息化数据管理办法》，明确"一数一源、共享使用"原则。建立了有效的数据共享、管理与保障体系，为学校教学、科研、管理、服务以及持续发展提供准确、权威、及时、安全的数据与信息服务。制定《北京建筑大学信息管理标准》，定义数据模型与规范，并根据上级要求和实际情况不断更新迭代，目前已更新至4.0版本。

（二）分步实施，建设完善基础服务平台

1. 建设全量数据中台，集成、共享校务主数据

根据数据生命周期各个环节，将数据治理平台细化为数据标准管理、数据清洗与整合、数据质量管理、数据资产管理、数据开放共享、数据分析展示等子平台，构建一体化的高质量数据运营体系。

2. 建设与优化教师服务类平台

全面梳理教师相关业务流程，将数据治理与流程治理相结合，利用数据贯通业务办理流程，减少办理人员填写内容，提升用户使用体验感。打通科研与财务数据，实现预算与项目数据联通流动，利用数据中心治理体系打通系统间数据，着重加强科研管理服务信息平台建设，从项目申报、科研成果录入、科研经费管理等方面形成精准科研数据，大幅减轻科研人员负担，以数据赋能精准科研管理与服务。

（三）逐点采集，主动实施一张表工程

1. 实施一张表采集工程，全面采集教师缺失数据

针对教师非科研成果数据无系统性管理的问题，创新开发教管研与党建类项目与成果统一管理信息平台，涵盖教学研究、科技竞赛、实践教学、人才、党建、体育竞赛、文化宣传、思政共计8大类40项成果的汇集管理，一线教师录入提交成果后，按照成果类型自动流转至各业务归口负责老师进行审批，确保源头数据的准确有效，审批过后的数据统一归档并同步至学校数据中心，有效支撑对教师各类成果的数字化管理。

2. 建设教师一张表展示分析平台

全面梳理教师的相关数据，涵盖个人基础信息数据，科研、教研等各类成果信息，财务、图书、消费等过程性数据，将数据中心各类成果汇总后分类别、分模块展示，教师可在一处集中查看个人相关数据，当需要填报数据时，可从此处导出数据直接上报，减少教师填报工作量，同时也为教师数据纠错提供了一个重要的反馈途径。

（四）打造典型，以点带面全面提升精准服务管理

1. 实现教师考核评价全流程线上办理，优化相关系统功能

结合考核评价相关制度办法，持续优化科研成果管理系统、教务系统、研究生管理系统等平台，在满足常规人才培养数字化管理需求的基础上，完善教师考评体系建设，实现教师工作量按人员划分，自动计算个人工作量。

将教师科研成果、教研成果、教学工作量等各类数据信息应用于教师学年考核、职称聘任、研究生导师年度考核等人事管理环节，实现教师数据的深入利用，同时反向促使教师从数据源头系统及时维护个人相关信息数据，形成良好数据流向，持续深化数据治理成效。

2. 建设全量人员管理系统，校内人员精准化管理

学校针对校内多种身份人员的复杂问题，按照人员分类、基于人员不同身份细化管理，梳理人员管理体系，建设基于全生命周期的全量人员管理系统，在学生、教职工管理的基础之上，补充包含校产企业、餐饮、物业、保洁、保安、维保公司、家属等中短期人员的信息化管理，涵盖从人员入职、在职、续聘、延期、离职等全生命周期的人员管理过程，实现校园人员的精细化管理。

三、实施成效

学校数据治理与数据应用的实施，提升了学校管理服务水平，并获得教师们的好评。对教师全量数据的采集、存储、共享和利用，打通了数据壁垒，实现了全校协同下的数据"共建、共享、共用、共维"。以业务驱动与价值驱动，深入挖掘分析数据价值主题模型，充分发挥教师管理与教师服务工作效能的推动与提升作用。

（一）解决了信息标准不统一问题

学校各业务系统编码规范、命名规范不统一，导致数据交互效率不高。通过项目建设，参照校情、国标、部标及学校实际情况，制定《北京建筑大学信息管理标准》，形成数据、代码、交换接口等信息标准。创建 11 个主数据子集，涵盖学校主要业务；划分 76 组数据子类，模块化数据分组；包含 677 张数据表，便于精准数据查找，12798 个数据字段，明确数据格式。

（二）实现全过程教师数据的全量管理

自 2017 年开始，学校着力构建基于数据治理模式的教师考评体系，支撑全校 1100 余名教职员工的考核，涵盖专任教师、管理人员的学年考核、处级干部的年度考核、研究生导师的年度考核，形成全方位的数字化考核评价体系。过程考核与聘期考核相结合，定性与定量相结合，坚持领导评议与群众评议相结合的原则，坚持注重实效、简便科学、易操作的原则，推进学校人事工作上质量、上水平。

（三）数据赋能各项教师管理和服务业务流程办理

学校以推进业务流程优化与再造工程为抓手，梳理面向师生服务的共计 332 项流程，精简优化去掉 120 多个环节，形成《北京建筑大学业务流程优化与再造工程案例汇编》。在此基础上，建设了 OA 系统和网上办事服务大厅，构建面向师生服务的便捷式信息平台，为师生提供一站式服务。实现 163 项流程网上办理，构建了两校区"线上+线下"紧密配合的管理服务模式，让"数据多跑路，师生少跑腿"。

四、反思总结

学校将不断完善"智慧北建大"数据治理体系，不断加速推动数据赋能教育教学，深入推进教育数字化转型，有效支撑学校建设高水平特色型大学。下一步将在以下方面持续开展数据工作。

（一）抓好数据安全工作，持续优化数据治理体系

持续完善数据安全管理制度，包括数据加密、数据备份、数据恢复等方面的规定。引入先进的数据安全技术，如数据加密算法、数据脱敏技术、数据访问控制等，确保数据的安全性和保密性。实施数据分级分类，做好多源异构全量数据管理和数据质量监测。确定数据分类标准，将数据进行分类，例如按照数据敏感度、数据来源、数据用途等分类。制定不同级别数据的访问权限和审批流程，确保数据的安全性和合规性。融合实时处理、分布式计算，实现集成可视化、自定义发布等功能，探索创新高等教育领域大数据治理模式。

（二）深入探索数据赋能数字教育变革

支撑数字教育与人才培养模式数字化变革。充分发挥人工智能、数据挖掘等新一代信息技术，通过对学生的学习数据进行分析，结合学生个人的学习特点和需求，制订更加个性化的教学计划，辅助教师进行课堂管理和评估工作。

数据赋能思政教育模式转变。构筑业务体系和数据技术体系的联系渠道，形成数据资产，不断挖掘和数据的联系。基于大数据建立思政教育评价体系，将多源数据转化成可量化的指标，集中采集全量数据，实现基于数据的思政教育精准识别、准确评价、科学预测和有效供给。

参考文献

[1] 许晓东,王锦华,卞良,等. 高等教育的数据治理研究 [J]. 高等工程教育研究,2015(5):25-30.

[2] 刘金松. 数据治理:高等教育治理工具转型研究 [J]. 中国电化教育,2018(12):39-45.

[3] 代玉,王慧珍. 高等教育领域数据治理的逻辑框架与实施路径 [J]. 黑龙江高教研究,2021,39(10):41-45.

[4] 魏楚元. 高校数据治理应始终坚持价值导向 [J]. 中国教育网络,2020(11):18-21.

创建数字未来中心，培养新商科高水平人才

左 敏[1]，曹显兵[1]，杨 华[1]，王 博[1]

[1]北京工商大学

摘 要：北京工商大学传承原有商科优势，坚持不懈构建"一个聚焦、两项建设、三大平台、四化服务"新商科建设思路。通过校内外优质数字化教学资源建设，聚焦立德树人；创建数字经管学院，数字未来中心；打造智慧教学、智慧实践、智慧管理一体化平台；为商科数字化转型提供个性化、定制化、自主化、智能化服务。在全国最早形成"工商融合＋科技赋能＋数字技术＋学生为中心"的新商科人才培养模式。

关键词：数字未来中心；新商科；智慧教学

一、案例背景

（一）转型依据

根据教育部《教育信息化2.0行动计划》文件精神，推动新技术支持下教育的模式变革和生态重构。《中国教育现代化2035》中指出，加快信息化时代教育变革。利用现代技术加快推动人才培养模式改革，实现规模化教育与个性化培养的有机结合。2020年10月，中共中央、国务院印发的《深化新时代教育评价改革总体方案》中明确提出，充分利用信息技术，提高教育评价的科学性、专业性、客观性。新时代高校用好数字技术，推进高校治理机制改革和教学管理模式创新，是深入贯彻落实习近平总书记关于教育的重要论述和全国教育大会精神的时代要求，是实现立德树人根本任务的重要途径。

（二）转型动因

第一，商科人才培养与新时代数字经济与贸易、数字消费等新商业模式下人才供给不匹配的问题。新一代信息技术对产业变革、商业形态正在产生

深刻影响，沉浸式、体验式和定制化等新业态不断涌现，亟须人才培养活动从规模化走向个性化、从标准化走向定制式。第二，资源数字化管理缺位、优质课程资源共建共享难等问题。教学场景数字化、教学管理流程数字化、师生交流互动数字化等海量数据的出现，呼唤数字化资源的管理变革创新。第三，传统教学组织管理不能适应学生个性需求、自主选择和精准服务的问题。长期以来学生难以做到自主选择教师、自主选择学习进程、自主转换专业。

（三）达到目标

通过本案例的不断探索实践，需要达到的目标如下：第一，打破僵化的课程体系和教学组织约束，有效解决培养适应数字经济和社会发展、能够参与全球商业竞争的高素质人才问题；第二，解决数字资源管理和优质课程资源共建共享、更新、评价和激励约束等突出问题；第三，构建人人乐学、时时可学、处处能学的智慧校园环境。

二、实践过程

（一）系统谋划，统筹推进商科教育数字化转型

高度重视商科数字化转型发展，坚持学科专业建设紧密契合经济社会发展需求，发挥数字赋能作用，创建数字未来中心，全覆盖建设"互联互通、直录直播、资源共享"智慧教室，开发智慧教学管理一体化平台，打造商科人才培养新生态，凝聚了"以生为本、自定节奏、学习驱动"，形成了"一个聚焦、两项建设、三大平台、四化服务"的新商科人才培养理念。新商科数字化转型内容体系如图1所示。

（二）以点带面，着力重塑商科人才培养新模式

创建数字经管学院，作为学校商科数字化转型和数字化人才培养的创新"试验田"，整合商科相关专业，建设数字经济、数字金融与大数据管理与应用等专业，以点带面，守正创新，打造"个性需求、能力导向、数字赋能"的商科人才培养新模式，实现了从专业相对独立向专业交叉融合转变，从注重知识传授向能力培养、价值塑造并重转变，从专业管理为主导向课程管理为中心转变。

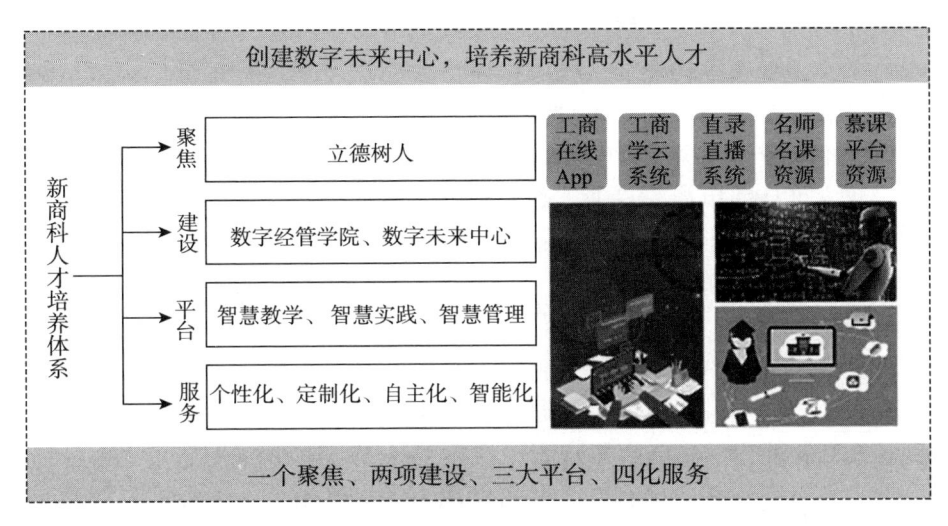

图 1　新商科数字化转型内容体系

（三）首善标准，打造全新商科人才培养课程群

聚焦培养数字技术与工商融合的新型商科复合型人才，建设扎实的通识基础课、过硬的核心专业课和丰富的素质教育课，构成新商科课程体系。"商以富邦"，大力加强思政课改革创新和课程思政建设，着力培养学生深厚家国情怀和时代使命担当，打造特色商业素养、商业诚信、商业责任课程群。利用智慧教学一体化平台，不断扩大引进优质商学课程资源，致力于打造全国乃至全球商学优质课程聚集高地。

（四）素养提升，培养教师信息技术应用能力

实行分层分类精准培训，完善教师自主发展机制。组织教研室开展集体备课，跨学院、跨校区开展虚拟教研活动。成立课组挂牌上课，形成授课良性竞争机制。鼓励开展教学研究，申报教改项目，打造"科教结合、产教融合、教研相长"的教学模式。举行技能竞赛，评选智慧教学示范课程、观摩课程，树立典型宣传激励。举办新入职教师培训、网络培训、教学研讨等活动，培训教师1万余人次，实现新入职教师教学技能培训全覆盖。教师通过对课程中互动数据的实时掌握，对学生学习情况进行分析、反馈并提出调整优化建议，提前对学生学业进行预警和干预。

（五）开拓创新，聚力搭建智慧教学一体化平台

加大投入，建成集智慧教学、线上考勤、远程互动、环境智慧调节、线

上质量监测等于一体的新型现代化智慧教室系统，营造"移动互联网+智能终端"的学习环境。构建智慧教学一体化智能学习平台，建设具有交互学习生态功能的新维学习空间，推动以"教"为中心向以"学"为中心的转变。建设课程中心和"学分银行"，为学生提供个性化、定制化、自主化、智能化服务，建立可自助申请跨专业、跨课程、跨学位的多元开放学习模式。智慧教学一体化平台功能包括教学智能化、管理智能化、资源使用智能化。

（六）数据驱动，大力提升教学管理现代化水平

依托数字未来中心，建设元宇宙虚拟教研室、新商科实验室、融合媒体中心和全部公共本科智慧教室，通过大数据分析，为师生画像并提供个性成长路径规划；构建学生能力矩阵图，将数字经济时代商科人才需具备的1300余个能力点对应到相应课程中，并出具能力达成度报告；通过本科教学、科学研究等6个维度评估教师的综合素质，实现教学质量的全面精准监控。

三、实施成效

（一）数字赋能，推动商科人才培养模式深刻变革

本案例聚焦新商科建设，推进信息化技术全面深入地融入商科教育教学各环节，重塑和构建商科教育新生态，有效赋能商科创新型人才培养，取得一系列教育教学突出成果。2017—2022年，学校获评商科类国家级一流本科专业建设点11个，北京市级一流本科专业建设点7个；商科类国家级特色专业建设点4个，北京市特色专业建设点4个。国家级一流本科课程5门，北京市精品课程13门，北京高校优质本科课程17门。学生参加国际、国内竞赛成绩突出，获得60个国际级奖项，1201个省部级以上奖项，获奖数量和等级逐年提升。毕业生受到社会广泛欢迎，学生入学分数排名在全国100位左右，但毕业生薪酬统计排名上升到全国60名左右。

（二）智慧管理，提升商科数字教育改革创新能力

在商科数字化转型背景下，通过信息技术搭建智慧化的教学新环境和管理新平台，撬动了商科教育教学改革创新。通过提供科学与动态的教学大数据，引导学生开展合作学习、探究学习，为个性化学习提供了有力的技术支撑。以大数据分析为依托，强化过程评价、探索增值评价、试行形成性评价，实现了人才培养质量的综合评价。虚实结合、交叉融通、分层分类等各种教

学创新，促进了师生深度学习，推进了新型教学模式重构。学校在线开放跨专业、跨学科课程达 256 门，12 万人次学生、1.6 万人次教师在新教学模式下进行课程教学。

（三）示范引领，产生积极社会影响并被推广应用

2021 年时任教育部部长陈宝生一行来校视察教育教学取得的成果，充分肯定了学校的数字化转型改革成效；2012 年教育部把学校列为首批"教育信息化试点单位"，与清华、北大一起成为北京地区仅有的三家试点高校；2022 年学校举办"新文科建设及商科数字化转型论坛"，3065 人参会，影响力不断扩大；党委书记黄先开教授在 2023 年世界数字教育大会、2022 年主讲的教育数字化转型课程被国家教育行政学院选为高校干部培训课程、2022 年接受中国教育电视台教育信息化专访，2021 年东盟教育周论坛、2021 年清华大学教育信息化论坛等作学术报告，得到了同行们的广泛认可；2021—2022 年，北京工商大学科技赋能新商科创新型人才培养在学习强国、中国教育报刊登特别报道；本案例相继在广东财经大学、湖南工商大学、首都经济贸易大学得到推广应用；中央电视台、现代教育报、中国教育报高教周刊、光明网等多家主流媒体相继进行报道，得到同行充分肯定和社会广泛好评。

四、反思总结

（一）坚持树立"以生为本、自定节奏、学习驱动"的商科人才培养理念

未来的教育教学改革要坚持以学生为中心，学生可以自主选择课程、教师、上课时间、上课形式等，可以自由转换专业和智能选修双学位，突破学院及专业行政壁垒，为学生提供开放、平等的学习机会，激发学生的学习兴趣。

（二）继续构建"个性需求、能力导向、数字赋能"的商科人才培养新模式

尊重学生个性发展和差异性，注重能力培养，据此定位商科人才培养目标、重构商科课程体系、重组教学管理模式等，通过数字技术赋能，继续构建"个性需求、能力导向、数字赋能"的商科人才培养新模式。

（三）不断打造"立足课程、服务师生、提升品质"的商科课程管理新机制

继续依托数字技术，从以专业管理为主导，转变为以课程管理为中心，突破部分课程长期得不到更新或长期被个别教师包干的状况，建立起以课程教学质量、学生满意度、选修人数等来评价教师教学质量的新模式，不遗余力地打造"立足课程、服务师生、提升品质"的课程管理新机制。

参考文献

［1］习近平主持召开学校思想政治理论课教师座谈会强调：用新时代中国特色社会主义思想铸魂育人贯彻党的教育方针落实立德树人根本任务［N］. 人民日报，2019－03－19（1）.

［2］习近平在清华大学考察时强调：坚持中国特色世界一流大学建设目标方向　为服务国家富强民族复兴人民幸福贡献力量［EB/OL］.（2021－04－19）［2023－06－01］. http：//www.moe.gov.cn/jyb_ xwfb/s6052/moe_ 838/202104/t20210419_ 527148.html.

［3］中华人民共和国教育部. 教育部关于一流本科课程建设的实施意见［EB/OL］.（2019－10－30）［2023－06－01］. http：//www.moe.gov.cn/srcsite/A08/s7056/201910/t20191031_ 406269.html.

［4］维克托·迈尔－舍恩伯格. 删除：大数据取舍之道［M］. 袁杰，译. 杭州：浙江人民出版社，2013.

［5］涂庆皓. 高校思政课信息传播要素及教学效果提升［J］. 吉林化工学院学报，2020（2）：39－43.

［6］赵庆寺. 现代信息技术与高校思政课深度融合的异化及其超越［J］. 学术论坛，2018（5）：162－167.

数据流程驱动高校教育治理能力建设

牟综磊[1]，田 蓓[1]，肖 威[1]，王文栋[1]，王天放[1]

[1]中国音乐学院

摘 要：围绕"双一流"建设的顶层设计，结合行业的主流技术，学校逐步形成"十四五""一中心、四门户"的智慧国音建设体系："一个双活的双轮驱动的内外双循环全量数据中心"，国音"信息门户""服务门户""资源门户""数据门户"。建成学校人脸识别平台、短信平台等。建设接诉即办系统，进一步加强学院内部治理，提升服务水平。

关键词：数据流程；高校教育；治理能力

一、案例背景

（一）建设背景

党的十九大以来，随着"十三五"的大力推进，党中央、国务院对网络安全和信息化工作的重视程度前所未有，"互联网+"行动计划、《促进大数据发展行动纲要》等有关政策密集出台，信息化已成为国家战略，教育信息化正迎来重大历史发展机遇。且随着机器学习、人工智能、5G、AIoT等新兴技术的快速崛起，对数据的利用已经成为未来社会运行和决策的关键手段，数据中心作为全校数据资产管理、运营、维护的基础设施发挥着举足轻重的作用，其建设也需紧抓两个趋势，即数据精准化和全量化的管理趋势以及数据价值实现和再创造的运营趋势。因此需要学校以全量数据中心为核心，围绕数据治理、数据共享、创新服务，搭建数据生态的内循环和外循环，不断推动实现数据的循环流转，进而不断创造新的业务和应用的体系，构筑"数据+教育"新生态。

（二）现状问题

1. 顶层设计与协调不足

在信息化对学院发展的引领作用方面，整体规划存在不足，缺乏基于学院整体的通盘规划和设计。已有软件系统缺乏明确的技术规范与要求，造成数据和服务集成的难度增大及系统维护成本不断增加等问题。同时，部分教师和管理者信息化意识薄弱，管理人员技能单一，无专人负责整个业务信息系统管理过程。

2. 数据资源分散，数据挖掘共享需提升

学院数据资产未能得到有效梳理，无法实现高效、实时的共享；数据沉淀不足，一些数据需重复录入填报，效率低。由于数据标准体系和数据中心未建立，难以基于学校全量数据开展深入分析挖掘，数据价值难以体现。

3. 缺乏校务数据分析与展示技术及服务

数据是学院的重要资产，但数据本身并不能直接发挥价值与作用，而是需要建立相应的数据分析模型，深度挖掘数据内部蕴含的价值及规律，通过可视化的方式将数据的价值进行展示、查询。学校尚未具备该部分的能力，无法为各级领导及广大师生提供校务数据综合展示的服务。

（三）建设目标

建设的总体目标为打造中国音乐学院全量数据服务生态，为未来实现"三端一体化"即网页端、微信端及移动应用端（App）提供根基性的保障和支撑。

1. 数据标准建设目标

（1）推进学院信息化建设，提供科学、合理且符合学院实际情况的数据标准与规范，保证信息的交流与共享。

（2）通过科学合理的元数据管理，为数据库设计提供类似数据字典的作用。

（3）保证信息在采集、处理、交换、传输过程中有统一、科学、规范的分类和描述，能够使信息有序流通，最大限度地实现信息资源共享。

2. 全量数据中心建设目标

基于解耦的设计思想，全量数据中心分为数据标准与元数据管理中心和数据交换平台两部分。其中数据标准与元数据管理中心负责数据标准管理、元数据管理、数据服务接口管理；数据交换平台负责数据的抽取、整合、采集、交换等工作。

3. 数据标准与元数据管理中心建设目标

（1）建立全局共享数据集，实现学院核心信息资源的共享。

（2）结合数据交换平台的信息交换机制，快速构建公共数据库，反映学院全面的数据信息。

（3）构建强大的公共数据平台管理工具，为平台运行维护和后期扩展提供支持。

（4）对数据共享权限可灵活控制，既做到方便地将数据共享到各类需要的应用系统，又能做到对安全性的高度保障，防止数据泄露及数据越权访问。

（5）逐步建立完善公共数据平台的日常维护和运行保障机制，保障公共数据平台和各个业务系统的持续运行。

4. 数据交换平台建设目标

（1）为学院智慧校园框架下的各应用系统之间提供一个统一的数据交换通道，使数据交换更加准确、便捷、高效、通畅。

（2）提供一个稳定可靠的线下数据汇总导入通道，妥善解决大量线下数据汇总收集问题。

（3）建立学院统一的数据交换技术规范和标准。

（4）提供一套操作非常直观便捷的可视化数据交换平台，通过可视化拖拽操作，实现数据交换功能操作。

5. 统一身份认证建设目标

统一身份认证系统建设目标是按照学院实际组织架构与角色划分，提供学院内统一的身份库以及身份认证体系，满足学院内外众多用户的各类系统访问认证要求。

6. 综合信息门户建设目标

建设具有中国音乐学院特色的轻量级信息门户服务平台，通过最新的用户体验技术打造一个界面美观，用户体验友好的服务门户，减少用户学习使用成本。集成学校已有的各应用系统、微服务以及本期建设重点之一的数据分析展示平台，通过门户即可进入学院各类系统及数据可视化中心。汇聚学院各类新闻、通知、会议提醒等信息，形成院内统一的信息汇总平台。

7. 数据可视化平台建设目标

通过可视化技术，直观地掌握各业务领域的数据概况，进而全面了解业务情况，为学校主要业务部门和校领导决策提供有效、直观、准确的数据支持。

二、实践过程

（一）数据标准体系

全量数据标准以信息资源规划的思想形成高校数据标准，对数据项的业务属性、技术属性、管理属性进行定义。最后形成全量数据架构的一部分，用户可以在数据关系管理中下钻各类数据属性。

（二）全量数据中心

1. 全量数据标准与元数据管理

数据标准需要通过系统进行管理，并与元数据建立真正的关联。数据标准的建立、修订、发布，全环节应通过系统进行管理，并可基于发布出来的"执行标准"构建中心库的结构，在日后执行标准升级后也可通过系统更新库结构。

全量数据中心体系包含四层不同的架构设计。四层架构包括原始数据层、主题数据层、分析数据层与数据与应用数据层，抽象层次由低到高。在一般的数据中心建设中，最主要的工作就是将原始数据按照数据标准，并结合应用需求进行梳理、映射、清洗和转换，逐层向上分别形成各种层次的过程。

2. 数据交换平台（DCI）

数据交换平台，构建起高校数据的传输管网，不仅仅只是 ETL，而是对整个校级数据抽取作业的设计、管理、调度、监控，除了要支持上行集成、下行共享，还要支持向应用系统回写数据，可解决学院数据不一致问题，如学生所在的院系信息发生变化，但是公共库中的数据没有得到及时更新等。数据交换平台集中管理 ETL 元数据，在界面上以图形化方式展现数据的流转，交互式地维护数据流转拓扑。这样，屏蔽了 ETL 作业的细节，提供了更容易理解的数据架构，让数据整合不再抽象和难以理解。

（三）统一身份认证平台

认证中心设计首先基于4A标准规范，提供了统一认证、授权访问控制和管理工具，对所有数据进行立体的控制和管理，确保数据的安全性。学院所有用户通过统一信息门户实现单点登录，全方位地解决了高校在统一身份（Account）、统一认证（Authentication）、统一授权（Authorization）、安全审计（Audit）四个方面的管理与安全问题。

（四）综合信息门户

在信息门户建设方面的设计遵行轻量级设计。门户不仅可以实现学院各个业务系统的集成，还能够承载学院的数据中心、数据可视化中心、流程中心，将来还可以承载一体化微服务管理平台和其他应用平台。因此，在门户的扩展性、开放性、性能、安全要求方面较高。需要利用成熟的主流技术完成门户的搭建工作。为了满足学院内不同用户的操作习惯，门户必须能够支持多浏览器，在主流的 IE 内核以及 chrome 内核浏览器上都能够为用户提供最便捷、最全面的访问渠道。

（五）数据可视化平台

进行全面深入的业务调研，与学院内各主要职能部门及教学单位沟通业务需求及数据情况，找出各业务部门中能够反映其业务特点的数据模型，并根据数据模型的特点，设计可视化的展示形式，以最适合的图形对数据模型进行展示，使其数据易于理解，并对观看者有所启发，展示出隐藏在数字背后的趋势以及特征。

三、实施成效

国音全量数据中心建设采用康赛4.0版本，以财务、教务、科研、研究生部门的需求为主要导向，实施并完成对全量数据中心的建设，以业务模型为驱动，全量数据中心为数据的分析及可视化提供基础数据及快速的数据取用能力；全量数据中心将数据架构与业务结合，涵盖数据管理全过程业务范围，更好地支持上层实际业务服务场景的需求；以四层架构的方式，原始层接入业务系统数据、以国音信息标准建设主题层，统一标准，再根据业务需求来完成对分析层、应用层的整合，并通过全量数据标准及元数据管理平台来对数据中心进行管理；相比共享数据中心，全量数据中心支持结构化数据涉及的单向、双向、点对点、数据分发、集中整合、多级上报、下发等多场景的整合，全面解决数据孤岛问题；提供更全面的数据标准管理工具、元数据管理工具，能够对数据标准进行灵活管理，支持正向生成元数据，逆向生成数据标准，中心库数据仓库管理采用可视化目录化的管理模式，数据表、数据项、数据集管理更方便、灵活，不需要复杂的 SQL 处理过程；全量数据中心还提供主数据的历史拉链功能，对历史数据按照时间节点进行归档，能够解决某些业务场景下出现的重大事故问题；全量数据中心的适用性、扩展性、操作性都有很大的提升，大大降低了运维管理人员的学习成本。

（1）建立基于数据应用为基础的校标，该信息标准对学校信息化建设具有一定的指导作用。

（2）完成多个业务部门数据关系的梳理，涉及财务、教务、科研、研究生等部门。

（3）实施完成四层架构的全量数据中心，整合形成主题层、分析层、应用层数据；提高数据的查询效率及利用率，2023 年完成 648 张模型的建设、3924 个字段数据的处理。

（4）完成全校业务系统的统一管理及授权，将 13 个业务系统纳入管理。

（5）建设出国音特色的信息门户，统一的访问入口、统一的资源导航、个性化门户定制、资源访问权限控制，为各级人员提供全面的服务。

（6）完成了数据门户的建设，已建设包括科研、财务、教务、研究生类的 264 个数据模型，建设出特色突出、支撑快速、易用实用的数据门户。

（7）全量数据中心作为学校防疫工作的基础数据支撑，与前端网上办事大厅、人脸识别系统进行协同联动，有效提高日常防疫数据管理水平，实现精准防疫。

四、反思总结

本项目解决了数据标准不完整、用户黏合度低，业务系统分散、信息孤岛等严重问题，汇聚学院各类应用系统入口以及通知消息类的展示，为广大师生提供切实的获得感，呈现了校务基本数据的展示内容。接下来我们会逐步完善数据标准，优化信息门户，增强用户体验，同时根据学校不断变化的业务需求对业务分析模型进行调整，并与认证实现单点对接。

教育新型基础设施建设案例

文化育人科技赋能
——殡葬专业沉浸体验平台建设

何振锋[1]，亓 娜[1]，邢珊珊[1]，郑翔宇[1]，周 巍[1]

[1]北京社会管理职业学院（民政部培训中心）

摘 要：北京社会管理职业学院生命文化学院通过2020—2022年研究实践，打造了1780平方米集人才培养、职业培训、技术创新、就业创业、社会服务、文化传承"六位功能"于一体的高水平现代殡葬协同创新实训中心。建设人文、生态、科技三个主题区，20个体验项目及丰富的体验资源，让学生在沉浸体验、冥想感悟中接受生命教育。通过技术手段为教育赋能，实现殡葬新技术与殡葬职业教育互融互动，满足学生个性化需求，在教学理念、教学模式、实习实训及生命教育方式等方面取得突破，加快教学、实训、科研等设施智能化升级，为殡葬教育高质量发展提供支撑。

关键词：殡葬专业；文化育人；科技赋能；沉浸；平台

北京社会管理职业学院生命文化学院以为殡葬行业培养具有生命文化理念的高素质技术技能人才为使命，以让逝者得到有尊严的服务、让生者获得生命的启迪、让业者获得职业的尊严为愿景，以全人教育理念为引领，以文化育人、科技赋能为特色，通过"实训平台+教育资源"构建殡葬职业教育信息化新生态，经过2020—2022年研究实践，打造了数字化、智能化、沉浸式、体验式、交互式教学实训平台，促进信息技术与殡葬职业教育的深度融合，建设生命文化展陈厅、生命感悟观影厅、生死体验互动厅、生命觉悟冥想厅，打造观影、告别等20个体验项目，建设虚拟火化仿真、VR体验视频等丰富的体验资源，加快教学、实训、科研等设施智能化升级，为殡葬教育高质量发展提供支撑。

一、建设背景

(一) 沉浸体验平台建设动因

1. 殡葬教育数字化发展背景

《教育信息化2.0行动计划》提出坚持信息技术与教育教学深度融合的核心理念，构建网络化、数字化、智能化、个性化、终身化的教育体系。当前，殡葬行业快速发展，智慧殡葬服务平台、网络祭祀、3D打印、全息投影、AR交互等表明殡葬行业已向数字化时代迈进。殡葬行业数字化改革正通过数字赋能、流程再造，谋划设计应用场景，提供遗体接运、火化、骨灰寄存、悼念守灵、骨灰安葬等数字化管理服务，打造全覆盖、全流程的殡葬数字化集成应用智慧系统，提升服务便捷化、专业化水平，解决工作中难点、堵点。行业一线实践对殡葬教育数字化形成了倒逼。要培养适应岗位需求和行业发展的高素质技术技能人才，殡葬教育数字化亟须提上日程。

2. 沉浸体验平台建设理论基础

全人教育以促进学生认知素质、情意素质全面发展和自我实现为教学目标。实训平台建设以全人教育理念为指导，以"文化育人科技赋能"为特色，通过技术手段为教育赋能，实现殡葬新技术与殡葬职业教育互融互动，加快教学、实训、科研等设施智能化升级，提升教师的数字化教学技能，满足学生个性化学习需求，促进学生的整体教育和全面发展，提升学生专业和职业认同感。

(二) 殡葬专业教学存在的主要问题

(1) 传统教学模式下，无法有效实现对专业文化的可视、立体、交互的渗透与培养，无法更生动、深刻地营造专业文化氛围，殡葬专业学生的生命教育严重缺失，学生专业与职业认同感不足。

(2) 传统教学模式下，缺乏能沉浸体验的真实工作环境，教学内容与工作实践无法有效实现对接与互动。

(3) 传统教学模式下，学生不能接触到一线的工作实践，不能有效实现对技术技能创新意识的培养。

(三) 殡葬专业沉浸体验实训平台建设目标

通过2020—2022年的建设，打造国内首个高水平现代殡葬协同创新实训中心，实训中心实现集人才培养、职业培训、技术创新、就业创业、社会服务、文化传承"六位功能"于一体，打造数字化、智能化、沉浸式、体验式、交互式教学实训平台，实现理实一体教学、典型工作任务、真实工作环境、数字信息技术、虚拟仿真实训、沉浸体验学习，充分发挥实训平台的育人功能整体性，提高人才培养质量。

二、实践过程

（一）建设过程

在前期专业调研、专家论证的基础上，生命文化学院实训中心按照统一规划、分步实施的原则，分三年建设完成集"六位功能"于一体的"文化育人科技赋能"殡葬专业沉浸体验平台。通过三年建设，打造了国内首个高水平现代殡葬协同创新实训中心，共计16间实训室1780平方米，包含人文、生态、科技三个主题区。其中，人文殡葬模块设有故人沐浴、追思礼厅、业务洽谈、形体训练、个案工作、生死体验中心等实训室；生态殡葬模块设有陵园规划设计专业机房、生命服务文化创意产品制作、机械制图与测量、生态景观设计及植物病虫害防治等实训室；科技殡葬模块设有遗体防腐整容、殡葬设备仿真操作维护、机电一体化、智慧殡葬仿真等实训室。

（二）主要解决的教学问题及方法

1. 营造专业文化氛围，打造"生命关怀＋生命体验"生命教育方式，解决学生专业与职业认同感不高问题

生命关怀：开展生死、孝道、感恩、友善、仁爱文化月主题活动，开展生命演说家、一封家书、拜师礼、清明志愿服务等活动。依托生命文化展陈厅、生命感悟观影厅、生死体验互动厅、生命觉悟冥想厅，将生命文化教育向实践教学内容转化，将生命文化融入生死体验、生命关怀、第二课堂和志愿服务。打造分娩、濒死、告别等20个体验项目，建设生命晶石、智能火化机、VR体验视频等体验资源，让学生在沉浸体验、冥想感悟中接受生命教育。

2. 基于工作过程重组教学内容，实现教学过程与实际工作相对接，解决理论与实践脱节问题

依托殡葬专业沉浸体验平台，以"基于殡葬工作过程、做学合一、理实一体"为目标进行一体化专业课程体系改革，形成以"生、终、殡、葬、祭、

传"为逻辑顺序的模块化教学内容。按照工作流程划分为生命文化教育、善终服务、遗体接运、殡葬礼仪、殡葬用品营销、遗体防腐、遗体整容、遗体火化、陵园管理、哀伤抚慰 10 个教学模块，教学过程与服务流程对接。

3. 依托智能手段，构建创新型殡葬人才培养模式，解决创新能力培养缺失问题。

殡葬专业教育作为一个饱受偏见的小众专业，办学层次只有中专和高职，长期以来教学内容、教学模式、教学手段相对落后，仅关注对现有技术技能的原样传承，忽视了学生创新能力培养。依托专业沉浸体验平台，进行课程改革、组织实践活动，构建创新型现代殡葬高端技术技能人才培养模式，以创新能力为关键，实现了传统殡葬教育理念的突破。

三、实施成效

（一）教学资源共建共享平台

在实训教学平台下，教师可进行相应课程模块下的资源整合共享，平台覆盖殡葬、陵园、设备 3 个专业，合计 1200 个教学资源。打造分娩、濒死、告别等 20 个体验项目，建设生命晶石、智能火化机、VR 体验视频等体验资源，让学生在沉浸体验、冥想感悟中接受生命教育。校企合作引入殡葬新技术、新工艺、新方法，将典型工作任务转化为课堂教学案例，校企共同开发课程案例资源库，截至 2023 年已有殡葬典型案例 50 余个。

（二）远程互动助力高效课堂

利用远程视频系统邀请行业劳模、优秀毕业生进网络课堂分享守护逝者尊严、启迪生者生命的先进事迹。依托校企远程互动可视化教学系统与企业专家连线，与一线单位对话，一方面让殡葬岗位环境、工作流程等信息实时传到课堂，使专家在岗位现场直接面对学生开展现场指导；另一方面通过对课程的同步直播实现了多种媒体的远程展示，为学生学习、教师教学、专家指导、多元考核等提供优质资源和便捷条件，真正实现不受时间、空间限制远程实时音视频互动教学。

（三）虚拟技术提高实训效率

依托虚拟仿真教学实训系统，按实际殡葬企业进行标准化布局，实现了殡葬工作的真实再现，提供殡葬专业技能及知识内容的 3D 可视化展示及 VR

模拟实训，打造教学、练习和评测一体化实训平台，通过线上模拟真实殡葬工作任务，完成岗位能力实训。平台涵盖100多个交互点，120多个主题实训和300多个教学实例。学生通过反复学习和模拟训练，更熟练掌握操作要点及难点，同时，实现对学生的知识及技能精准考核和查漏补缺，切实提升学习效率。

（四）生死体验感悟生命价值

生命文化展陈厅通过图片、视频、实物等形式展示生命起源、生命样态、生命历程、生命文化和生命共融，旨在致敬生命、服务生命、褒扬生命；生命感悟观影厅收集上百部国内外优秀生命教育题材影片，通过观影交流，体会生死，感受生命之美；生死体验互动厅通过VR仿真系统、濒死体验系统，实现现实与虚拟的生死切换，达到启迪生命、感召生命的生命文化教育；生命觉悟冥想厅通过270度全息投影技术，打造沉浸式冥想环境，从而体悟生死，珍惜生命。

（五）推进岗课赛证综合育人

通过三维虚拟仿真技术、1+X职业技能等级证书教学系统、殡葬大赛综合技能培训系统，构建殡葬专业"岗课赛证"实践教学内容体系，在教学实践中将殡葬专业学生未来的工作岗位所必需的各种技能证书、技能竞赛及日常课程学习有机结合。学生连续两年殡仪服务员1+X职业技能等级证书通过率100%，殡葬职业技能竞赛取得佳绩。

（六）促进殡葬行业健康发展

通过远程企业培训、案例共享和线上线下工作坊等形式，实现服务地方的职能。实训平台设施设备与行业企业人才需求及大赛比赛标准无缝对接，同时，为殡葬类职业技能竞赛提供培训和考评场地。通过数字化实训平台，已为相关合作企业开展专业培训30余场，利用3D打印系统向行业企业开展技术培训，增强了学院影响力和辐射力。

四、反思总结

经过几年来的建设，实训平台已成为生命文化学院的亮点：在课程实训项目中融入企业生产流程及项目管理模式，专业技能培养与生命文化熏陶同步进行，实现训练内容从单一的技能训练到综合技术训练的提升，促进以

"工作过程为导向"的课程及教学模式开发，实现了促进资源共享、优化资源配置、提升创新创业能力。实训平台建设以全人教育理念为指导，以"文化育人科技赋能"为特色，打造了20个生死体验项目，建设丰富的生命体验资源，通过技术手段为教育赋能，实现殡葬新技术与殡葬职业教育互融互动，加快教学、实训、科研等设施智能化升级，提升教师数字化教学技能。

实训平台实现了文化育人、科技赋能，但也存在一些问题：一是实训平台面向行业和社会公众的开放程度还不够，服务行业发展的培训、体验、技术支持等社会服务功能尚未得到充分发挥，公众生命教育的功能发挥还不够明显；二是受资金等限制，个别软件系统有待后续进一步升级，如智慧殡葬实训室，部分教学环节特色定制的软件系统有待更新。

参考文献

[1] 教育信息化2.0行动计划［EB/OL］.（2018-04-18）［2023-06-03］.http：//www.moe.gov.cn/srcsite/A16/s3342/201804/t20180425_334188.html.

[2] 杨雪.全人教育范式注重人的整体教育［EB/OL］.（2021-12-13）［2023-06-03］.http：//www.cssn.cn/zx/bwyc/202112/t20211213_5381143.shtml.

[3] 数字化转型是教育强国的必由之路［EB/OL］.（2022-08-10）［2023-06-03］.https：//sdxw.iqilu.com/share/YSOyMSOxMzEONTc1Nw.html.

[4] 职业教育数字化转型与创新［N］.生活日报，2022-08-22.

[5] 徐晓明.教育高质量发展数字化转型路在何方［N］.光明日报，2022-04-05.

[6] 智慧教育助力区域教育高质量发展［N］.中国教育报，2021-08-23.

5G + VR 技术赋能未来，
双师助力教育数字化转型

温 晨

北京市石景山区教育委员会现代教育技术中心

摘 要： 本案例介绍了北京市石景山区推进教育信息化升级改造、教育数字化转型等方面的经验，利用 5G + VR 技术与常规双师课堂融合，对一节语文课进行沉浸式发布的应用实践。通过部署网络系统、视频采集系统、视频发布系统、接收端设备，使远端课堂参与者在两间双师教室之间切换身份与视角，实时 360 度无死角课堂观摩并参与其中，实现教室与远端课堂参与者间的互联互通、实时直播与交流互动，尝试对典型双师课堂应用模式的拓展，助力构建双师互动教学、协同教研、直播讲堂、停课不停学、服务"双减"等多教学场景，提升课堂教学效率、优质课堂资源辐射范围，并助力课堂教学精准定位，为学校及教师学生减负提质增效。

关键词： 5G 组网；全景课堂发布；VR 技术；云计算；双师课堂

一、案例背景

（一）应用案例概要

2022 年 4 月，北京市石景山区教育委员会现代教育技术中心联合北京市第九中学开展"基于 5G + VR 技术探索浸润式双师课堂的实践活动"。本次活动以"技术赋能教育创新优质均衡提质增效"为理念，达到了深化石景山区双师课堂应用模式，助推名师课堂、协同教研、直播讲堂、停课不停学、助力"双减"五类区域性双师场景应用，扩大优质资源辐射范围，助力课堂教学精准定位，为学校及教师学生减负提质增效的总体目标。

本案例采用实验法和实证研究方法，沿着新技术与课堂教学融合试点 +

经验分享的研究路线,通过部署网络系统、视频采集系统、视频发布系统、接收端设备实现远端课堂,参与者可以在两间双师教室之间切换身份与视角,实现实时360度课堂观摩,实现教室与远端课堂参与者间的互联互通、实时直播与交流互动。

(二) 目的明确试应用

1. 扩大辐射范围,提高区域整体应用水平

提高区域教育信息化水平,助力信息化转型,在课前、课中、课后全教学链条中,扩展优质课堂资源辐射范围,辅助提高区域整体教学水平,创新课堂发布模式,提高学生学习兴趣,优化学生学习效果。

2. 提升教学水平,助力信息技术优势发挥

丰富学校信息化教学手段,优化双师课堂发布方式,提高校园信息化建设的水平。充分发挥信息化的优势,让课堂更加高效,课堂呈现更高水平。

3. 培育信息素养,提高教师技术应用能力

帮助提高教师教育信息化应用能力,建设一支熟练掌握现代信息化教学应用骨干队伍,为学校后续的信息化应用打牢基础,为区域信息化发展储备人才,保障区域教育信息化可持续发展。

4. 树立典型标杆,促进教育教学均衡发展

教育信息化"十四五"发展规划中提及的前沿科学技术落地应用,探索实用性,并加以提炼打造教育数字化转型"未来样板间",形成标杆效应。依托双师课堂教学模式,运用多样化课堂呈现方式促进优质课堂资源输入输出,带动区域教育教学优质均衡发展。

(三) 思路引领新模式

1. 突破网络局限,有机融合教学场景

以往区内学校课堂发布直播系统依赖于石景山区教育城域专网,发布至外部的数据依赖于区内各校共享的互联网出口。受互联网出口总带宽影响,难以保证课堂资源稳定高速地与校外课堂参与者交互,不利于高码流视频的稳定传输,活动过程中常有卡顿掉线等现象发生,影响活动连续性和课堂完整性。此外,传统单机位或双机位直播方式同一时间只关注于板书、教师教学等单过程,对导播技术依赖强,且导播思路会对课程参与者思路造成干扰和影响,传统方式对机位摆放要求高,重点展示场景或讨论场景难以任由课程参与者自由查看,难以完全将课堂教学场景有机融合,难以完整呈现教师教学场景和学生听课学习过程。

针对传统直播教学场景的一系列问题，我们在本案例进行实际应用时引入高速率低延时的 5G 移动通信技术和 VR 虚拟现实 360 度展示方式，提高学校在双师课堂教学方面的辐射范围和成果展示范围。利用 5G 网络高传输速率低延时特性，得以实现多目摄像机 4K 码流全景视频稳定传输，传输延迟相较校园网络传输能够降低 3~5 秒，并且降低了传输波动。利用 VR 技术进行课堂展示，对人工导播无依赖，视角转换与定位由远端课堂参与者按自身需求自主调整，观看角度 360 度全自由，因此对多目相机摆放机位要求也不高。

2. 构建虚拟场景，贴近实际教学需求

整个案例基于"互联网+教育"思维，以 5G 和 VR 技术为落地抓手，运用云存储、云计算等新技术打造了智能、高效的沉浸式课堂展示方式。结合 5G 组网技术快速部署搭建、多目摄像机、视频流设备以及云端图像拼接、处理、发布平台、云服务器，为课堂沉浸式发布提供高效稳定的智能化服务。在实际应用过程中，课堂参与者根据教学环节可以有目的性地重点关注教学内容和自主选择视线落点，仿佛置身课堂中。听课和评课人员也会根据自身需求自主选择不同课堂关注方向，对于关键教学内容后期也支持全景回看，能实现随点随看。

3. 丰富展示效果，提高听课评课效果

课堂参与者通过手机、平板、VR 眼镜等设备实现课堂立体化参与，内容选择智能化、自主化，提高课堂展示效率，进一步丰富课堂展示手段，激发课堂参与度，提高远程学习、听评课效率，可随时切换或同时观看两间双师教室授课场景，观察不同授课身份授课教师（主讲/辅导）的课堂表现，听讲教室或主讲教室学生学习状态或回答课堂问题表现。利用远程 VR 方式也能减少传统进班听课方式对线下教室学生课堂学习的干扰和影响，实现远程学习或听评课对线下课堂的"零打扰"。

二、实践过程

本案例中运用到的设备可以做到轻量化快速部署，去中心化。整套系统部署分为三个子系统：网络系统、视频采集系统、视频发布系统。

（一）网络系统

整套系统网络独立于石景山区教育城域网，不受整体互联网出口带宽速率影响。利用 5G 网络更高速率、更低延时、更高可靠性等优势特点单独组网，在课程资源传输过程中能够给予课程参与者最直观的观感体验。网络系统由 5G 物联网卡、CPE 设备构成，在实际应用过程中应注意 5G 信号质量和传输速率测试，将设备部署于开阔无遮挡区域，有助于信号质量稳定，经验显示混凝土墙或金属门会严重影响信号质量。

经过测试，我们选用的运营商 5G 信号覆盖良好，在应用地点北京市第九中学双师主讲教室高二 1 班及双师听讲教室高二 6 班窗口位置附近，该位置无遮挡并朝向 5G 基站方向，信号传输上下行速率均可达 500—700 兆，满足视频传输码流，能保障视频稳定传输。两台 CPE 设备分别部署于双师主讲教室和听讲教室，电源接教室前墙插座。CPE 设备将内置于其中的物联网卡 5G 信号转化为无线信号或有线网络为两个双师教室的视频采集设备分别提供网络接入。

（二）视频采集系统

本次案例采用 2 台多目摄像机，分别部署于双师主讲教室和听讲教室。根据教室实际情况可灵活选择部署机位，为呈现整体效果可选择顶部吊装，但可能会使部分观看人群产生眩晕感和坠落感。本次部署选择三脚架地面架设，在不影响学生的前提下尽量降低安装高度。部署完成后可根据实地网络环境为相机设置合适码流，以平衡延时和图像质量，图像采集后将通过 CPE 设备提供的 5G 网络推流传输至云端服务器。

（三）视频发布系统

传输至云端的视频流将通过平台进行视频拼接，将多目相机采集的图像利用算法进行整体拼接剪裁，并最终发布生成 H5 页面，实现用户终端设备能调用传感器或手动对 VR 视频的视角和缩放进行控制，并对外提供访问服务（如微信链接），记录并存储历史视频。

课程参与者可使用多种终端设备，通过接入互联网访问 VR 视频页面链接，不受地点限制，实现浸润式课堂参与和体验。支持手机、电脑、VR 一体机等终端播放观看。远端可接入教室大屏幕供本地学生观看，实现优质课程资源输出。同时，教研部门进行远程集中教研，听评观摩课。因各种原因不能到校上课的学生，也可居家体验全景沉浸式课程学习。

三、实施成效

（一）促进双师课堂线上线下融合教学

在本案例中，主讲教师和辅导教师在两间双师教室互动授课，学校学生在课堂线下听讲,学校管理者及教研部门在各自办公室内独立观看,在现代教育技术中心设置了一间课程观摩室,听课人员在此通过头戴式 VR 设备、大屏幕、触控一体机触摸调整视角等多种方式进行了课堂观摩。对于没有安装双师设备的远端教室也可通过网络收看双师全景直播,实现了双师课堂的线上线下融合教学。

通过沉浸式、浸润式的 5G + VR 课堂发布体验,课堂参与者能够身临其境般体验双师授课效果,可在石景山区双师课堂实验室观摩现场通过 VR 设备观看或通过其他智能终端线上方式访问 VR 课堂链接参与课堂并观看全景授课视频,例如,教师在办公室内观看、教研员远程教研听评课。

(二)助力双师课堂时间空间融合

通过在双师主讲教室和听讲教室各设置一台多目全景摄像机,课堂参与者能通过远端参与课堂,效果如身处双师教室一般,能达到打破空间和时间壁垒学习的效果,突破班额、教室墙壁、学校地理位置的限制,延伸延展学习的空间,实现双师课堂的空间融合。通过全景课程录制实现远端全景视频在线或本地点播,打破了学习时间上的限制,实现双师课堂的时间融合。在本案例中,主讲教师在展示学生课堂作品环节,课堂参与者可以通过调整虚拟现实视角进行缩放,重点关注展示内容;在小组讨论环节,可重点观察各组交流情况和讨论发言;当听讲教室的辅导教师辅助讲解时,可由主讲教室随时切换至听讲教室视角,参与到不同班级中,观察不同教室中学生的讨论成果及学习状态。

(三)提升双师课堂智能化虚拟化数字化融合

通过全景 VR 可将课程数字化,便于传输与分发,存储与点播。后期结合双师教学系统可统计学生学习习惯,进行 AI 评测等,实现课程或知识点的智能化精准推送,达到精准靶向学习的效果。利用 H5 技术直播 VR 全景播放页面,可 360 度全景观看双师课堂视频,支持开启/关闭陀螺仪,模拟人眼跟随头部的动作,老师讲解时可以看向老师,学生回答问题时可以看向学生,交流时可以看向周围同学,具体展示时可以重点关注,可充分提高课堂参与感,加强学习效率,充分提升双师课堂的虚拟化数字化融合,助力课堂学习提质增效。

四、反思总结

通过本案例的成功应用,我们及时总结与思考,形成了宝贵的应用经验。

向探索课堂线上与线下融合、空间与时间融合、智能化数字化虚拟化融合方向迈出了坚实一步，并在持续推广中探索创新双师课堂深度应用新模式，持续为区域教育数字化转型工作助力添翼。

参考文献

［1］北京市教育委员会. 北京教育信息化"十四五"规划［EB/OL］.（2022-03-14）［2023-06-04］. https：//www. beijing. gov. cn/zhengce/zhengcefagui/202203/t20220316_2631467. html?eqid＝b1746cf0000d4d7900000006648681cf.

［2］北京市石景山区教育委员会. 石景山区教育信息化"十四五"规划［EB/OL］.（2022-07-27）［2023-06-04］. https：//www. bjsjs. gov. cn/gongkai/zwgkpd/zdly_1960/jy_1975/202207/t20220727_60200_sjs. shtml.

北京教育考试院 AI 咨询平台建设应用案例

李　欣[1]，覃　华[1]，刘　晓[1]，刘永波[2]

[1]北京教育考试院
[2]科大讯飞股份有限公司

摘　要： 北京教育考试院与科大讯飞股份有限公司于2019年起合作研发AI咨询平台，将科大讯飞最新的人工智能语音及语言处理技术与部署在阿里云的互联网电话系统相融合，建设机器人应答系统。针对教育考试招生咨询特点，通过话术设计，自建了知识库，利用自然语言处理、人工智能等关键技术，建立"拟人机器人"来协助人工，24小时回答咨询。对外投入运行以来，"电话机器人"分流了约34%的咨询量，"网页机器人"分流了约79%的咨询量，得到了社会认可。这是省级考试招生机构首个AI咨询实践探索，也是新基建背景下，省级考试机构与国内顶级AI机构进行深度合作的新模式。

关键词： 考试招生AI咨询；语音识别；语音合成；语义理解

一、案例背景

教育考试，关系到千百万考生，社会高度关注。特别是考试招生制度的改革伴随而来的是考试招生政策的巨大变化，其结果必然导致考生和家长咨询需求的大幅增加。北京教育考试院原有7条语音话路，8小时的人工咨询服务，存在咨询业务负担大、人工客服知识范围有限、并发咨询处理能力不足、咨询服务渠道单一等问题，不仅导致不能满足咨询需求，容易引发考生及家长对本机构的不满和投诉，还会影响机构的公信力。

为提高服务社会的能力和水平，优化咨询服务资源，树立良好社会形象，改善用户服务质量，减小社会杂音对考试招生制度改革的干扰，北京教育考试院于 2019 年 11 月 15 日正式启动开发"教育考试招生 AI 咨询平台",探索智能咨询在教育考试领域的应用。

二、实践过程

(一)项目调研

2019 年北京教育考试院信息化处协同行财处、党政办公室成立联合业务小组,对中招、高招、研招、成招、自考、学考、社考 7 类招考业务进行调研,分析原"一号通"呼叫中心的局限性,得到 8 个主要业务需求:

(1) 咨询者可通过电话渠道或非电话渠道(移动端、网页端)与对应咨询服务人员建立联络;

(2) 电话渠道下,咨询人员拨号呼叫中心统一号码,按语音提示话路分部门流转。语音智能机器人先期判断咨询者问题种类进行业务引导,能明确回复的问题由语音智能机器人回复,复杂问题引导咨询者进入相应人工语音回复通道;

(3) 非电话渠道条件下,咨询者可通过考试院官网文字咨询有关问题;文字智能机器人对咨询者问题种类进行判断识别和业务引导,能明确回复的问题由该平台以文字方式回复,复杂问题引导咨询者进入相应人工回复通道;

(4) 实现人工服务时间的灵活控制,不在人工服务时间内,平台会有相应的提示;

(5) 实现来电呼叫停泊功能,提供的统一电话号码可以接受不限量咨询电话拨入,咨询电话被接通后,可进入相应招办的业务队列等待;

(6) 具有完整的业务记录、录音、报表,可分业务查询,包含机器人及人工话务报表、会话记录及录音;

(7) 分级授权,管理本业务处室记录及智能知识库;

(8) 灵活的接听方式,系统支持电脑座席,支持座机、手机、IP 电话、软电话 4 种接听方式。

针对以上业务需求,业务小组共同开展电话系统解决方案的调研,比较了包含中国联通北京分公司、12345 热线运营公司(网信公司)、山东考试院呼叫中心系统等多家单位的解决方案,并摸底了考试院话路资源余量。

经过调研,形成两个基于不同技术路线的解决方案,分别是传统语音技术方案和纯互联网云技术方案,两方案进行深入的探讨分析,最终因以下 5 点优势,确认采用基于互联网云技术的方案。

（1）系统采用互联网电话云技术，核心硬件零投入；

（2）总线电话接入量不受限制，并且提供分机高峰期免费并发量升级；

（3）部署方便，一天内即可完成系统部署；

（4）开放性较强，与各种智能工具对接良好；

（5）建设及使用费用低。

（二）项目组织实施

北京教育考试院联合科大讯飞股份有限公司、天润融通科技股份有限公司成立联合研究小组，依托考试院业务数据和场景、科大讯飞人工智能核心技术和天润融通成熟的云呼叫中心平台，开展人工智能咨询平台建设。合作内容包括：

（1）在考试院云呼叫中心平台中引进科大讯飞的语音识别、语音合成、语音分析、语义理解等智能语音技术和服务，为考生带来更高效、便捷的自然语音交互服务体验；

（2）在考试院官网中引入科大讯飞智能文字应答技术，为考生提供多渠道咨询服务；

（3）为考试院及各个业务处室提供咨询业务的辅助支撑，提高一线服务人员的工作效率，降低工作强度；

（4）占领全国考试招生系统智能咨询服务高地，成为同行中新时代便民服务的标杆。

本项目共分3步进行：

（1）实现基础平台的升级，即引入云呼叫中心；

（2）实现语音智能咨询的应用，基于语音智能识别技术，让AI语音机器人听懂来电内容，归纳出要咨询的问题，从知识库中自动提取相关答案，提供7天24小时不间断服务；

（3）实现文字智能咨询的应用。在考试院官网中嵌入文字机器人，基于语义识别技术，AI自动以文字方式应答。

三、项目成果

北京教育考试院AI咨询平台采用"人工智能+云呼叫中心"技术架构，彻底解决了咨询电话拨通难、非工作时间无人理的问题，提供了语音、文字多渠道咨询，有效提升了用户体验感，在一定程度上降低了咨询人员的工作强度。2020年6月15日该平台AI语音咨询系统投入试运行，2021年10月

18日AI文字咨询系统对外试运行，至此，考试院7类招考项目均已实现AI机器人语音及文字应答，达到了预期效果。

AI咨询平台总体架构如图1所示：

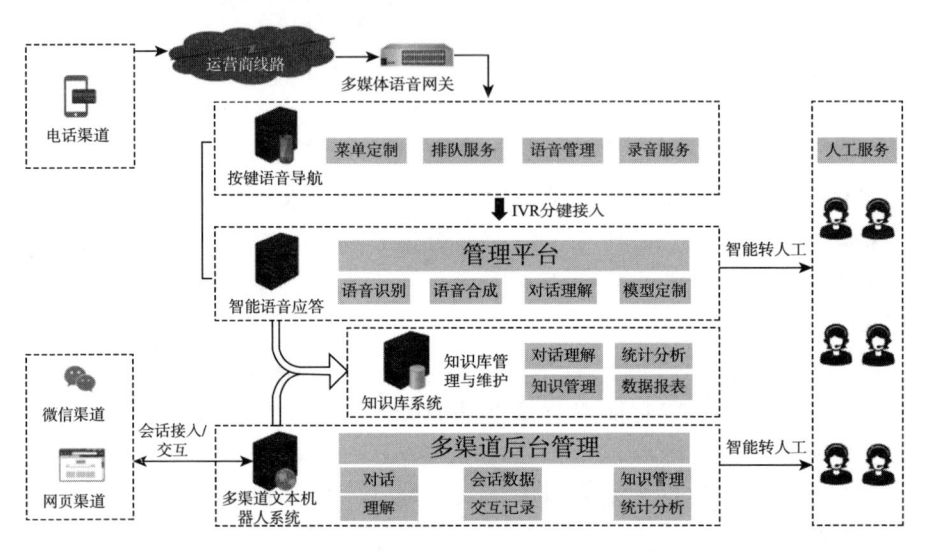

图1　北京教育考试院AI咨询平台总体架构

智能语音应答系统建设，对接现有语音设备（包括中继线路、媒体网关、话机等）、按键流程，通过产品搭建、部署及IVR系统按键配置、语音线路划分等，实现分键、分业务将用户来电引流至智能语音应答系统。在智能语音应答系统中，依托业务场景设计及交互理解能力，实现机器人（后台核心引擎和知识大脑）按预设场景及知识内容，完成与用户问题的应答交互，其中也包含交互效果，如打断、静音检测等拟人化交互。但当用户问题在预设知识范围之外，机器人可自动识别理解，并转入人工进行进一步的响应处理。

智能语音应答系统单独提供运营管理平台，可实现对流入智能语音应答系统的用户与机器人会话情况及时展开分析，包含录音测听、会话分析、数据统计等功能，以辅助人工对系统运营、服务情况及用户问题进行分析、优化、决策。

网络多渠道应用系统部署搭建在多渠道应用服务器上，系统包含的智能问答知识库系统通过考试院内网，提供给智能语音应答系统进行共用，这样保障了各个渠道知识内容的统一维护和管理，保障知识内容的一致性。网络多渠道应用系统提供与微信、Web网站、移动网站及第三方平台的对接集成方法，提供机器人会话聊天界面，并依会话逻辑设计及统一对话理解引擎能力支撑，实现寒暄、标准问、扩展问、引导问、关联问等功能效果。系统提供运营管理系统,可对各渠道用户与机器人的会话详情、多维度数据进行统计分析及报表展现,辅助运营人员进行系统运营管理工作。

(一) 智能语音咨询系统运行效果

(1) 智能语音咨询系统整体运行稳定,接通率从 2019 年的 68% 提升到 2023 年的 99.67%。

(2) 智能咨询系统发挥分流作用。2023 年智能机器人接通电话数占总接通电话量的 61.6%。

(3) 非工作时间智能机器人发挥作用明显。2023 年智能机器人非工作时间接听总量占智能机器人接通总量的 47.8%,占总电话接通量的 27.84%。

(4) 各业务处室自建语音咨询机器人知识库,经过和研发团队共同努力,相较于系统运行初期,系统的总分流率有了提高,2023 年总体水平由 2020 年的平均 25%,提高到 33%~35%。

(二) 智能文字咨询系统运行效果

(1) 2023 年智能文字平台自动接待 98826 人次用户,交互次数达 195516。

(2) 2023 年 12 月文字知识库在用知识点共 450 条,自 2021 年对外试运行后,模型调优共 242 次,共更新 92 条,解决率达 79%。

(3) 提供多渠道咨询服务,文字机器人分流效果显著,2023 年人工座席、语音机器人、文字机器人的接待比例为 1∶1.2∶2.1。

四、反思总结

(一) 后续发展方向

一是提高智能咨询问题解决率。在下一步的问答知识库完善中,依托讯飞团队对运行数据的分析,逐步增加高频次问题的数量,增加问题的命中率。同时,与业务处室相关同事一起进行各重要时间节点高频问题的梳理,提前应对各业务的咨询高峰;并根据前期问答库建设中的经验,改进问题的回答方式,增加咨询用户对回复内容的接受度。

二是对于网页文字咨询的优化,考生进入各考试业务交互界面后,系统能提供知识库热点问题,并智能分析近期考生咨询问题的频率,自动排序和推送,有效满足考生不同阶段咨询情况,优先呈现相匹配的知识点。同时集成科大讯飞最先进的语音识别技术,满足考生在网页交互上语音输入的需求。

三是为了满足广大考生使用微信沟通方式咨询的需求，利用已建成的统一、高效的知识库系统，建设微信公众号或微信小程序文字咨询系统，为考生提供各种渠道标准、完善的智能问答服务。同时引入文字机器人转人工的服务平台，形成智能咨询体系闭环，全方位辅助老师为考生提供服务。

四是对智能咨询管理需求进行分析，形成需求清单，开发系统实现对智能咨询问答库的自动定时更新、问答库变更审核和变更记录查询，实现咨询状态监控，可便捷获取智能咨询常用运行数据报表。

（二）总结

该项目梳理了教育招考咨询业务流程，形成了规范的运行模式，具有良好的可复制性。可对业务咨询实现先行筛选、智能回答，对需要人工处理的，将自动转接。通过智能服务和 AI 分流，为考生带来更高效、更便捷的交互服务体验，也提高了咨询解答的工作效率，降低了咨询人员工作强度。

紧密围绕师生课堂体验，进行新校区智慧教学环境建设

黄 芳[1]，程会敏[1]，赵俊坤[1]

[1]北京信息科技大学

摘 要：本案例介绍了北京信息科技大学在沙河新校区建设过程中对于课堂教学场所进行数字化转型的探索经验。通过在教室内进行智慧教学应用系统的建设，对线下课堂教学、线上教学空间的拓展和延伸进行有机整合，打造立体化、数字化的教育教学场域环境，为教师队伍发展以及学生人才培养提供综合新型基础设施，为学校一线教学、教学管理、教学督导和评价提供全方位的支撑，探索符合北京信息科技大学现阶段需求和长期发展战略的教育数字化转型之路。

关键词：智慧教室建设；线上线下混合式教学；教学主控中心；校本资源平台

一、案例背景

当前，北京信息科技大学正处于新校区建设时期，在新校区教学场所建设过程中，基于学校自身的发展战略，遵循"满足当下、适度超前，突出智慧、重在应用"的设计原则，紧紧围绕学校教育教学的发展方向，分步实施智慧教学应用系统建设项目。项目建设内容共包含7个教学楼、205间教室、1个教学主控中心、1个教学副控中心，以及相关的教学系统支撑平台等。构建符合学校自身人才培养模式的教育教学服务设施和管理平台，以智慧化教学环境建设方案解决传统电化教育手段存在的不足。结合5G、大数据、云计算、人工智能、视音频处理技术等，促进教学平台一体化、教学手段多样化、操作使用人性化、网络运营简单化等多角度提升，推动课堂教学的改革创新、教学管理的智能化与科学性、教学资源的沉淀，推动高校教育数字化转型。

二、实践过程

智慧教学应用系统的建设，伴随着新校区主体工程分批进行。在建设过程中，重点要考虑建设方案需满足一线师生的课题教学开展模式，要满足当前疫情背景下线上线下混合式教学，也要立足长远，满足协作式以及团队式等多样化教学需求；同时，要涵盖前端教学活动与后台教学数据的获取、连通与流转；方案要兼顾大批量教室建成后，校本教学资源的积累与应用；最后，方案还需要统筹考虑教室的规模化运行管理。在整个方案中，将信息技术与教育教学有机结合，给师生的课题教学提供良好的使用体验是核心。通过信息技术与教育教学的深度融合，构建一个立体、数字化的教学场域环境，从而推动学校教学和管理的全面提升。

（一）应用物联网技术建设智慧教室

对不同的教学空间环境进行合理设计和布局，实现高清显示、课堂扩音、互动教学、物联中控、环境感知等常规功能。教室中建设了相匹配的互动教学终端设备、智能网络中控设备、录播摄像机、录播主机、音视频处理器、教学电脑、教学一体机或者投影仪等信息化设备。系统可以根据课表准确记录课堂教学活动形成课程资源，对教学资源进行分类和管理，并上传至校本资源平台，教师和学生可以根据需求获取和使用。教学管理人员还可以通过资源平台开展线上远程督导活动，进行课堂教学质量的评估，并及时留下评估过程数据，方便汇总、统计与分析。通过课堂互动教学系统，建立师生双向互动的教学模式，有效激发学生学习积极性，改变以往枯燥、沉闷的课堂气氛，实现跨空间、多资源、多形式（多终端投屏、板书投屏、多画面投屏等）的灵活教学，开展多视窗教学、分组教学、跨空间教学等新型教学活动。教室内所有信息化设备均通过物联网技术接入综合管控平台，支持管理人员在教学主控中心就能实现对于所有教室运行状况实时感知、集中控制、远程状态监测、远程协助、远程接管等管理功能。

（二）应用分布式技术实现多校区规模化管理

通过建设沙河校区教学主控中心、副控中心，运用分布式显示控制技术，将新校区、小营校区、健翔桥校区、清河校区等多个教学校区的教室进行集中管控。

1. 多校区多类型信源统一接入

采用新型分布式显示控制技术与音视频物联网技术，结合综合运维管控系统和教学资源应用管理系统，实现各类教学录播、教室中控、考场监控、教室安防等设备的无缝对接，打破空间距离限制，将各校区教室内的视频信号捕捉设备集中接入主控中心，通过集成管控系统，确保在沙河校区教学主控中心进行集中实时显示，实时掌握各校区教室运行状态，实现教学空间的集中管控，灵活开展远程监控、集中控制和综合运维等活动，保障课堂教学设备的平稳有序运行。

2. 多校区集中显示

在教学主控中心采用 3×10 排列形式拼接屏，用于显示教学楼教室内的教学情况。根据教学和运维需求，预设了学生、教师、教学课件等各种场景预案，根据教学管理类型，预设不同校区分类以及不同教学楼分类管理，实现按照校区和按照教学楼开展教室运行管控、教学巡课督导、智慧监考协助、教学融合管理、领导指挥决策等活动，通过可视化控制终端，可以根据需求快速进行多校区的直接轮转和切换。

（三）建设一体化校本资源管理平台

由于多校区办学，校本教学资源存在分别采集、多头管理的问题。经过多年的积累和建设，各类教学资源散布在不同的教学平台，缺少统一的资源入口，给管理、调取和师生的使用带来较大的困难。为解决这个问题，本次项目建设在常态化录播平台建设中，建设一体化的校本资源管理平台，将不同平台设备的课堂实录资源、精品课程资源、多媒体历史资源数据库等多种资源进行统一整合，建设学校自主可控的资源库，并进行私有化部署应用，保证资源的统一管理与安全使用。

结合教学需求，校本资源平台拥有课堂实录管理、在线课程剪辑、精品课程建设、在线笔记学习、在线直播课程、公共资源管理等常用功能。

1. 课堂实录管理

在课堂实录管理上，可以将所有课堂实录教学视频统一汇入资源平台，通过与教务课表数据对接，自动按照课程名称、学院、上课地点、时间将实录课程结构化呈现在资源平台，为一线师生提供精准的使用权限。

2. 在线课程剪辑

平台提供在线剪辑工具，可以通过教学资源平台，便捷地实现资源裁剪、添加片头片尾、添加 logo 文字等功能，可以帮助教师便捷地制作课程资源，提高教师在校本资源积累过程中的参与度。

3. 精品课程建设

平台充分考虑师生对教学资源应用易用性的需求，提供合理的课程结构，有助于学生学习。平台支持建设以知识点为核心的精品课程，教学资源可以有多种导入机制：可以通过本地上传或从个人资源库导入的方式，将 PPT、视频、文档等内容导入平台。可以实现学生自主学习，也可以以教学任务的形式引导学生学习，实现翻转课堂的教学模式。

4. 在线笔记学习

坚持以学为中心的理念，实现跨课程、跨资源的全局搜索，帮助师生精准查询资源内容。同时，还提供在线课程笔记工具，可以帮助学生将知识记忆、重组与创新。课程内容与笔记同屏展示，可以很方便地截图、提取文字、批注、标注知识点、提炼总结学习内容。笔记存储在云端，可以随时回顾复读。

在线笔记中可以标记课程资源的时间点，回顾笔记时，笔记内容和课程内容可以同屏联动显示，相当于给课程资源做了个没有书写空间限制而又形式多样的书签，极大提高了回顾与复读的效率。

5. 在线直播课程

建设全校统一的教学资源平台，采用服务集群的技术架构，满足全校一万多名学生的在线直播课程学习的应用需求。同时支持学生在线课程学习，适应直播课程的常态化教学应用。

6. 公共资源管理

可以对平台外的资源或第三方资源进行对接和管理，满足师生教学更广泛的使用需求。

三、实施成效

在新校区积极探索新型教学环境管理方法，围绕"互联、协同、共享、智慧"的建设理念，依托人工智能、物联网、大数据分析等新技术方式，已完成和正在建设 170 间智慧升级转型的教室，支持开展多视窗教学、分组研讨教学、跨校区教学、线上线下混合式教学等多种教学活动形式，融合信息化基础设施、网络环境、服务平台、数字资源，推动物理空间和网络空间一体化建设，打造了"人人皆学、处处能学、时时可学"的灵活泛在学习环境，满足了规模化教学与个性化教学的需求。

建设沙河校区智慧校园主控中心与副控中心，实现对沙河新校区、小营、健翔桥、清河 4 校区的所有类型教室的规模化管控，开展教室运行管控、教学巡课督导、智慧监考协助、教学融合管理、综合指挥决策等活动，推动教学空间信息化建设的集约化治理，充分发挥信息化治理在教育教学、管理和服务改革发展中所发挥的作用。

建设一体化校本资源平台，将各校区不同类型的录播设备和系统融入统一平台，并且将第三方资源平台进行对接，保障课堂资源多平台贯通联动，优质资源共通融合。校本资源平台已成功与学校原有媒资系统互联互通，并且将多年积累下的历史音视频格式进行统一转码，保证了所有资源均可在线预览，同时设置了编辑、预览、上传下载等权限，满足师生对于教学资源的使用需求。

在新校区教室中，课堂教学课程均会自动上传至校本资源平台，目前已经积累课堂实录课程4000余节，教师可通过平台方便地管理自己的课程教学资源，同时满足全校学生在线学习的应用需求，建成覆盖各专业课程的优质数字资源库，提供"平台+资源"的服务模式，保证资源的互联互通与共享。提供在线剪辑工具，老师可以无须培训就制作在线课件资源，切实为教师制作校本资源提供帮助。

四、反思总结

通过新校区教室项目的实施，将初步构建一个校本教学资源共建共享、线上线下课堂实时互动、教学过程可控、教学数据沉淀、教学行为良性引导的动态学习环境。在这个学习环境中，空间、平台、工具、数据、内容是教学要素，规模化、视频化、数据化、平台化是教学活动的特征。通过数字化教学场域环境的构建，以及教学活动与各类教学活动数据在场域中的流动，来引导和助力师生进行丰富的课堂教学活动，同时在这个教育数字化环境中，收获提升师生信息化素养的良好目标。

教育数字化转型是一个长期实践累积的系统工程。在今后的项目建设和实际教学服务工作中，基于学校一线教学的需求和互动反馈，按系统性规划、技术面创新、问题层驱动、持续性迭代的方法，持续坚持推进教育数字化转型工作。

参考文献

[1] 黄荣怀. 加快教育数字化转型 推动学校高质量发展 [J]. 人民教育，2022（Z3）：28-32.